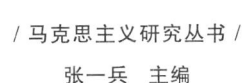

/ 马克思主义研究丛书 /
张一兵 主编

MAKESIZHUYI YANJIU CONGSHU

本译著为国家社会科学基金青年项目
"新世纪以来英美马克思主义政治哲学基本问题研究"（20CZX009）
阶段性成果

马克思主义与伦理学

［英］保罗·布莱克里奇 著　曲轩 译

自由、欲望与革命

Marxism and Ethics: Freedom, Desire and Revolution

江苏人民出版社

图书在版编目(CIP)数据

马克思主义与伦理学：自由、欲望与革命 = Marxism and Ethics: Freedom, Desire and Revolution: 英文 / (英) 保罗·布莱克里奇著；曲轩译. －－南京：江苏人民出版社，2023.8
(马克思主义研究丛书)
ISBN 978-7-214-28127-2

Ⅰ.①马… Ⅱ.①保… ②曲… Ⅲ.①马克思主义－伦理学－研究－英文 Ⅳ.①A811.63

中国国家版本馆 CIP 数据核字(2023)第 092289 号

书　　　名	马克思主义与伦理学：自由、欲望与革命
著　　　者	［英］保罗·布莱克里奇
责 任 编 辑	陈　颖
特 约 编 辑	贺银垠
装 帧 设 计	许文菲
责 任 监 制	王　娟
出 版 发 行	江苏人民出版社
地　　　址	南京市湖南路 1 号 A 楼，邮编：210009
照　　　排	江苏凤凰制版有限公司
印　　　刷	江苏凤凰新华印务集团有限公司
开　　　本	652 毫米×960 毫米　1/16
印　　　张	18.5　插页 3
字　　　数	249 千字
版　　　次	2023 年 8 月第 1 版
印　　　次	2023 年 8 月第 1 次印刷
标 准 书 号	ISBN 978-7-214-28127-2
定　　　价	68.00 元

(江苏人民出版社图书凡印装错误可向承印厂调换)

献给亲爱的克丽丝蒂

致　谢

本书提出的一些论点已在《分析与批判》(*Analyse and Kritik*)、《批判》(*Critique*)、《政治思想史》(*History of Political Thought*)、《国际社会主义》(*International Socialism*)、《政治研究》(*Political Studies*)、《科学与社会》(*Science and Society*)、《社会主义与民主》(*Socialism and Democracy*)和《马克思主义研究》(*Studies in Marxism*)等期刊发表的文章中有过阐述。感谢这些期刊的编辑和评审促使我不断打磨自己的观点。也要感谢在此过程中给予帮助的许多其他人，包括：《历史唯物主义》(*Historical Materialism*)在伦敦和纽约举办的各种学术会议和研讨会的举办方及资助者，以及政治研究协会、曼彻斯特城市大学政治理论年度工作坊、格拉斯哥大学社会主义理论中心、南京大学马克思主义研究基地、弗林德斯大学阿德莱德校区的哲学系、伦敦社会主义历史学家小组(the London Socialist Historians)、社会主义工人党(SWP)的马克思主义年会。还要感谢我在利兹城市大学社会科学学院的同事们。感谢科林·巴克(Colin Barker)、伊恩·伯查尔(Ian Birchall)、约瑟夫·乔纳拉(Joseph Choonara)、尼尔·戴维森(Neil Davidson)、萨姆·法伯(Sam Farber)、罗布·杰克逊(Rob Jackson)、凯尔文·奈特(Kelvin Knight)、里克·库恩(Rick Kuhn)、乔纳森·蒙德(Jonathan Maunder)、彼得·麦克迈勒(Peter McMylor)和维克多·沃利斯(Victor Wallis)提供的非常详尽的批评意见。2009年克里斯·哈曼(Chris Harman)英年早逝,国际左翼阵营从此失去了一位非常重要的思想家,我也失去了一位鼓舞人心的导师。正是得益于他对较早一版书稿的犀利追评,本书的论证才变得更加有力。非常感谢我在利兹城市大学UCU讲师工会分委员会的同事们,正是他们在更显日常的(mundane)层面上为本书接下来所捍卫的团结美德提供了实际例证。谢谢迈克尔·坎波基亚罗(Michael Campochiaro)、贾尼斯·翁克(Janice Vunk),特别是鲍勃·芒瑟(Bob Mouncer)给予我的帮助。我的儿子约翰尼(Johnny)和马修(Matthew)现已长大,足以对我的著作发难。他们也确实如此,并且还能启人思考。我的女儿凯特(Kate)还不够大,除了激发灵感还做不了什么;她使人很好地领略到为之奋斗的那个更美好的世界。她在我写这本书时出生,还差点夭折。利兹综合医务室,特别是儿童重症监护室的工作人员提醒我,尽管受市场驱动的政客们继续对国家医疗服务体系发起攻击,但它仍然是一个非常出色的制度设计。我衷心地感谢他们。不过最为重要的是,如果没有克丽丝蒂·戈顿(Kristyn Gorton)的大力支持,本书是无法写就的。克丽丝蒂,你是我的支柱,谨以本书献给你。

目 录

导论　马克思主义的伦理学缺失　1
　　马克思主义与当代政治哲学　1
　　伦理学转向及复归　5
　　回到马克思　16

第一章　马克思主义视野中作为问题的伦理学　22
　　马克思与现代道德理论　22
　　当代道德话语　24
　　超越亚里士多德和康德的伦理学　40
　　现代道德理论的危机　44
　　结论　50

第二章　马克思与道德观　52
　　导言　52
　　马克思与道德　54
　　资本主义、异化与自由　80
　　异化与阶级斗争　90
　　美德与工人阶级斗争　105
　　结论　112

第三章　第二国际和第三国际马克思主义的伦理学和政治学　117
　　导言　117
　　第二国际的马克思主义　120
　　赞成与反对康德　124
　　走向马克思主义的复兴：列宁、卢卡奇和格罗斯曼　133
　　革命伦理　148
　　斯大林主义与马克思主义　157
　　结论　162

第四章　西方马克思主义的悲剧观：非革命时代的社会主义伦理学　164
　　导言　164
　　寻求一种反对资本主义的伦理学：法兰克福学派　169
　　分析的马克思主义　176
　　萨特的革命伦理　185
　　结论　199

第五章　麦金太尔对一种合乎伦理的马克思主义的贡献　201
　　新左派的社会主义的人道主义　203
　　超越汤普森式的马克思主义：麦金太尔的马克思主义伦理学　211
　　超越悲观主义　223
　　结论　228

结语　从伦理学到政治学　230
　　革命政治　237

参考文献　246

索引　269

导论　马克思主义的伦理学缺失

> 我们还没有找到一种取代资本主义的有效生产方式,然而资本主义社会实际上违背了关于合理道德秩序的所有可以辩护的观念。①
>
> ——麦金太尔

马克思主义与当代政治哲学

近年来,针对当代很多政治理论与社会和政治渐行渐远的一个非常有力的批评中,雷蒙德·格斯(Raymond Geuss)有些异乎寻常地指出,如果"政治哲学希望在根本上关切对政治的严肃理解,从而成为行为导向或指南的有效来源,它就需要从当前保守的(reactionary)新康德主义形式回到类似'现实主义的思想——或者稍微换个说法,回到新列宁主义'"②。格斯具体指的是列宁的著名发问"对谁有利(who whom)",或

---

① Alasdair MacIntyre, "Review of John Dunn, *Western Political Theory in the Face of the Future*", in *London Review of Books*, 20th December, 1979, p. 4.
② Raymond Geuss, *Philosophy and Real Politics*, Princeton: Princeton University Press, 2008, p. 99.

正如格斯展开来说的"谁为了谁的利益对谁做了什么"①。如果对于列宁和格斯而言,这个问题的重点是把假定的价值判断重新构思为对客观性的诉求,那么可以说,与这一进路相关的问题已经在学院派那里得到充分阐述。例如,阿拉斯代尔·麦金太尔(Alasdair MacIntyre,也译作阿拉斯戴尔·麦金太尔)就认为,列宁主义往往退化为对它意在反对的资本主义伪专业化管理的一种拙劣模仿。②被列宁主义者和管理者反复提及并为麦金太尔所强调的,正是现代政治在更一般意义上的缺陷——它无法超越尼采把虚无主义的局限作为人类境况的普遍特征这一(错误)断言:"原来旨在作为客观性来诉诸的东西事实上是主观意志的表达。"③

人们往往假定,通过马克思口中的阶级斗争以"二律背反,权利同权利相对抗"为特征,以及"在平等的权利之间,力量就起决定作用"的论断④,能够无可争辩地推论得出掩盖虚无主义实践的伪客观主义幌子。例如,西蒙·克里奇利(Simon Critchley)正是因为马克思主义缺乏可靠的道德基础而对其提出批评。他认为,当今时代不仅要面对战争、贫困和迫在眉睫的环境危机,还使人"感到传统选举政治是无关紧要的",类似的历史情境产生了两种不幸的反作用:消极的或积极的虚无主义。追随尼采⑤,他认为消极的虚无主义者只专注于通过"特定的快乐和计划来完善"自我,积极的虚无主义者则承认世界是没有意义的,即"不是坐下来思考",而是试图以"摧毁这个世界并促成另一个世界的诞生"来对抗

---

① Raymond Geuss, *Philosophy and Real Politics*, pp. 23-30.
② Alasdair MacIntyre, "Ideology, Social Science and Revolution", in *Comparative Politics*, 5(2), 1973, pp. 341-342.
③ Alasdair MacIntyre, *After Virtue*, London: Duckworth, 1985, p. 113. 参见[美]A. 麦金太尔《德性之后》, 龚群等译, 中国社会科学出版社 1995 年版, 第 142 页。——译者注
④ Karl Marx, *Capital*, Vol. I, London: Penguin, 1976, p. 344; cf Alasdair MacIntyre, *After Virtue*, p. 262. 参见《马克思恩格斯文集》第 5 卷, 人民出版社 2009 年版, 第 272 页。——译者注
⑤ Friedrich Nietzsche, *The Will to Power*, New York: Vintage Books, 1967; Lee Spinks, *Friedrich Nietzsche*, London: Routledge, 2003, pp. 104-109.

道德危机①。克里奇利指出,列宁的先锋主义(vanguardism)再现了一种积极的虚无主义形式,这种虚无主义反映出"人们在马克思以及许多马克思主义者和后马克思主义者身上所发现的对于伦理的缄默或敌视"②。为克服这些反作用的限制,克里奇利认为,我们现在需要"一种伦理观念,它从接受自由民主制度的动机性缺陷开始,但是并不采纳消极的或积极的虚无主义"③。

关于马克思和列宁的伦理学与政治学的当代意义及其历史连贯性,上述看法无疑反映出当前学界的一种共识,即使在当代少数认真对待马克思和列宁思想的理论家中也是如此。④ 杰里·科恩(Jerry Cohen)英年早逝前,或许可以说是这一趋势在当代最重要的代表。在他看来,马克思阐发了"政治实践的分娩式概念",据此可见,革命社会主义者的角色就像助产士一样,没有考虑她想实现的"最终目标",而是更显平淡无奇:"接生的形式是在现实中发展出来的。"⑤科恩承认,对这一思考进路的两种批评是致命性的。首先,它没有考虑到如下事实:结果的必然性并不确保它就是人们想要的。其次,它认为,马克思许多重要的科学预言已被历史证伪。由此科恩指出,正如我们在本书第四章中也会看到,对于来自马克思主义传统的社会主义者来说,当代唯一现实的政治选择就是接受马克思所否定的空想社会主义。

有趣的是,一些同样受马克思影响的当代理论家既不同于科恩,对根本性变革的可能保持乐观,又同科恩一样,对经典马克思主义的科学论断感到不安。因此,安东尼奥·奈格里(Antonio Negri)建议把"马克

---

① Simon Critchley, *Infinitely Demanding*, London: Verso, 2007, pp. 3–6.
② Simon Critchley, *Infinitely Demanding*, p. 5, 93, 146; cf Andrew Sayer, *Realism and Social Science*, London: Sage, 2000, p. 174.
③ Simon Critchley, *Infinitely Demanding*, p. 8.
④ Erik Olin Wright, *Envisioning Real Utopias*, London: Verso, 2010, pp. 89–109.
⑤ G. A. Cohen, *If You're an Egalitarian, How Come You're So Rich?*, Cambridge: Harvard University Press, 2000, p. 43, 50, 54. 参见[英]G. A. 柯亨《如果你是平等主义者,为何如此富有?》,霍政欣译,北京大学出版社2009年版,第54、65、70页。——译者注

思主义从科学性定位上拉回来,恢复其作为乌托邦思想或更确切地说即伦理学的可能性",而约翰·霍洛韦(John Holloway)则是同时看到了马克思主义内部更强大的工人自我解放的传统,以及恩格斯和列宁将其还原为机械唯物主义形式的伪科学性企图①。

  接下来我会证明,这种对马克思和列宁视野中科学与伦理学之间的关系的理解是错误的,相反,列宁和马克思都致力于一种自由的伦理学,它指向一种令人信服的对资本主义的伦理批判。针对20世纪70年代以来普遍的"向伦理学回归"的理论转向②,我认为最好不要把马克思努力避免道德理论的无能的尝试理解为在虚无主义的意义上否弃伦理学,而应更狭义地理解为拒斥现代自由主义的假设。康德对这种假设曾有如下绝妙阐述:道德行为包含基于无形的理性概念来抑制我们自然的利己性欲望。与这一理解模式相对,马克思认为,新兴的工人阶级通过反对剥削和异化的集体斗争,既表明了康德所谓普遍原子化的个人所体验过的(不)自由的历史(资本主义)特征,同时又孕育出指向超越康德道德论述狭隘界限的团结的美德。与康德主义相对,马克思的伦理学相当于现代版的亚里士多德的实践论,在亚里士多德的解释中,实践为那些使个人得以在共同体内繁荣发展的美德奠定了基础。正如亚里士多德假定存在从伦理学到政治学的自然转向——"研究人类至善的科学即为政治学"③,马克思也从系统阐述一种关于人类的善的理论模型,转向为这一理论模型争取政治内涵。如果说对于马克思的许多学术对话者和他的一些政治追随者而言,从伦理学到政治学的这一转向或许略显仓促,那也可以说,最好把《资本论》理解为对人类自由的潜能及其限制的拓展性研究这一事实表明,否定这一转向的第一步——伦理学,抑或否定整

---

① Antonio Negri, *Reflections on Empire*, Cambridge: Polity, 2008, p. 130; John Holloway, *Change the World Without Taking Power*, London: Pluto, 2002, Ch. 7.
② Julian Bourg, *From Revolution to Ethics*, Montreal: McGill-Queen's University Press, 2007.
③ Aristotle, *Ethics*, London: Penguin, 1976, p. 64.

个转向的统一性,都是错误的。

我认为,经典马克思主义一旦摆脱斯大林主义的曲解(caricature)并予以充分重构,就会为支持一种合乎伦理的政治实践提供资源。这种实践能够超越反对资本主义的过程所包含的消极性,走向替代资本主义的积极的社会主义方案。马克思所阐明和证明的绝非某种形式的阶级还原主义,而是一种社会主体性观念,其中,争取自由(真正的民主)的斗争不仅是自由的能动性的必要条件,它还植根于"新兴的"工人阶级克服异化的迫切欲望,即通过表征阶级斗争高潮的具体形式的集体斗争和团结来克服异化。在论证这个问题时,我对自己的定位是,既与传统右翼批评家针对马克思的观点相左,也反对左翼批评家针对他所提出的那些令人印象深刻的论点。

伦理学转向及复归

科恩等人的论点反映出过去几十年政治理论转向复兴伦理话语的总体趋势。就这一理论转向的助推者对马克思所进行的研究而言,他们往往把他的思想斥为机械唯物主义的变体。马克思断言"至今一切社会的历史都是阶级斗争的历史"①,这明显与道德理论关注的"肯定个体的主体自由"②背道而驰,而且相较可见是有欠缺的。

不过,尽管马克思主义因其所谓的没能将个体能动性理论化而遭到批评,但现代道德理论自身也存在问题。尤为重要的是,规范理论家们往往接受各种无法融通的观点,这些观点与现实政治的联系微乎其微。③

---

① Karl Marx and Frederick Engels,"The Manifesto of the Communist Party", in Karl Marx, *The Revolutions of 1848*, London: Penguin, 1973, p. 67. 参见《马克思恩格斯文集》第 2 卷,人民出版社 2009 年版,第 31 页。——译者注
② Jürgen Habermas, *The Philosophical Discourse of Modernity*, Cambridge: Polity, 1987, p. 17. 参见[德]于尔根·哈贝马斯《现代性的哲学话语》,曹卫东等译,译林出版社 2004 年版,第 22 页。——译者注
③ Raymond Geuss, *Philosophy and Real Politics*.

的确,麦金太尔有力地证明了现代道德话语只是"道德的幻象"。在古典传统的世界中,伦理学有其客观性特征,而现代各种道德立场的相关要求却都可以归结为一系列多少具有说服力,用以证明个人偏好的尝试。①可见,当代道德似乎以无法由理性所终结的"无休止的"分歧为特征:关于战争、权利和正义等的争论所衍生出的各种对立立场都可以得到合理辩护,并把作为独立仲裁者的理性排除在外。②

正是为了避免道德理论诸如此类的局限,路易·阿尔都塞在20世纪60年代对马克思主义作出反人道主义的诠释。③ 如果说,20世纪七八十年代以来左翼阵营对"回归伦理学"的拥护,无疑对应于同时期工人运动所遭受的挫败,那么阿尔都塞的反人道主义诠释,则是对他早期"回到马克思"遭遇失败所作出的回应④。

20世纪60年代初,阿尔都塞主义成为法国马克思主义的主流,与此同时发生了两起具有世界性意义的事件和一次更具地方性的认知挫败:赫鲁晓夫的"秘密演讲"、中苏分裂,以及在巴黎人接受结构主义后,萨特作为左岸之星的没落。这些事件共同为马克思主义左翼阵营创造出一个认知空间,阿尔都塞的声音在其中迅速占据主导地位。⑤ 如果说,赫鲁晓夫的"秘密演讲"为针对斯大林主义的各种"社会主义的人道主义"批评敞开大门,那么,列维-施特劳斯对萨特的革命人道主义展开有力批驳,以及20世纪60年代一些社会主义的人道主义者在1956年的氛围下

---

① Alasdair MacIntyre, *After Virtue*, p. 2.
② Alasdair MacIntyre, *After Virtue*, pp. 6 - 7.
③ See Andrew Collier, "Scientific Socialism and the Question of Socialist Values", in John Mepham and David-Hillel Ruben, eds., *Issues on Marxist Philosophy*, Vol. IV, Brighton: Harvester, 1981, p. 6.
④ Ellen Meiksins Wood, "A Chronology of the New Left and Its Successors, Or: Who's Old-Fashioned Now?", in *Socialist Register*, 1995, pp. 30 - 35; Gregory Elliott, *Althusser: The Detour of Theory*, Leiden: Brill, 2006, p. xiii.
⑤ Mark Poster, *Existential Marxism in Postwar France*, Princeton, NJ: Princeton University Press, 1975, p. 306; Alex Callinicos, *Marxism and Philosophy*, Oxford: Oxford University Press, 1983, p. 89; cf Paul Blackledge, *Reflection on the Marxist Theory of History*, Manchester: Manchester University Press, 2006, pp. 162 - 166.

更普遍地转向自由主义,则为阿尔都塞寻找立足点、探讨人道主义对马克思主义的有害影响提供了依据。这一计划还把他带入"毛主义"的轨道,虽然他仍然是法国共产党的一员。①

阿尔都塞反对社会主义的人道主义,他既拒斥把马克思的社会总体性观念等同于黑格尔的相应分析②,也反对在任何意义上把马克思主义视为一种人道主义意识形态。他驳斥认为马克思的(科学)思想可能包含道德成分的看法③,并指出马克思主义哲学的作用是捍卫唯物主义、反对唯心主义:它是"理论领域的阶级斗争"④。此外,他还认为,"阶级斗争"是历史的发动机,它产生自"群众"而不是抽象的"人"。实际上,他坚信"人"的概念是资产阶级的神话,社会绝非由个体组成,而是通过"社会关系"构成的,因而关键在于"历史是一个……**无主体的过程**"。基于这一观点,阿尔都塞认为哲学的作用是政治性的:通过揭露唯心主义的神话——包括关于人的主体的神话——来捍卫唯物主义;因为这些神话往往会使"工人远离阶级斗争"⑤。可见,阿尔都塞的计划相当于针对社会主义的人道主义所谓内在固有的自由主义思想,作出名义上来自左翼的回应。⑥

这种对社会主义的人道主义的理解存在双重问题。因为,虽然社会主义的人道主义确实是1956年的那代人走上自由主义道路的一个标志⑦,但是正如我们将在本书第五章中所见,从普遍的意义上看绝非如此。正如凯特·索珀(Kate Soper)所指出的,通过提出相反观点来讽刺社会主义的人道主义这一复杂的历史运动,阿尔都塞其实是在试图为自

---

① Kevin Anderson, *Arguments within English Marxism*, London: Verso, 1980, p. 107.
② Louis Althusser, *For Marx*, London: New Left Books, 1969, pp. 107–116.
③ Louis Althusser, *For Marx*, pp. 219–247.
④ Louis Althusser, *Essays on Ideology*, London: New Left Books, 1976, p. 64.
⑤ Louis Althusser, *Essays on Ideology*, p. 77, 79, 85, 83, 98.
⑥ Louis Althusser, *Essays on Ideology*, p. 77, 79, 85, 83, 98.
⑦ Kevin Anderson, *Arguments within English Marxism*, p. 108.

己拥护斯大林主义的变体——"毛主义"作辩护①。② 更重要的是,事实证明,他的马克思主义变体无法为萨特的思想提供一个逻辑连贯的替代方案,而萨特的思想却能解释1968年群众斗争的高潮,以及随后一年斗争的失败。

如果说,工人运动在接下来数十年中所遭受的挫败,使人们对阶级斗争作为历史发动机这一观念产生广泛质疑,那阿尔都塞主义事实上在理解这些挫败方面所凸显的无能,则印证了认为马克思主义不足以适应现代条件的观点。③ 或许不足为奇的是,随着运动的挫败为新自由主义敞开大门,左翼阵营的无力感和愤怒感使其趋向于愈发抽象的伦理话语。阿兰·巴迪欧(Alain Badiou)在评论这一趋向时认为,对于许多曾经的革命者来说,转向伦理学所经历的是从马克思(政治学)到康德(道德)的回归。④ 多米尼克·勒考特(Dominique Lecourt)更具体地解释说,这一转变是1968年得到拓展的"政治视野"又被缩小的结果。⑤

大卫·哈维(David Harvey)阐明了马克思主义在这一发展轨迹中特别复杂的一个变体。他认为,尽管当代的社会经济趋势往往会证实马克思对资本主义的谴责,但这些趋势同时削弱了马克思眼中的资本主义掘墓人的能动性基础。旧的资本积累形式有赖于雇佣劳动的壮大,这些雇佣劳动反而导致"对抗性文化"的兴起,但新的"掠夺性积累"导致对抗性力量的分裂。⑥ 这一分析促使哈维参与了有关人权的讨论。他在评论

---

① Kate Soper, *Humanism and Anti-Humanism*, London: Hutchinson, 1986, pp. 112 - 113.
② 关于"毛主义"与斯大林主义的关系,见 Nigel Harris, *The Mandate of Heaven*, London: Quartet,1978, pp. 283 - 295。
③ Alex Callinicos, *Is There a Future for Marxism?*, London: Macmillan, 1982, Ch. 1; Alex Callinicos, *Postmodernism*, Cambridge: Polity, 1989, p. 165; Terry Eagleton, *The Illusions of Postmodernism*, Oxford: Blackwell,1996, p. 1.
④ Alain Badiou, *Ethics*, London: Verso,2001, pp. 1 - 2, 4.
⑤ Dominique Lecourt, *The Mediocracy*, London: Verso,2001, p. 98.
⑥ David Harvey, *A Brief History of Neoliberalism*, Oxford: Oxford University Press,2005, p. 178. 参见[英]大卫·哈维《新自由主义简史》,王钦译,上海译文出版社 2010 年版,第 205 页。——译者注

相关问题时指出,尽管"新自由主义坚持个人是政治经济生活的基础,这打开了通往个人权利激进主义的大门。但是,通过关注那些权利,而不是关注创造或改造实质性的、开放的民主治理结构,抗议性文化培育的途径无法避免新自由主义设定的框架"①。不过他也认为,如果不诉诸普遍权利,则很难设想出摆脱新自由主义所特有的社会分裂的备选方案。哈维据此指出,尽管马克思对抽象道德话语展开有力批判,但是通过把正义和权利思想落实为一种机制加以有效利用,也可能使新自由主义的反对者结成联盟。②

杰里·科恩对平等主义的自由主义的拥护,就植根于对马克思的阶级分析理论略显简单的类似讨论。科恩认为,在马克思看来无产阶级是"构成社会的大多数",是"创造了社会财富"的阶级,"是社会中的受剥削者",并且"是社会中的贫困者"。由此马克思推断工人在革命中失无可失,因而"有可能并且将会对社会进行变革"。不幸的是,虽然现存某些群体符合其中某一马克思给出的具体界定,但这里面没有一个可以适用于他们所有人,因而也就没有一个群体能够扮演马克思所赋予无产阶级的角色。③ 由此,科恩才拥护一种与平等主义的自由主义趋同的空想社会主义形式。

尽管阿兰·巴迪欧对于回归伦理学持批判态度——他坚信"列宁主义对现实的热情也即对思想的热情是不包含道德认知的"④,但是他从一个与众不同的视角阐述了自己的伦理观,特别是他对忠实于"事件"的"真理"的捍卫。霍尔沃德(Peter Halluard)指出,巴迪欧追随拉康从而

---

① David Harvey, *A Brief History of Neoliberalism*, p. 176. 参见[英]大卫·哈维《新自由主义简史》,第203—204页。——译者注
② David Harvey, *Justice, Nature and the Geography of Difference*, Oxford: Blackwell, 1996, p. 361; David Harvey, *A Brief History of Neoliberalism*, pp. 179-180.
③ G. A. Cohen, *If You're an Egalitarian, How Come You're So Rich?*, p. 107. 参见[英]G. A. 柯亨《如果你是平等主义者,为何如此富有?》,第137页。——译者注
④ Alain Badiou, "One Divides itself into Two", in Sebastian Budgen, et al. eds., *Lenin Reloaded: Towards a Politics of Truth*, London: Duke University Press, 2007, pp. 13-14.

相信,只有通过奇异的遭遇或事件才能接近"现实",也"只有对被确认为不确定的事件的发生及其后果保持忠诚的人们的激进宣言才能坚持真理"。① 具体来说,对于青年时期的"毛主义"激进分子巴迪欧而言,这关系到他在中国"文化大革命"的背景下继续坚守他的理念。② 有趣的是,他对"毛主义"的变体的信奉表明,他相信这一计划的失败标志着资本主义不再可能有革命性替代方案。为此,尽管他仍然自称是共产主义者,但他拒绝被指认为马克思主义者,因为"全球资本主义无组织的大众不再被划分为阶级"③。从这一立场出发,巴迪欧为最终可能徒劳的"'继续前进!'的必要性"作辩护:资本主义可能是唯一的选择,但巴迪欧对此不以为然。④

作为伦理学转向最重要的当代(无政府主义)代表之一,西蒙·克里奇利也认同这一观点。他认为,虽然在马克思对"资本主义的出现和性质"的分析中可以看到"马克思著述中所蕴含的真理",但马克思关于这一批判的政治意义的探讨则逊色很多。与马克思认为社会分裂正在简化为资产阶级与无产阶级之间的对抗相反,克里奇利指出,无产阶级已经变得越来越支离破碎,现在与资本主义对峙的是"倍增的社会行动者"⑤。他坚信,这一情形不仅使马克思设想的同资本主义展开社会主义斗争的手段变得无效,而且有损于马克思关于共产主义本身的多重目标的想法。因为,虽然工人的团结"在列宁主义者看来可能是使国家消亡的条件",但是克里奇利指出"如果阶级立场……变得更加复杂……我们就会受困于国家"。他试图以他所说的"抵抗政治"作为中介,把这种悲观的分析与采取行动的呼吁协调起来:虽然抵抗政治注定遭到永久反对,但是只要激进分子"与国家保持距离",它就至少不必退化为暴政。

---

① Peter Hallward, *Badiou: A Subject to Truth*, Minneapolis: University of Minnesota Press, 2003, p. xxv.
② Alain Badiou, *Ethics*, pp. 40 - 57.
③ 语出巴迪欧,转引自 Slavoj Žižek, *In Defence of Lost Causes*, London: Verso, 2008, p. 406。
④ Alain Badiou, *Ethics*, p. 91.
⑤ Simon Critchley, *Infinitely Demanding*, pp. 90 - 91.

他指出萨帕塔主义者就是这种策略的一个具体例证。①

可以说,关于旧工人阶级解体的事实,斯拉沃热·齐泽克(Slavoj Žižek)是认同科恩和克里奇利的,但他并不认同二者各自就这一背景所作的乌托邦式的和永久对立的政治回应。他甚至呼吁重提列宁主义,尽管他敏锐地指出"**重提**列宁并**不**意味着**回到**列宁"②。关于区分这一点的意义,齐泽克辩称自己并非像托洛茨基主义者那样,是在发起一项建立新型列宁主义政党的计划,以使实现1917年的未竟事业成为可能。毋宁说,他的目标非常有限——拥护他称之为的"真理的政治"。他坚信,后现代的相对主义者对差异的颂扬很容易与当代自由主义的共识合拍,相反,如今重提列宁则意味着为真理而战,并挑战自由主义的如下观念:为当代资本主义的替代方案所进行的任何斗争,都将会催生出一个新的古拉格。③ 具体而言,消极的抵抗行为是齐泽克试图重提其政治学的出发点和落脚点。他在讨论赫尔曼·梅尔维尔(Hermann Melville)的《巴特尔比》时认为,正如巴特尔比以"我宁愿不要"这句话回应主人的要求,当今对现状的消极批判以及对其替代方案的积极建构,都应建基于类似的拒斥之上。④ 这种消极的应对方式使齐泽克成为一个媒介,由此可以从克里奇利的反抗伦理学转向一个新的政治空间。关于这一替代方案的具体形式,诸如克里奇利这样的左翼新无政府主义者,因为齐泽克称之为心照不宣的"福山主义"而拒绝融入国家,招致齐泽克的批评。齐泽克指出,尽管很少有人明确接受福山的"历史终结论",但是克里奇利的政治悲观主义实际上默认了,资本主义的多样性标示着现代政治的界限范围(parameters)。这些无政府主义者对国家的道德批判有助于将其激进主义限制在一种永久抵抗的形式上:"当代自由主义的民主国家和'要

---

① Simon Critchley, *Infinitely Demanding*, p. 89, 92, 112.
② Slavoj Žižek, *In Defence of Lost Causes*, p. 326, 420; Slavoj Žižek, *Revolution at the Gates*, London: Verso, 2002, p. 310.
③ Slavoj Žižek, *Revolution at the Gates*, p. 168.
④ Slavoj Žižek, *The Parallax View*, Cambridge: Massachusetts Institute of Technology, 2006, p. 342, 382.

求无限高的'无政府主义政治由此处于一种相互寄生的关系中。"①齐泽克反对克里奇利那种不可能实现的抽象要求,他坚信左翼应该提出不能轻易被驳回的具体要求,并且这些要求能够用以动员新的无产阶级。他认为,通过以贫民窟居民的政治化作为目标的计划,乌戈·查韦斯(Hugo Chavez)实现对委内瑞拉政府的掌权,其所表明的政治主张远比后现代左翼反国家主义的清白特征更具吸引力。②

齐泽克为这一计划所作的论战性辩护,也是针对安东尼奥·奈格里和迈克尔·哈特(Michael Hardt)展开的。如果说科恩和克里奇利的伦理政治观变体反映出,他们对激进社会政治变革的可能性持悲观态度,那么哈特和奈格里在伦理层面上反对资本主义,则在乐观中流露出几分任性的天真。与科恩、克里奇利和齐泽克一样,他们也认为旧的无产阶级已不复存在。但他们并不是指这个阶级已不存在,而是说它"在资本主义经济中的特许地位已被取代"。哈特和奈格里把无产阶级狭义地定性为"产业工人阶级",把"诸众"(multitude)的"非物质劳动"定位为后现代世界中占据霸权地位的生产方式。③ 他们认为,这种类型的劳动生产出"关系,以及最终的社会生活本身",因此创造现代世界的动力是诸众,而不是资本。④ 由此,他们反对左翼对无产阶级解体的悲观理解,并坚信"非物质劳动的霸权以某种比以往任何时候都更为突显的方式,创造着共同的关系和社会形态"。反言之,这意味着列宁"废除国家"的目标现在终于能够以1917年所不可能达成的方式实现。因为,列宁主义反映的是列宁那个时代的阶级结构,并把欲求降低为"精英先锋叛乱活动这一目标",其中的等级结构由此再生出一种新的主权国家形式,而哈特和奈格里则认为,这一欲求如今通过"需要在全球层面废除主权"的"全体

---

① Slavoj Žižek, *In Defence of Lost Causes*, p. 349.
② Slavoj Žižek, *In Defence of Lost Causes*, p. 427.
③ Michael Hardt and Antonio Negri, *Empire*, Cambridge: Harvard University Press, 2000, p. 53.
④ Michael Hardt and Antonio Negri, *Multitude*, New York: Penguin, 2004, p. 109.

诸众"表达出来①。他们对于诸众拥有创造"共同性"(the common)的潜能是如此乐观,以至趋于接受被科恩误归于马克思的分娩式政治学进路的某种变体。② 由此,奈格里甚至认为他的理论模型"消除了伦理学与政治学之间的所有差异"③。

对于制定一个目标——植根于"帝国内部以及反帝国的民主政治行动伦理"④的"伦理计划",人们是乐于接受的。但是正如戴维·卡姆菲尔德(David Camfield)所指出的那样,哈特和奈格里对当代生产的分析往往低估了形成统一的反资本主义运动所面临的障碍,以致其政治观点显得过于简单,只不过是"一厢情愿"。⑤ 齐泽克也提出类似观点,他认为在对分娩式政治进路局限性的一种后现代的重复中,哈特和奈格里太偏向于马克思主义,而对列宁主义体现不足。⑥ 他们没有充分解决国家权力问题,以及建立关系网可能导向反抗的机制问题,因而严重低估了反对资本主义的激进分子所面临的困难。可见,尽管他们与克里奇利存在表面分歧,实则都陷入了类似于持永久反对立场的观点。

齐泽克的这一判断肯定是对的,但是由于他接受科恩对无产阶级解体的分析,因此最好把他的政治学理解为后马克思主义的乌托邦主义一面,而非其现实主义的替代方案。双方都认同国家将会继续存在,但是不同于克里奇利试图对这一问题置之不理,齐泽克则承认这一问题的政治后果:他认为左翼不应惧怕"直接对抗国家权力",而应放弃"无聊的

---

① Michael Hardt and Antonio Negri, *Multitude*, pp. 353 – 354.
② Michael Hardt and Antonio Negri, *Multitude*, p. 113, 189.
③ Cesare Casarino and Antonio Negri, *In Praise of the Common*, Minneapolis: University of Minnesota Press, 2008, p. 151.
④ Michael Hardt and Antonio Negri, *Commonwealth*, Cambridge: Harvard University Press, 2009, p. vii.
⑤ David Camfield, "The Multitude and the Kangaroo", in *Historical Materialism*, Vol. 15, No. 2, 2007, p. 47; cf Alex Callinicos, *Resources of Critique*, Cambridge: Polity, 2006, pp. 140 – 151.
⑥ Slavoj Žižek, *In Defence of Lost Causes*, p. 352, 360.

'伦理'考量",以便"承认革命暴力就是解放的目的本身"。① 他通过引用拉康的论断"没有大写的他者"来证明这一立场:在行为之外不存在评判行为的伦理标准。② 因此与"拉康式的分析者"一样,"政治能动者必须实施只能由他本人授权的行为,而且对此不存在外在的保证"。③ 可见,齐泽克捍卫一种"纯粹唯意志论"(pure voluntarism)的政治学,并将其等同于1921年布尔什维克的实践。④

亚历克斯·卡利尼科斯(Alex Callinicos)把这种观点称为"左翼决断主义"的一种形式,并言之凿凿地抱怨道:由此可见,齐泽克是在试图为回到托洛茨基在《我们的政治任务》(Our Political Tasks,1904)中称作政治"替代主义"的一种变体进行辩护,也即趋向于拥护精英阶层以自己的活动替代工人阶级群众的活动。卡利尼科斯由托洛茨基派的一种异端观点断定,这一普遍做法使20世纪左翼的历史黯然失色⑤,有鉴于此,注意到齐泽克试图把托洛茨基纳入那种异端,也许是令人惊讶的。尤其可以确定的是,齐泽克是通过涉猎被欧内斯特·曼德尔(Ernest Mandel)描述为托洛茨基"最糟糕的书"《恐怖主义与共产主义》(Terrbrism and Communism)才这么做的。曼德尔认为,尽管托洛茨基对一切形式的精英主义通常都是最严厉的批评者,但是这本书标志着他职业生涯中的一次例外,因为他在其中"为替代主义的实践作出证明和辩护"⑥。

---

① Slavoj Žižek, *In Defence of Lost Causes*, p. 339, 406; Slavoj Žižek, *The Parallax View*, p. 380.
② Slavoj Žižek, "Introduction", in Maximilien Robespierre, *Virtue and Terror*, London: Verso, 2007, p. xxiv.
③ Slavoj Žižek, "From Politics to Biopolitics... and Back", in *The South Atlantic Quarterly* 103, 2/3, 2004, p. 515.
④ Slavoj Žižek, *First as Tragedy, Then as Farce*, London: Verso, 2009, p. 154.
⑤ Slavoj Žižek, "Foreword", in Leon Trotsky, *Terrorism and Communism*, London: Verso, 2007; Alex Callinicos, *Resources of Critique*, p. 113, 119.
⑥ Ernest Mandel, *Trotsky as Alternative*, London: Verso, 1995, p. 83. 针对这种关于《恐怖主义与共产主义》的解读的有力批判,见 Lars Lih, "'Our Position in the Highest Degree Tragic': Bolshevik 'Euphoria' in 1920", in Mike Haynes and Jim Wolfreys, eds., *History and Revolution*, London: Verso, pp. 118–137.

如果说齐泽克把托洛茨基重新解读为替代主义者,包含对托洛茨基为马克思主义所作贡献的根本歪曲,那么这也确实符合他在没有苏维埃政权存在的情况下重提列宁的做法。与那些以工人理事会的标准来评判斯大林主义和西方资本主义的人相反,齐泽克认为对于他们来说,"标准的黑格尔式回答足矣:现实未能实现其理念,这始终印证着其理念本身所固有的弱点"①。这一论点使他能够绕开苏维埃政权对列宁的计划而言的重要性②,但同时忽视了工人理事会出现于整个20世纪工人斗争的高峰期这一事实。这就是他异乎寻常地断言查韦斯政府"即将接近实现当代形式的'无产阶级专政'"的背景③。无论查韦斯有何优点,都抵不过齐泽克在这句话中使用"即将接近"一词所隐匿的大量罪恶。格雷戈里·威尔珀特(Gregory Wilpert)指出,共同体和劳工运动团体自下而上推动改革,查韦斯则自上而下推动类似的改革,然而依旧相对完整的旧的国家官僚机构夹在这两股力量之间,成为保持激进化所面临的障碍。④从这个角度看,委内瑞拉的一个主要缺陷恰恰是没有属于工人的国家(无产阶级专政)。齐泽克则通过提出相反的观点,不仅把政府的变革与国家的变革混为一谈,而且低估了矗立在查韦斯与实现他最激进的目标之间的强大障碍:他所依赖的国家已被"纳入资本主义的社会关系网"⑤。

正如约翰·霍洛韦所指出的,国家陷入资本主义关系网的一个后果是,即便那些以征服国家权力为目标的最真诚的革命者,也倾向于通过弱化他们的激进主义,使资本主义——更具体地说是资本主义国家——所普遍特有的种种等级思想和实践得以延续,因为激进主义必然导致"斗争作用的枯竭"(instrumental impoverishment of struggle)⑥。2007

---

① Slavoj Žižek,"From Politics to Biopolitics... and Back", p. 516.
② Tony Cliff, *Lenin: All Power to the Soviets*, London: Pluto, 1976, pp. 315 - 327.
③ Slavoj Žižek, *In Defence of Lost Causes*, p. 379.
④ 转引自 Mike Gonzalez,"Chavez Ten Years On", in *International Socialism*, Vol. 121, No. 2, 2009, p. 57。
⑤ John Holloway, *Change the World Without Taking Power*, p. 14.
⑥ John Holloway, *Change the World Without Taking Power*, Ch. 2, 7.

年的情形似乎确实如此，那时齐泽克把2003年的大规模反战示威视为无关紧要的小插曲，只是允许抗议者"拯救他们美丽的灵魂"，同时当权者也不闻不问①。如果这一论断的依据是齐泽克认为，巴特尔比所说的"不"不应该只是针对"帝国"，还应指向任何形式的抵抗，"通过确保我们参与其中以助于这个体系延续自身"②，那么其中的问题就不是不存在对资本主义和帝国主义的虚假抵抗行动，而是反战运动显然不属于这类行动。不过，如果霍洛韦的论点表明齐泽克的国家主义真的存在问题，那他支持萨帕塔主义作为革命性变革的替代模式则同样存在问题。正如齐泽克所指出的那样③：他们拒绝挑战国家权力，这会为资本主义等级制度留有余地，正如低估现存国家的资本主义性质一样。

回到马克思

齐泽克对政治的关注有一个显著优点，即把我们的注意力集中到"另一个世界是可能的"这一反对资本主义的口号所附带的实用性上。然而，他回避了查韦斯计划的弱点，没有考察嵌入现代国家内部的资本主义社会关系。正如上文所述，这一思考进路的局限成为克里奇利的永久反对立场的另一面：双方都认为国家将会继续存在，但是关于如何应对这种情况则意见不一。除了对资本主义自我修复能力的悲观假设，更重要的是，关于工人阶级走向分裂的悲观臆断，也促使大卫·哈维和杰里·科恩分别投向人权话语和抽象乌托邦主义的怀抱。虽然约翰·霍洛韦、安东尼奥·奈格里和迈克尔·哈特对激进左翼的种种可能要乐观得多，但这也许是因为他们没有充分面对哈维所强调的问题。因此，尽管哈特和奈格里蕴含在诸众具体的乌托邦之中的政治乐观主义富有吸

---

① Slavoj Žižek, "Foreword".
② Slavoj Žižek, *The Parallax View*, p. 383.
③ John Holloway, *Change the World Without Taking Power*, p. 211; Slavoj Žižek, *In Defence of Lost Causes*, p. 372, 427.

引力,但遗憾的是它同时具有经验上可疑和政治上软弱的特性。① 同样,尽管霍洛韦在形式上持乐观主义,但是左翼面临问题的现实也体现在霍洛韦面对"怎么办"的问题时无动于衷:他的回答是"不知道"②。

霍洛韦认为对于反对资本主义的人而言"没有正确答案,只有数以百万计的尝试"③,这一正确论断具有重要意义。不过,尽管以往的斗争没有提供一个"正确"实践的简单模板,但是它们确实为洞察反对资本主义的动向提供了宝贵资源。因此,霍洛韦对被曲解的经典马克思主义的否定,有碍于重新评估内嵌在那一传统中的经验教训。在此我认为,一旦摆脱对它的曲解,复兴后的马克思主义就可以克服这些反对资本主义的不同观点的局限性。复兴的一个方面就是要把马克思主义政治学从它作为雅各宾主义直系后裔的曲解中解救出来。④ 有趣的是,克里奇利、哈特和奈格里、霍洛韦和罗伯特·诺奇克(Robert Nozick)都或多或少明显把(马克思主义的)革命政治与(雅各宾派的)叛乱政治混为一谈。⑤ 这是一个重要的问题,因为它对马克思政治学的伦理维度视而不见。从早期著作看,马克思借鉴黑格尔对雅各宾主义的分析,批判了罗伯斯庇尔的实践所具有的片面的政治性。⑥ 黑格尔认为,尽管恐怖(the Terror)是随着市民社会逐步实现自由而不可避免会出现的一种过度状态,但雅各宾派的独裁政权没有指向更自由的社会,因为它把抽象的政治意志推向极致,企图自上而下地将其愿景强加于社会,而不以民族"性格

---

① Alex Callinicos, *Resources of Critique*, pp. 140 - 151.
② John Holloway, *Change the World Without Taking Power*, p. 215; John Holloway, *Crack Capitalism*, London: Pluto, 2010, p. 255.
③ John Holloway, *Crack Capitalism*, p. 256.
④ Paul Blackledge, "Marxism and Anarchism", in *International Socialism* 2/125, 2010, pp. 148 - 153.
⑤ Michael Hardt and Antonio Negri, *Multitude*, p. 250; John Holloway, *Change the World Without Taking Power*, p. 15; Simon Critchley, *Infinitely Demanding*, p. 60; Slavoj Žižek, "Introduction", pp. viii - ix.
⑥ Karl Marx, "Critical Notes on the Article 'The King of Prussia and Social Reform by a Prussian'", in Karl Marx, *Early Writings*, London: Penguin, 1975, p. 413.

(dispositions)和宗教"的先行转变为基础。①马克思正是因为很重视这一批判,才把自己的政治学植根于对资本主义内在趋向的分析中。如果说这些趋向为指责马克思是虚无主义者提供了有力的依据,正如我们会在本书第二章中看到的,那么可以说,它们也常常被曲解为他所谓的宿命论(fatalism)的依据②。我在其他地方已对关于马克思历史理论的这种解释提出过质疑③,而在本书第三、四、五章中我也认为,一旦经典马克思主义与宿命论及布朗基主义脱离关系,重构一种基于列宁、卢卡奇、葛兰西等人贡献之上的合乎伦理的马克思主义政治学,就成为一项相对简单的任务。由此,我指向一种对革命社会主义政治学的积极的理解模式,它可以避免针对虚无主义和国家主义的相关指责。

在阿尔都塞看来,马克思旨在克服道德话语的局限,而这意味着对行动的伦理维度的完全拒绝。如果说他的判断前半句是正确的,后半句则无疑是错误的。我认为马克思绝非一个虚无主义者,他对伦理学理论的贡献是根本性的。

在第一章中,我尝试提出马克思主义所面对的道德问题。首先是在与古希腊伦理学的比较视野中,对现代道德理论的产生作简要探讨,之后我考察了一些非常重要的现代道德思想所具有的优势与局限。最后,我概述了麦金太尔的如下论断:没有一种现代道德理论能够为行动提供可以得到合理证明的指引,相反最好是把每一条进路都理解为对个人偏好或多或少具有连贯性的证明。正如我们将会看到的,麦金太尔还认为,马克思提出的对这种情感主义文化的替代方案,最终必然会被判定为不成功的。最好是把本书其他部分的内容作为对这一批评的延伸讨论和尝试性回应加以阅读。

在第二章中我认为,马克思既不是一个虚无主义者,也并非持有不连贯的伦理观,最好是把他理解为基于为争取人的自由而斗争这一视

---

① Georg Hegel, *The Philosophy of History*, New York: Dover, 1956, p. 446, 449, 450.
② Erik Olin Wright, *Envisioning Real Utopias*, pp. 89ff.
③ Paul Blackledge, *Reflection on the Marxist Theory of History*.

角,阐发了对现存社会关系的一种批判。如果说,这一视角的理论基础包含透过黑格尔式的透视镜(Hegelian lenses)对亚里士多德伦理学进行重塑,那也正是从工人反对资本的斗争立场出发才得以实现这一综合。的确,正是基于在集体斗争中得到延续的团结美德,马克思在谴责资本主义的同时拒斥现代道德话语。如果他认为自由作为人的本质是没有争议的,那么经由阶级斗争而对这一概念所展开的包含实践性的争辩(practical contestation),则促使他拒绝接受康德跨历史的和片面的理解。正如乔治·布伦克特(George Brenkert)所认为的那样,马克思拥护的是群体的自我决定的自由。① 康德把原子式利己主义者的现代生活体验自然化,这种利己主义者注定会把世界视为一个既与的实体,这一实体也会把利己主义者的自由局限于(至多只是)微小的局部调整,但工人斗争揭示出一种(可能)足以重建社会关系的现代能动性。用卢卡奇的话说,马克思正是从这个角度把握到"现在作为历史问题"②。他认为通过对市民社会中的自由的质疑,使工人阶级的集体斗争所提供的立场既揭示出资本主义作为一种剥削和异化制度的本质,也表明以团结的美德之名反对利己的个人主义的基础所在。由此,他认为有一种方法可以化解现代道德理论所特有的"是"(科学)与"应当"(伦理学)之间的分裂。可见,尽管马克思认同康德把自由作为人的普遍本质,但他通过对这一概念的历史化而深化了对它的认识,使它同时成为反对资本主义的斗争的手段和目的。

在第三章中,我考察了马克思主义者关于社会主义伦理的争论在第二国际和第三国际内部的演变过程。我首先讨论的是考茨基、伯恩施坦、奥托·鲍威尔(Otto Bauer)和卡尔·福尔伦德(Karl Vorländer)之间的争论,这场争论由20世纪之交在德国出现的修正主义引起。这场论

---

① George Brenkert, *Marx's Ethics of Freedom*, London: Routledge, 1983, p. 88.
② Georg Lukács, *History and Class Consciousness*, London: Merlin Press, 1971, p. 157. 参见[匈]卢卡奇《历史与阶级意识》,杜章智、任立、燕宏远译,商务印书馆2017年版,第216页。——译者注

辩标志着一个康德式的论题的产生,它在过去一百年的马克思主义运动中一直重复出现。接着我探讨了布洛赫、葛兰西、卢卡奇、叶夫根尼·帕舒卡尼斯(Evgeny Pashukanis)和托洛茨基在两次世界大战期间对马克思主义解放伦理的贡献。针对第二国际的马克思主义所存在的问题,这些理论家给出过非常成熟的回应。具体来说,我详细论述了卢卡奇的巨著《历史与阶级意识》对康德主义的批判和对列宁主义的辩护,继而讨论了布洛赫和葛兰西对马克思主义伦理学的贡献,以及20世纪30年代托洛茨基与杜威关于革命道德的论辩。我想指出,这些革命者的贡献不仅在于从理论上解决社会主义的伦理定位问题,还体现在这种思考模式对于理解合乎道德的领导权的实际影响。

在第四章中,我讨论的是战后的(后)马克思主义者试图挽救马克思对资本主义的基本批判的一些主要尝试,这些尝试是鉴于经典马克思主义对无产阶级的赌注明显不成立才进行的。与法兰克福学派和分析的马克思主义相关的理论家一致认为,马克思的政治学不足以适应现代世界,尽管他们的方法论假设又坚决反对这一点。我先是探讨了阿多诺(也译作阿多尔诺、阿道尔诺)提出的一个具体问题:如何能——如果有可能的话——在一个糟糕的世界中过上好的生活;接着剖析了分析的马克思主义紧随批判之后所发生的规范性转向,这些批判是从这一学派内部发起的,针对的也是它的奠基性文本——杰里·科恩的《卡尔·马克思的历史理论》(Karl Marx's Theory of History, 1978)。作为这两部分内容之间的过渡,我概述了萨特勾勒一种革命人道主义的解放伦理的尝试,这一尝试明显具有缺陷。在某种程度上,我认为,从经典马克思主义的任何退却都意味着欣然接受愈发抽象的理想,而这些理想很容易成为麦金太尔批判现代道德话语的情感主义特征时所针对的对象。

在第五章中,我转向讨论在斯大林逝世和赫鲁晓夫发表"秘密演讲"后所逐步形成的、关于社会主义的人道主义的争论。以此为焦点,我认为1956年后这场争论在英国新左派内部得到推进,并在青年麦金太尔的助推之下达到顶峰。经过考察可以看到,麦金太尔在20世纪五六十年代曾指出,在斯大林派做出反革命行径之前的一段时间里,马克思主义短暂的复兴之所以走向伦理学巅峰,离不开列宁、托洛茨基和卢森堡的著作的影响,它们对马克思主义的贡献使其得以超越当代伦理学转向所具有的相对主义特征。

最后,这一视角提供的资源使我能够追踪这一争论截至目前所得出的有效结论,并把对马克思的这种解读运用于分析当代形势。本书的结论章通过简要考察阶级政治对当代世界具有持续凸显的重要作用的相关文献提出一种方法,使我们有可能在借鉴经典马克思主义的经验教训的基础上,发展当代反对资本主义的政治学。

第一章　马克思主义视野中作为问题的伦理学

> 任何一种道德哲学都以某种社会学为前提……①
>
> ——麦金太尔

> 驳斥一定不要从外面来,即不要从那些在所驳斥的体系以外的、与它不相应的假定出发。它所需用的,只是不承认那些假定,而欠缺只是对于那个从以那些假定为根据的需要和要求出发的人,才是欠缺。②
>
> ——黑格尔

马克思与现代道德理论

在某种程度上,现代道德哲学是为反对关于人的能动性的唯物主义理解模式而出现的,这些模式吸收了科学革命的主题,并试图依据我们

---

① Alasdair MacIntyre, *After Virtue*, p. 23. 参见 [美]A. 麦金太尔《德性之后》,第 31 页。——译者注
② Georg Hegel, *The Science of Logic*, London: Allen and Unwin, 1969, p. 581. 参见[德]黑格尔《逻辑学》下卷,杨一之译,商务印书馆 2017 年版,第 244 页。——译者注

的物质性对人的行为作出还原论解释。如果说,托马斯·霍布斯对人性的理解或许是早期阐明这种进路最有力的尝试,那么,像他这样的还原论模式在进化心理学家和自私基因理论的支持者中持续流行,便证明它的吸引力几乎没有减弱的迹象。① 无论这种对人的行为的解释有何优点,在面对人的自由问题时它都是非常无力的;事实上,我们对于如何应对自然的冲动和欲望总是要作出选择。正是为了应对在作出这种理性选择时所面临的困境,才出现反对还原论范式的动向。依据伊曼努尔·康德的经典论述,唯心主义对还原论唯物主义的替代方案试图把作出选择与我们人的欲望剥离开来:新的道德科学教导我们,在我们应当做的与我们本性偏向于做的事情之间存在不可逾越的鸿沟。

唯物主义和唯心主义模式都不乏吸引人的地方。在我们的行动所形成的复杂网络深处,是满足我们自然需要的欲望——直觉上感觉这样想似乎是对的;尽管在许多情况下我们会选择采取行动来压抑或控制我们的欲望,这也是事实。不过,虽然这两种关于能动性的理解模式具有毋庸置疑的吸引力,但它们似乎都不足以把握我们人性的独特之处。因为,如果说唯物主义者把我们还原为只不过是为满足我们的自然欲望而打造的机器,那唯心主义者则建议我们在决定所应采取的行动方式时抑制我们的自然欲望。因此,这些进路与其说同为备选方案,不如说是同一错误的两面:这两种对我们活动的分析方式都使那些活动"无法作为某种形式的**人的**行动来理解"②。

正如卢卡奇所认为的那样,马克思旨在克服唯物主义与唯心主义之间的对立。他意在拓展黑格尔把凸显因果性的唯物主义对行为的理解与目标明确的唯心主义对能动性的解释综合起来的尝试,并将这一尝试

---

① Viren Swarmi, "Evolutionary Psychology: 'New Science of the Mind' or 'Darwinian Fundamentalism?'", in *Historical Materialism*, Vol. 15, No. 4, 2007; cf Hilary Rose and Steven Rose, eds., *Alas Poor Darwin*, London: Jonathan Cape, 2000.
② Alasdair MacIntyre, "Notes from the Moral Wilderness", in Paul Blackledge and Neil Davidson, eds., *Alasdair MacIntyre's Engagement with Marxism: Essays and Articles 1953–1974*, Leiden: Brill, 2008, p. 58.

与宗教色彩的影响剥离开来,由此提供一个框架使我们的行动能够被理解为**人**的行动。① 可见,马克思对人的行动问题的处理方式包含扬弃唯物主义和唯心主义的尝试,正如我们将在本书下一章中看到的,通过他对亚里士多德本质主义的黑格尔式解读就能很好地认识到这点。② 正是通过这一视角,马克思得以把自己的历史理论同粗俗的唯物主义和唯心主义(道德论)区别开来。

马克思写道,"从前的一切唯物主义……的主要缺点是:对对象、现实、感性,只是从**客体**的**或者直观**的形式去理解,而不是把它们当做**感性的人的活动**,当做**实践**去理解,不是从主体的方面去理解。因此,和唯物主义相反,唯心主义却把**能动**的方面抽象地发展了,当然,唯心主义是不知道现实的、感性的活动本身的"③。

这一论点支撑了马克思关于结构与能动性的问题所提出的著名的解决进路:"人们自己创造自己的历史,但是他们并不是随心所欲地创造,并不是在他们自己选定的条件下创造,而是在直接碰到的、既定的、从过去承继下来的条件下创造。"④同时也许更重要的是,马克思阐明了现代道德理论的根本局限。

当代道德话语

通过与古希腊伦理学观念作对比,或许能恰如其分地说明现代的后康德式道德理论的新奇之处。古希腊伦理学——特别是经亚里士多德发展而来的伦理学——不同于现代道德哲学,因为它不认为行善需要违

---

① Georg Lukács, *The Young Hegel*, London: Merlin, 1975, p. 345.
② Scott Meikle, *Essentialism in the Thought of Karl Marx*, La Salle: Open Court, 1985; cf Alasdair MacIntyre, "Notes from the Moral Wilderness".
③ Karl Marx, "Theses on Feuerbach", in Karl Marx, *Early Writings*, p. 422. 参见《马克思恩格斯文集》第1卷,人民出版社2009年版,第499页。——译者注
④ Karl Marx, "The Eighteenth Brumaire of Louis Bonaparte", in Karl Marx, *Surveys from Exile*, London: Penguin, 1973, p. 146. 参见《马克思恩格斯文集》第2卷,第470—471页。——译者注

背我们的欲望。亚里士多德坚持一种自然主义伦理学,即把善的观念与人的需要和欲望的满足联系起来。① 在亚里士多德看来,至善是"万物的目的",并且至善对于人而言就是幸福(*eudaimonia*)。② 直译过来,这个概念的意思是类似于被"好的恶魔"(well-demon)附身或被"善的天分(good genius)守护"。③ 不过,它更常见的也更有用的译法是幸福(happiness)、福祉(well-being)、自我实现或繁荣发展(flourishing)。通过后面这些译法,也许最能理解亚里士多德"幸福"的含义:它是一种生活方式而不是稍纵即逝的感觉,不是一种暂时的心理状态,而是"一个人的客观状态"④。在这一解释模式中,美德是指那些能使社会个人作为共同体的一部分繁荣发展的品质。⑤ 并且,因为亚里士多德认识到,人只能在共同体中繁荣发展——他把我们定义为"政治动物"——由此使伦理与政治也直接关联起来。这样一来,我们应该如何繁荣发展的问题就直接导向何种形式的社会和政治共同体最能让我们得到繁荣发展的问题。因而,正如本书导言中所指出的那样,与认为伦理与政治之间存在不可逾越的鸿沟的人相反,亚里士多德表明了政治是他伦理学著作的主题。⑥ 更具体地说,亚里士多德对幸福的理解是规定性的。他相信世间万物皆有目的,或即终极目的(*telos*),也就是其所扮演的某种角色。因此,根据他的前达尔文生物学可以说,正如眼睛的目的是看,人也具有某种特定的目的使我们有别于自然界的其他事物,而且如果我们要获得真正的幸福,就必须在实现目的方面表现卓越。亚里士多德认为,人具有思考永恒真理的力量,这在动物中是独一无二的。他据此推想人的幸福就其最

---

① Alasdair MacIntyre, *After Virtue*, p. 122, 135.
② Aristotle, *Ethics*, p. 63.
③ Kelvin Knight, *Aristotelian Philosophy*, Cambridge: Polity, 2007, p. 14; David Ross, *Aristotle*, London: Methuen, 1949, p. 190.
④ Richard Norman, *The Moral Philosophers*, Oxford: Oxford University Press, 1983, p. 39.
⑤ Alasdair MacIntyre, *After Virtue*, p. 148.
⑥ Aristotle, *Ethics*, p. 64; Alasdair MacIntyre, *A Short History of Ethics*, London: Routledge, 1966, p. 57.

佳状态而言，包括用尽一生去发展和利用这种能力，使之与美德相一致。① 为此，他区分了沉思的活动与更世俗的生产行为，并把幸福同前者而非后者关联起来。当把这一论点同他的如下论断结合起来看，亚里士多德内含的精英主义就更显突出：他认为，充实的幸福生活只对拥有闲暇时间且致力于沉思生活的人开放，因而仅限于那些有幸生得好的人，即出生在拥有足够财富支持这种生存方式的贵族家庭的男性成员。② 事实上，在亚里士多德的讨论中，诸美德作为彼此冲突的极端恶之间所形成的中庸之道，其制高点是一种本质上只对富人开放的宽宏大度的美德，有评论者因此给亚里士多德贴上"目空一切的自命不凡者"(supercilious prig)的标签。③ 不过，如果说亚里士多德伦理学的基本内容受他身为精英社会成员的社会地位的影响——在麦金太尔看来这是一种"受到阶级眼界束缚的保守主义"④——其形式则意味着更加激进的结论，并且实际上为对社会关系展开影响深远的批判敞开大门。例如，凯文·奈特(Kelvin Knight)认为，亚里士多德在理论(*theoria*)——对永恒事物的沉思，与实践(*praxis*)——对受制于人的行动的那些过程的沉思，以及创制(*poiesis*)或生产活动之间所作的区分是不稳定的，以致亚里士多德的精英主义结论从其自身思想体系的立场来看很容易遭到内在批判。⑤ 然而抛开他的精英主义来说，亚里士多德关于何为繁荣发展的论述预设了一种前达尔文的人性模型，同时与现代个人主义的利己主义的自由观念、马克思的历史人道主义相违。

与亚里士多德具有社会性的个性观念相反，自由主义政治理论的核心是一种利己主义的个人主义。虽然人们通常认为这一理论模型是正

---

① David Ross, *Aristotle*, p. 191.
② Kelvin Knight, *Aristotelian Philosophy*, p. 26.
③ Alasdair MacIntyre, *A Short History of Ethics*, p. 66.
④ Alasdair MacIntyre, *A Short History of Ethics*, p. 68. 参见[美]阿拉斯代尔·麦金太尔《伦理学简史》，龚群译，商务印书馆 2003 年版，第 105 页。——译者注
⑤ Kelvin Knight, *Aristotelian Philosophy*, pp. 14ff; cf Cary Nederman, "Men at Work", in *Analyse and Kritik*, Vol. 30, No. 1, 2008, pp. 17-31.

确的,但是,有关我们个性的生物学事实不应与个人主义的意识形态混为一谈,后者最早是在霍布斯的《利维坦》(1651)中得到系统思考的。

在霍布斯看来,关于人性的核心事实是一种自我保存的欲望。他从生理学的起点出发推论,在物资匮乏的情况下,个人往往为争夺资源而彼此产生冲突,导致"一切人反对一切人的战争"。① 他认为在这种背景下,诸如好和坏的概念与自我保存的需要相联。相应地,个人力量就成为正当性的基础。自 17 世纪以来,道德理论已经在尝试摆脱霍布斯思想的相对论后果,但仍然认可他的竞争性个人主义理论模型。

马克思指出,这种思考进路存在一个根本问题。他坚信,人把自己看作与社会相对立的个人,是特定的现代社会关系的产物。人们越是往前回顾历史,"个人……就越表现为不独立,从属于一个较大的整体"。相反,只有到了 18 世纪,在新出现的"市民社会"背景下,人们之间的社会关系"对个人说来,才表现为只是达到他私人目的的手段,才表现为外在的必然性"。这一事实致使在康德和霍布斯的伦理学中被视为根本的"私人利益",其实"已经是社会所决定的利益,而且只有在社会所设定的条件下并使用社会所提供的手段,才能达到"②。与现代利己主义的个人主义具有普世性的非历史的假设相反,马克思延伸了亚里士多德关于我们作为"政治动物"的论断,认为我们正是由于具有"合群"的特性,因此"只有在社会中才能[自我]独立",而且这一过程还发生在特定的历史关头。③ 这就解释了为什么(例如)在前资本主义社会,个人通过包含义务的相互关系认识自身,而在现代资本主义社会,个人似乎"不受任何社会的约束"④等诸如此类的问题。

恩格斯指出在中世纪,尽管大部分农民是单独进行生产并实现占有

---

① Thomas Hobbes, *Leviathan*, Oxford: Oxford University Press, 1998, esp. Ch. 13.
② Karl Marx, *Grundrisse*, London: Penguin, 1973, p. 156. 参见《马克思恩格斯文集》第 8 卷,人民出版社 2009 年版,第 6、50 页。——译者注
③ Karl Marx, *Grundrisse*, p. 84. 参见《马克思恩格斯文集》第 8 卷,第 6 页。——译者注
④ Alasdair MacIntyre, *A Short History of Ethics*, pp. 121-128. 参见[美]阿拉斯代尔·麦金太尔《伦理学简史》,第 170—179 页。——译者注

的,但封建时代欧洲农民之间的地方性团结纽带,则是由农民生存所必需的土地公有形式支撑的,这种土地形式有助于他们抵抗贵族强权。[1] 与此相对,资本主义市场关系出现并最终获得支配地位,导致生产变得社会化,而占有却仍然是个人的。[2] 由此,一对矛盾关系产生了。社会化生产是指人最基本的生存有赖于一张彼此相连的、巨大的关系网,而个人占有则意味着这些个人仅仅作为竞争对手相互对抗。现代道德理论就是在这种矛盾的背景下产生的。可见,前现代思想家基于人是社会动物的论断,假定个人只能被理解为社会的一部分,而现代道德理论面对的是现代社会现实,因此只能消极地把个人理解为霍布斯眼中的竞争者。

社会契约论、功利主义、康德主义、解构主义甚至现代美德伦理学,都可以理解为是在试图回答如何在由利己性个人所构成的世界中形成共善(a common good)这一问题。尽管马克思对道德的批判蕴含对这些进路的拒斥,但他同时既追随康德把人的自由置于其社会理论的核心,又认为康德没能理解真正的人的自由。

在霍布斯的社会契约论所假设的情形下,自利性个人会同意接受绝对君主的统治,以此作为确保其自我保存的最佳方式。尽管如约翰·洛克和离我们更近的约翰·罗尔斯等后来的契约论理论家拒绝接受霍布斯(保守)的政治结论,但他们仍然认可他对这一问题的(自由主义的)运思方式。他们追问的是,自利性个人如何才能同意接受某种道德和政治秩序。

过去几个世纪在英国道德哲学中占主导地位的理论模型中,处于核心的功利主义也存在类似问题。这一进路源于杰里米·边沁对功利原则或最大幸福原则的捍卫,它旨在为社会改革提供科学依据,以确保最

---

[1] Frederick Engels, *The Origin of the Family, Private Property, and the State*, London: Lawrence and Wishart, 1972, p. 123, 216; Perry Anderson, *Passages from Antiquity to Feudalism*, London: Verso, 1974, p. 148.
[2] Frederick Engels, *Anti-Dühring*, Moscow: Progress Publishers, 1947, pp. 327-328.

多的个人以最小的痛苦获得最大的快乐。边沁认为,由于"自然把人类置于两位主公——快乐和痛苦——的主宰之下",因此正是这两种感觉不仅提供了"是非标准",而且使得"凡我们所行、所言、所思,无不由其支配"。① 他坚信功利原则或即最大幸福原则是一条科学进路,由此我们能够重建社会秩序,从而确保以最小的痛苦为最大多数个人提供最大快乐。② 边沁理解的共同体是个人的集合,无论怎么强调个体性观念对其道德理论的重要性都不为过。他认为"不理解什么是个人利益,谈论共同体的利益便毫无意义"③。根据这一理论模型,众多追求享乐的个人如何才能避免霍布斯所说的"一切人反对一切人的战争"?

早在半个世纪前,亚当·斯密就已阐明这个问题的答案。斯密的著名论断是,在自由的市场经济中,普遍利益不可能产生于个体行动者的善良意愿,而毋宁说是追求自己个人私利的诸多个人相互作用的结果。他认为,虽然具体的个体商人可能真的是自私行事,但这些行动的结果增进了共同的善。

> 诚然,一般说来,他无意去促进公共利益,也不知道自己正在多大程度上促进公共利益。他宁愿支持本国劳动而不支持外国劳动,只是为了自己的安全;他指引这种劳动产品使它具有最大的价值,也只是为了自己的利得;在这种场合,也像在许多其他场合一样,他被一只看不见的手引导着,去达到一个他无意追求的目的。虽然这并不是他有意要达到的目的,可是对社会来说并非不好。他追求自

---

① Jeremy Bentham, "Of the Principle of Utility", in Jonathan Glover, ed., *Utilitarianism and its Critics*, London: Macmillan, 1990, p. 9. 参见[英]边沁《道德与立法原理导论》,时殷弘译,商务印书馆 2000 年版,第 57 页。——译者注
② Jeremy Bentham, "Of the Principle of Utility", pp. 9 – 10.
③ Jeremy Bentham, "Of the Principle of Utility", pp. 9 – 10. 参见[英]边沁《道德与立法原理导论》,第 58 页。——译者注

己的利益,常常能促进社会的利益,比有意这样去做更加有效。①

斯密"看不见的手"提供了一个强大的后果论基石,基于此,后来的思想家为资本主义构建出一种功利主义的证明。然而,正如斯密把资本主义经济和资本主义的个人主义视为自然存在的(naturalized)②,古典功利主义者也把物化的(reified)个人存在置于其道德理论的核心,这些个人的欲望不仅在市场中能够毋庸置疑地得到承认(registered),而且被视为道德共同体的恰当基础。因此,约翰·斯图尔特·密尔在阐发边沁的思想时指出,根据功利主义,唯一作为目的值得欲求的事物就是幸福,而唯一能证明某物是值得欲求的,就是"人们确实欲求得到它"③。G. E. 摩尔认为,密尔以此方式把善的与人们所欲的等同起来,就"如每一个人都能够想望的那样如此天真而又笨劣地使用了一种自然主义的谬误"④。虽然这是事实,但正如下文所言,密尔的论证所存在的关键问题并非从"是"推出"应当",而是他假定我们的需要可以通过市场这一异化的中介得到充分承认。密尔的进路既没有认识到我们的欲望可被塑造的方式,当然也没有看到如下事实:仅仅从人们对其命运感到满意不能得出"他们的命运就应当如此"⑤的结论。而且,由于市场没有为承认社会性欲望形成某种机制,因此只有通过追寻对这些异化的关系发起挑战的社会力量,我们才能对何为正当的与人们所欲求的二者之间的联系形成概念。与此相反,边沁和密尔认为,我们通过行为表明我们欲求得到

---

① Adam Smith, *The Wealth of Nations*, New York: The Modern Library, 1994, pp. 484 - 485. 参见[英]亚当·斯密《国富论》,杨敬年译,陕西人民出版社1999年版,第502—503页。——译者注
② Isaac Rubin, *A History of Economic Thought*, London: Ink Links, 1979, pp. 167 - 175.
③ John Stuart Mill, "Utilitarianism", in John Stuart Mill, *On Liberty and Other Essays*, Oxford: Oxford University Press, 1991, p. 168.
④ G. E Moore, "Criticism of Mill's 'Proof' ", in Jonathan Glover, ed., *Utilitarianism and its Critics*, p. 21. 参见[英]G. E. 摩尔《伦理学原理》,陈德中译,商务印书馆2017年版,第75页。——译者注
⑤ Alasdair MacIntyre, *A Short History of Ethics*, p. 237. 参见[美]阿拉斯代尔·麦金太尔《伦理学简史》,第309页。——译者注

这些利好,它们因为使我们快乐所以是善的。正如罗尔斯所指出的,通过"把善定义为独立于正当(the right)",从而把正义定义为"增加善的东西",由此不难看出功利主义何以在当代社会充当"不言而喻的背景性"信念。① 同样显而易见的是,在现代世界即使以它作为基础,也不足以阐明一种关于社会行动的令人满意的理论。

用伊丽莎白·安斯科姆(Elizabeth Anscombe)的话说,功利主义因为聚焦于行动的目的而不是实现这些目的的手段,以致其在更广泛意义上所构成的那部分后果论道德家族必然沦为"一种浅薄的哲学",因为对其而言"追问'在这样那样的情形下何为正当的行为'是愚蠢的"②。认为我们的欲望不经中介就能作为好生活的基础,在根本上是有问题的。因为欲望既因时而变又数量众多,不一定具有同一趋向。为此,我们必须要在其中作出选择,而后果论对此几乎无济于事。事实上,功利主义把注意力集中于行动的目的,恰恰轻视了在实践中对于道德理论来说至关重要的方面:我们为实现目的所采取的手段。这一缺陷尽管源于功利主义的激进性,但也足以解释人们如何以未来效果之名用这种思考进路辩护各种不人道行为③,而且由于把幸福与财富的增加混为一谈,导致它对现代社会何以产生如此多的不幸视而不见④。

迄今为止,康德的道德进路是对功利主义和后果论最重要的替代方

---

① John Rawls, *A Theory of Justice*, Oxford: Oxford University Press, 1971, p. 25; Will Kymlicka, *Contemporary Political Philosophy*, Oxford: Oxford University Press, 2002, p. 10. 参见[美]约翰·罗尔斯《正义论》,何怀宏、何包钢、廖申白译,中国社会科学出版社1988年版,第21—22页;[加]威尔·金里卡《当代政治哲学》,刘莘译,上海三联书店2003年版,第20页。——译者注
② G. E. M. Anscombe, "Modern Moral Philosophy", in *The Collected Philosophical Papers of G. E. M. Anscombe*, Vol. 3: *Ethics, Religion and Politics*, Oxford: Basil Blackwell, 1981, p. 36.
③ Alasdair MacIntyre, "Against Utilitarianism", in T. H. B. Hollins, ed., *Aims in Education*, Manchester: Manchester University Press, 1964, pp. 1 – 23.
④ Iain Ferguson, "Neoliberalism, Happiness and Wellbeing", in *International Socialism* 2/117, 2007, pp. 123 – 142; cf Robert Frank, *Luxury Fever*, New York: Free Press, 1999, Ch. 7; Richard Wilkinson, *The Impact of Inequality*, London: Routledge, 2005.

案。的确,现代道德常被视为管控我们行为的一系列约束,就此而言,康德的论述是为这种典型理解提供合理证明的最成熟的尝试。正如麦金太尔所指出的,"对于许多从未听说过什么是哲学,更不消提及康德的人来说,道德不过是康德所说的东西"①。

康德追随希腊人把哲学分为三个部分:逻辑学、物理学和伦理学。他认为逻辑学是哲学的形式方面,它的论域是理性本身的性质:它关心的是先验推理,而不是对现实世界的实证调查。与此相对,由于物理学和伦理学探讨的都是物质世界,因此它们都包含经验推理。② 不过,因为物理学和伦理学探讨的是物质世界的不同部分,所以它们的方法截然不同。在康德看来,物理学作为哲学的一个方面,是以自然界为对象的,伦理学则包含一种哲学的尝试,去理解和指导我们作为自由的理性行动者的行动。虽然物理学同伦理学之间明显有所重叠——我们是具有自然需要和欲望的自然存在——但是至于它们为何应在方法上有所不同,就不那么明显了。康德依据我们对现实世界的理论认识的局限,表明了他以不同方法思考哲学这两个部分的合理性所在。

在《纯粹理性批判》中,康德尝试超越休谟式的怀疑论,由此提出一种先验的论证方法,它解释了科学家如何能从对世界表象的经验观察转向对世界本质——或用康德的话说,转向对自在之物本质——的假定。但是他认为,由于我们对自在之物能够提出相互矛盾却又同样可信的命题,因此对它的认识存在不可逾越的限度。③ 在同样可行却又彼此矛盾的命题或即二律背反中,对我们的论证目标而言,最重要的就是康德的第三个二律背反:假定我们的行动是自由意志的产物,与假定行动反过来也是自然因果律的必然结果之间的二律背反。④ 就我们的行为受自然

---

① Alasdair MacIntyre, *A Short History of Ethics*, p. 190. 参见[美]阿拉斯代尔·麦金太尔:《伦理学简史》,第253页。——译者注
② Immanuel Kant, *Groundwork of the Metaphysics of Morals*, London: Routledge, 1948, p. 53.
③ Immanuel Kant, *Groundwork of the Metaphysics of Morals*, p. 111.
④ Immanuel Kant, *Critique of Pure Reason*, London: Macmillan, 1933, pp. 409ff.

律支配而言,康德提议通过物理学的一个分支来加以理解。然而他认为,由于人可以因其对理性能力的占有而有别于自然界的其他部分,因此我们不应把我们的行动视为受某些自然律影响的结果,而应视为理性决定的自由选择及自主选择的结果。① 由此康德指出,在道德律与自然律——也即义务与欲望之间存在鸿沟。

支持康德把道德或义务与人的本质或自然倾向剥离开来这一目标的是,他相信我们的本质从根本上说是自私的。如果说霍布斯提出的问题是如何能"把战争状态转变为有序的、和平的状态",康德则把这个问题延伸成为竞争性个人如何能以相互尊重的方式建立联系。② 正如艾伦·伍德(Allen Wood)所认为的,从康德的观点看,"我们在社会中表现为竞争性自负的自然倾向,不可避免地构成对道德律的抗衡,而道德律是需要力量来克服它的"③。对康德来说,道德律正如他成长于其中的新教传统一样,实质上是对实现我们自私的和罪恶的欲望的一系列限制或阻碍。正是出于这个原因,他无法接受亚里士多德自然主义的伦理学进路:我们自私的本性表明我们的需要无法支撑道德秩序。事实上,这一论断构成了现代人认为事实陈述(是)与价值判断(应当)之间没有必然联系的基础。

由于康德力求为现有的道德观赋予理论的严谨性,他的思想才因此被贴上"本质上保守的观点"的标签。④ 然而,这不只是他个人道德偏好的偶然性事实,毋宁说它还源于如下事实:绝对命令——理性教导我们所应心甘情愿遵循的普遍的道德律——在根本上是消极的。正如麦金太尔所认为的那样,康德告诉我们不应该做什么——例如,我们不该撒谎或违背诺言,因为如果这些行为被普遍化,社会就会陷入混乱——但

---

① Immanuel Kant, *Groundwork of the Metaphysics of Morals*, pp. 107ff.
② H. S. Reiss, "Introduction", in H. S. Reiss, ed., *Kant's Political Writings*, Cambridge: Cambridge University Press, 1991, p. 10.
③ Allen Wood, *Kant*, Oxford: Blackwell, 2005, p. 149.
④ Alasdair MacIntyre, *A Short History of Ethics*, p. 191. 参见[美]阿拉斯代尔·麦金太尔《伦理学简史》,第255页。——译者注

他并没有告诉我们应该做什么。正因为如此,他的学说必然"寄生于某种已经存在的道德"①。具体而言,康德的伦理学建立在他那个时代共同的道德假设之上。的确,在佩顿(H. J. Paton)看来,康德道德理论的出发点是"暂定的这一假设,即我们日常的道德判断可以合乎情理地称为正确的"②。因此,颇具讽刺意味的是,尽管康德坚信道德律的普遍性,但他自己的道德信仰明显带有历史性(而且对现代读者来说是令人不安的)特征。伍德指出,"众所周知,康德在某些伦理问题上持有非常极端(甚至令人厌恶)的立场"。例如,"他认为,杀人犯永远都应处以死刑,自杀与对于你自己必须恪守的义务背道而驰,性交本质上是对我们人性的侮辱,手淫是比自杀更严重的道德犯罪,以及除非当局命令你做一些本身就是错误的事,否则任何不服从适时形成的政治权威的行为,都无法得到辩护,他还曾指出,为增进人的福利——甚至包括为从一个可能的杀人犯手中拯救无辜者的生命——而撒谎,永远都是错误的"③。

可见,康德的保守主义表现在两个层面:首先,他实质上持信的是如今大多数人都视为保守主义的道德观;然而更重要的是,如果麦金太尔说的是对的,那么这就不是对康德写作环境影响的一种偶然反映。康德的思想在本质上意味着他不得不放眼周遭世界,以便为自己的道德观念赋予积极的事实基础(substance),由此存在一种趋势使他和他的追随者的观点偏向于在其生活秩序中占主导地位的保守道德。

不过,康德提供的远不止是对现状的道德辩护。由于他把仁慈地对待他人置于道德哲学的核心,他的伦理学吸引了许多原本不认同其具有实质性道德承诺的人。用他的话说,按照绝对命令行事意味着"在任何

---

① Alasdair MacIntyre, *A Short History of Ethics*, p. 197. 参见[美]阿拉斯代尔·麦金太尔《伦理学简史》,第261页。——译者注
② H. J. Paton, "Analysis of the Argument", in Immanuel Kant, *Groundwork of the Metaphysics of Morals*, p. 15.
③ Allen Wood, *Kant*, p. 130.

时候都不应把自己和他人仅仅当作工具,而应该永远看作自身就是目的"①。人们只需看一下这句话便能领会它对几代激进分子的吸引力之所在,他们像奥地利马克思主义者马克斯·阿德勒(Max Adler)一样会认同"康德的伦理学代表着对人类社会主义目标的一种哲学表达"②。然而在这里,康德的进路存在另一个问题:如果激进派和保守派都能接受他对绝对命令的表述,那么具有讽刺意味的是,他关于我们应该如何行动的理论却似乎没能提供具体的行动指南。这就是黑格尔对康德的责难,他对康德道德的抽象本质展开批判,并曾以"崇高的虚伪性和唯一贯穿始终的空洞性"来描述它。③ 总体而言,黑格尔认为康德的立足点(即道德的立足点)根本不是纯粹理性的思考方法,而实际上反映着"资产阶级或私人的伦理生活"。因此,康德不仅脱离人的自然需要和欲望抽象地理解"人",而且用伍德的话说,也是在"脱离个体作为其部分的全体"的情形下理解"个体在伦理生活中的位置"④。

尽管康德的道德理论是形式主义的,但他在讨论我们的行动目的时又诉诸传统亚里士多德式的幸福概念。用麦金太尔的话说,他断言"如果义务最终不以幸福作为报偿,义务将是无法忍受的"。不论康德对于这个问题在其他地方是如何表述的,他的这一命题在义务与人性概念之间搭建起一种隐秘的联系。⑤ 在罗伯特·所罗门(Robert Solomon)看来,康德由此认为不应为了幸福才做出道德行为,而是道德行为应以幸

---

① Immanuel Kant, *Groundwork of the Metaphysics of Morals*, p. 91. 参见[德]康德《道德形而上学原理》,苗力田译,上海人民出版社 2002 年版,第 52 页。——译者注
② Max Adler, "The Relation of Marxism to Classical German Philosophy", in Tom Bottomore and Patrick Goode, eds., *Austro-Marxism*, Oxford: Oxford University Press, 1978, p. 63.
③ Georg Lukács, *The Young Hegel*, p. 287; Charles Taylor, *Hegel*, Cambridge: Cambridge University Press, 1975, p. 371; cf Georg Hegel, *Philosophy of Right*, Oxford: Oxford University Press, 1952, pp. 89—90.
④ Allen Wood, *Hegel's Ethical Thought*, Cambridge: Cambridge University Press, 1990, p. 132. 参见[美]艾伦·伍德《黑格尔的伦理思想》,黄涛译,知识产权出版社 2016 年版,第 215—216 页。——译者注
⑤ Alasdair MacIntyre, *A Short History of Ethics*, p. 196. 参见[美]阿拉斯代尔·麦金太尔《伦理学简史》,第 259 页。——译者注

福作为回报,这就产生了一个他无法解决的悖论。① 因此,用尼采的话来说,尽管康德口中的好人是"被阉割的人、没有欲望的人"②,但他最终发现,如果不提及欲望的实现就无法言说道德。

吕西安·戈德曼(Lucien Goldmann)在评论黑格尔对康德的批判时指出,"独具空洞形式的不是康德的伦理学,而是资产阶级的个人主义社会中现实的人的伦理标准"。他认为康德正确地注意到实际存在的利己主义是有限度的,因为最邪恶或最自私的人也会承认"普遍道德律"的存在,即便在他们无视它的时候。康德的问题在于,他因为接受资产阶级的个人主义而不得不断定:绝对命令设定的普遍的道德共同体只能在形式上存在,而无法真实存在;我们的需要和欲望被自然地视为原子式的竞争性个人的需要和欲望,因此除了出于某种有违我们的需要和欲望的义务之外,不存在他所认为的我们应该采取行动的社会基础。③ 从这一资产阶级的观点来看,道德理论往往把道德和共同体视为自上而下强加于人的。虽然保守派会拥护这种威权主义,但无政府主义者和自由主义者倾向于拒斥或寻求改进它。

由于现代(自由主义)道德理论往往把人的本质的最新表现形式追溯至遥远的过去④,因此它实现了对孕生它和个人主义的现代资本主义背景的自然化⑤。米尔顿·菲斯克(Milton Fisk)认为这一点很重要,怎么强调它都不为过。因为在满足个人利益而不是社会利益时,资本主义市场就成为一种机制,迫使行动者"以一种忽视其可能存在的任何社会联系的方式"建立起联系。因此,市场往往掩盖人的本质的社会方面,这

---

① Robert Solomon, *In the Spirit of Hegel*, Oxford: Oxford University Press, 1983, p. 568.
② Robert Solomon, *In the Spirit of Hegel*, p. 487.
③ Lucien Goldmann, *Immanuel Kant*, London: New Left Books, 1971, p. 174.
④ Maureen Ramsay, *What's Wrong with Liberalism?*, London: Leicester University Press, 1997, pp. 7 - 8, p. 12, pp. 32 - 37.
⑤ Maureen Ramsay, *What's Wrong with Liberalism?*, p. 7; cf Peter Archibald, *Marx and the Missing Link: Human Nature*, Atlantic Highlands: Humanities Press, 1993, pp. 45 - 56; Raymond Williams, *Keywords*, London: Fontana, 1976, pp. 133 - 136.

一局限在自由主义贫乏的人性模型中得到延续。由此导致的一个后果是,当自由主义者面对具体的伦理问题时——菲斯克以堕胎权利之辩为例——往往从个人利益和价值的角度肤浅地解释这些冲突,而不去探究这些偏好和价值的社会根源。从更一般的意义上说,正是自由主义贫乏的人性理论,支撑起当代道德话语实质上的相对主义。菲斯克认为,通过指出自由主义的社会基础,马克思超越了当代政治哲学中诸如此类的争论似乎难以克服的那些特性。①

如果说现代资本主义的社会关系巩固了自由主义道德进路在观念上的固有弱点,那么它们往往也会破坏那些有助于延续前资本主义共同体的美德。在对马克思主义的批判性探讨中,麦金太尔认为,虽然现代世界所特有的一些罪恶部分地是由行恶之人的品格所造成的,但另有一些罪恶则是源于"资本原始占有的严重不平等",这种不平等通过由此产生的剥削关系,为劳动力市场带来结构性不公正。然而,资本主义的恶行不止于此,因为资本主义不仅使这种剥削制度得以延续,而且还"误导"人们把自己主要作为消费者来看待,即对他们来说,"生活的成功"越来越要凭借"成功获得消费品"来判定。因此,尽管亚里士多德把贪欲(*pleonexia*)——追求拥有更多的那种动力——理解为与正义美德相对的恶,但是在资产阶级社会,它本身已成为一种美德。善恶的这种颠倒反过来"为发展一种具有不公正倾向的品格类型提供了惯常的激励"。由此,麦金太尔认为,资本主义的生产关系强化了上述带有恶意的品格特征本身。②

根据菲斯克和麦金太尔的观点可见,资本主义的社会关系不仅以其贫乏的人性论表明自由主义内在固有的道德相对主义,还使利己的个人

---

① Milton Fisk, *The State as Justice*, Cambridge: Cambridge University Press, 1989, pp. 275-288.
② Alasdair MacIntyre, *Marxism and Christianity*, London: Duckworth, 1995, pp. xiii-xvi; Alasdair MacIntyre, *After Virtue*, p. 137; Alasdair MacIntyre, *Ethics and Politics*, Cambridge: Cambridge University Press, 2006, p. 39.

主义得到延续,削弱了那些可能产生道德共同体的实践。通过对现代个人主义和支撑它的资本主义社会关系进行自然化处理,自由主义无法设想对这样一种制度的超越,这种制度既导致道德行为无法延续,也致使我们无法拟定一套约定应予遵守的标准。此外,它还默许了资本主义特有的权力关系。杰弗里·雷曼(Jeffrey Reiman)评论道,自由主义关于个人主义原子式的、非社会的和非历史的特征的假设,把从现代资本主义社会关系的延续中受益的人的利益,偷偷带进了现代道德理论所谓的与利益无关的理性之中。①

虽然康德旨在为遵守道德律提供普遍有效的论证,但由于我们是从具体的角度进行思考的②,因此在一个利益相争、支离破碎的世界中,理性本身往往也变得碎片化,对于何为正当的不同看法也有许多相互冲突的论证。因此,现代道德哲学家尽管可能认同(例如)这个世界存在令人难以置信的社会不平等,但是对这是否是一种值得欲求的状态则意见不一。当代政治哲学中占据主导地位的争论,正是在诸如罗伯特·诺齐克这样的自由意志主义者与约翰·罗尔斯等平等主义者之间展开的,前者通过捍卫私有财产权而为社会的不平等辩解,后者则仅仅在这种不平等"有利于最弱势的人"的条件下为其辩护。③ 麦金太尔在一个对社会不平等的历史根源的经典评论中指出,尼采的普遍虚无主义是一种非历史的错误概括,但其合理性内核在于,它是从资产阶级社会的现实特征中概括得出的④:从市民社会的立场看,道德观不可能摆脱"情感主义"的相对论界限(parameters),即认定"这是善的"本质上可转译为"我赞成这

---

① Jeffrey Reiman, "Moral Philosophy", in Terrell Carver, ed., *The Cambridge Companion to Marx*, Cambridge: Cambridge University Press, 1991, p. 147.
② Alasdair MacIntyre, "Pascal and Marx", in Paul Blackledge and Neil Davidson, eds., *Alasdair MacIntyre's Engagement with Marxism: Essays and Articles 1953 – 1974*, p. 314.
③ Alex Callinicos, *Equality*, Cambridge: Polity, 2000, pp. 36 – 87.
④ Alasdair MacIntyre, *After Virtue*, p. 113.

个"①。这既道出了化解这些争论的棘手之处,也揭示了道德哲学和政治哲学往往沦为政治实践的坟墓这一事实。这些争论表明不可能就我们应该生活在怎样的世界达成一致,由此破坏了任何积极思考更美好世界的思想典范,并倾向于对现状的默许。②

可以把伦理学理论的解构主义转向理解为道德相对主义倾向的一个最新变体。同康德一样,列维纳斯(Emmanuel Levinas)和德里达都持有道德作为责任的观念,因为他们同其自由主义先辈一样拒斥伦理自然主义,而且解构主义与当代自由主义一道,都趋向于对多元文化主义的腐朽赞颂。③ 西蒙·克里奇利认为,由于解构主义不是从抽象的普遍性,而是从具体的特殊性出发,因此来自列维纳斯和德里达的责任观能够逃脱黑格尔对康德形式主义的批判。④ 然而,正如特里·伊格尔顿(Terry Eagleton)所指出的,解构主义非但没有摆脱康德主义的局限,反而强化了它们。他认为,学术左翼自20世纪80年代以来走向后现代主义,但具有讽刺意味的是,它把在概念上解构自主性的个别主体和普遍理性,与对康德伦理关怀的回归结合起来。这一内含矛盾的走向导致了,尽管康德的道德理论是从能得出某些普遍有效的道德结论的理性个体出发的,但后结构主义者通过对这些概念的解构,把道德律定位为"纯粹任意的修辞力量"⑤。更具体地说,解构主义对他者概念的关注导致一种极端相对主义。大卫·哈维认为,如果拿它当真的话就有可能得出如下结论:"试图对奴隶制、种族隔离、法西斯主义或种姓社会置之不理,就如同

---

① Alasdair MacIntyre, *After Virtue*, p. 12. 参见 [美]A. 麦金太尔《德性之后》,第 17 页。——译者注
② Jeffrey Reiman, "Moral Philosophy", p. 147.
③ Terry Eagleton, *Trouble with Strangers*, Oxford: Blackwell, 2009, p. 223, 241, 247.
④ Simon Critchley, *The Ethics of Deconstruction*, Edinburgh: Edinburgh University Press, 1999, pp. 41, 48.
⑤ Terry Eagleton, "Deconstruction and Human Rights", in Barbara Johnson, ed., *Freedom and Interpretation*, New York: Basic Books, 1993, p. 129; Terry Eagleton, *After Theory*, Harmondsworth: Penguin, 2003, pp. 152-153.

否认美洲原住民或越南农民的自决权一样,是不公正的。"①

摆脱这一困境的尝试就包括向古典(希腊)美德伦理学回归。② 美德伦理学家不是关注行动者的意图或行为结果,而是坚信关键的伦理问题应当是"我应该成为一个什么样的人?"。尽管亚里士多德依据他的前达尔文人性模型能够回答这一问题,但是一种恰当的现代美德伦理学必须植根于与达尔文相容的人性模型,而不是屈从于社会达尔文主义的还原论诱惑。正是黑格尔提出具有历史性的人的本质的理解模型,才首次指明解决这一困境的办法。

超越亚里士多德和康德的伦理学

尽管在现代伦理学观念与古典伦理学观念之间存在重大差异,但是它们都倾向于对形成它们的迥异的社会背景进行自然化处理。③ 黑格尔对道德理论所作的巨大贡献就建基于他对这两种背景所展开的历史性比较:他追问,现代人如何以及为何不同于古希腊人。由此,他开始对康德式的道德和亚里士多德式的伦理学加以综合,同时克服它们的局限性,这一过程后来由马克思完成。

正如我们将在本书下一章中看到的,马克思虽然与康德一样认为自由是人性的本质,但他同时强调这种自由所采取的具体的自然形式和历史形式。这一针对现代道德哲学中常见的物化人性概念的替代方案,借鉴了亚里士多德和黑格尔的论述。如果我们追随奈特认为,亚里士多德伦理学实质上的精英主义容易遭受源于他自己的思想体系所处立场的内在批判,那么正如罗德尼·佩弗(Rodney Peffer)所言,认为马克思的道德观无法"与亚里士多德的完全同化",则有失偏颇:问题在于,他们的

---

① David Harvey, *Justice, Nature and the Geography of Difference*, p. 351.
② Michael Slote, "Virtue Ethics", in Marcia Baron, et al., *Three Methods in Ethics*, Oxford: Blackwell, 1997, pp. 175 – 238.
③ Alasdair MacIntyre, *After Virtue*, p. 159.

方法在许多重要方面是趋同的①。因为,如果人类确有本质可言,如果人类生活的目标就是实现这一本质所蕴含的潜能,那么阻碍这一本质的社会结构就理应受到挑战②。理查德·米勒(Richard Miller)甚至指出,马克思的异化理论使人想起亚里士多德"对于会剥夺人们美好生活的贫困的描述"③。

艾伦·伍德认为,或许最好把黑格尔对伦理学理论所作的贡献理解为,他努力把康德和亚里士多德思想中最具影响力的元素综合起来。④正如亚里士多德力图将其伦理学建立在关于人的本质的理论模型上一样,黑格尔也坚信伦理学必须从"人类实际上是什么"出发,因为只有以此为基础才能够说"某些生活方式符合我们的本性,另一些则与之背离"。⑤ 不过,尽管黑格尔追随亚里士多德认为人生的目标是自我实现,但他同时承认只有通过自由的方式,自我实现才是可能的,并以这种属于现代的典型方式同亚里士多德决裂。可以说,亚里士多德坚信人生的目的是幸福,黑格尔则认为是自由。⑥ 此外,黑格尔通过把对幸福和自由的追求关联起来——例如,当他写道"道德意识不能放弃幸福"时——为如上所述的道德在康德那里所特有的悖论提出一种解决办法,即指出:虽然康德相信从义务感出发采取行动意味着压抑我们的欲望,但是由此我们会被回报以幸福。⑦

---

① Rodney Peffer, *Marxism, Morality and Social Justice*, Princeton: Princeton University Press, 1990, p. 102; Alan Gilbert, "Marx's Moral Realism: Eudaimonism and Moral Progress", in Terence Ball and James Farr, eds., *After Marx*, Cambridge: Cambridge University Press, 1984, p. 155.
② Terry Eagleton, *Marx and Freedom*, London: Pheonix, 1997, pp. 17 - 33.
③ Richard Miller, "Marx and Aristotle", in Alex Callinicos, ed., *Marxist Theory*, Oxford: Oxford University Press, 1989, p. 178; Richard Miller, *Analyzing Marx*, Princeton: Princeton University Press, 1984, pp. 76ff; cf Allen Wood, *Karl Marx*, London: Routledge, 1981, p. 126.
④ Allen Wood, *Hegel's Ethical Thought*, p. 7.
⑤ Allen Wood, *Hegel's Ethical Thought*, p. 17, 32. 参见[美]艾伦·伍德《黑格尔的伦理思想》,第27、51页。——译者注
⑥ Allen Wood, *Hegel's Ethical Thought*, p. 20, 33.
⑦ Robert Solomon, *In the Spirit of Hegel*, p. 568.

对黑格尔来说,自由行动需要按照必然性行事,即按照我们人类的需要和欲望行事。① 由此,他批评道:"康德在自我中看到自由与自然之间的二分……而在其中,他本应把自由视为对自然的实现。"② 他认为,道德律的普遍性绝不是跨历史意义上的,事实上道德律只有在"特定共同体的背景下"才可以理解,而且只有在"共同体成长并巩固成为国际性共同体"的历史意义上才可能是普遍的。③ 罗伯特·所罗门甚至指出,在黑格尔看来,当某人声称是出于良知而行动时,实际上其行为与其信念是一致的,这些信念与他身处的道德共同体的信念"相呼应"④。黑格尔把社会生活中伦理的主观和客观方面的统一称为伦理(Sittlichkeit)或伦理生活,并认为它囊括了社会制度和"主观意向"⑤。通过这一概念,黑格尔把自由的观念与"活生生的社会整体"的运动联系起来,由此指出自由的观念具有社会性的内容。⑥ 具体地说,自由主义者持有一种非历史的人性概念,黑格尔则凭借社会关系对人展开思考,从而使本质的概念历史化了。不过,他也为那些合理呈现共同体与个人自由之间关系的社会秩序保留了伦理生活的观念,由此他的思想得以免受这一理论运动可能产生的相对论后果的影响。⑦ 可见,他在很大程度上改变了亚里士多德对幸福的构想。因为,如果说人性随共同体文化的演变而演变具有重要意义,那自我实现的概念也是如此。为此,伍德把黑格尔的理论称为一种"辩证的或历史化的自然主义"⑧。从这个角度来看,黑格尔部分地接

---

① Georg Lukács, *The Young Hegel*, p. 354; Frederick Engels, *Anti-Dühring*, p. 140; Georg Hegel, *The Philosophy of History*, p. 26; Theodor Adorno, *Negative Dialectics*, New York: Continuum, 1973, p. 249.
② 转引自 Allen Wood, *Hegel's Ethical Thought*, p. 70。
③ 转引自 Robert Solomon, *In the Spirit of Hegel*, pp. 480-481。
④ Robert Solomon, *In the Spirit of Hegel*, p. 577.
⑤ Allen Wood, *Hegel's Ethical Thought*, p. 196. 参见[美]艾伦·伍德《黑格尔的伦理思想》,第321页。——译者注
⑥ Georg Lukács, *The Young Hegel*, p. 153.
⑦ Allen Wood, *Hegel's Ethical Thought*, p. 205, 208.
⑧ Allen Wood, *Hegel's Ethical Thought*, p. 33. 参见[美]艾伦·伍德《黑格尔的伦理思想》,第53页。——译者注

受了康德的论点:伦理规范被用作约束我们的欲望的标准。然而,与康德相反的是,他同时认为义务不必然仅仅是自己应当做的事,用伍德的话说,在某些情况下还可能是"我自发想做的事"。他甚至坚信,善只有在与我们的欲望相协调时,才真正成为善。① 这一进路蕴含一种兼具历史性和批判性的欲望观,因而也包含一种摆脱自由主义政治理论抽象性的本质观。

如果说黑格尔伦理学的巨大优势是他试图以一种历史化的本质观念克服亚里士多德与康德之间的对立,那么遗憾的是,他自己对能够使现代人实现自由的制度的正面阐述却十分缺乏说服力。② 正如马克思所指出的,这反映出黑格尔思想的一个更深层次的局限:虽然他表面上是把本质观念历史化了,但是由于他在接受政治经济学家关于生产劳动的非历史性观念的同时,把处于他历史理论核心的自我改造性劳动设想为智力劳动,因此正如克里斯·阿瑟(Chris Arthur)的评论所言,他实际上无法"超越资本主义的视野"③。所以在卢卡奇看来,尽管黑格尔批评"康德道德学说的狭隘性和局限性,但他自己并没有设法超越这种局限"④。这与马克思形成对比,正如本书下一章将会论证的,马克思的立场使他认识到资本主义特有的异化本质,并由此认识到争取自由的斗争所具有的反资本主义作用。正是因为黑格尔把历史理解为意识的历史,而不是通过生产劳动对世界和人所进行的实际改造,因而他最终既无法"对现实世界的异化进行彻底批判",也无法理解生产劳动"实际上的客观改造作用"。⑤

---

① Allen Wood, *Hegel's Ethical Thought*, p. 210, 214.
② Alasdair MacIntyre, *A Short History of Ethics*, p. 209.
③ Chris Arthur, *The Dialectics of Labour*, Oxford: Blackwell, 1986, p. 68.
④ Georg Lukács, *The Ontology of Social Being: 3. Labour*, London: Merlin, 1980, p. 71.
⑤ Chris Arthur, *The Dialectics of Labour*, p. 61.

现代道德理论的危机

在共同体和美德不断遭资本统治破坏的世界里，人如何能过上有道德的生活这一问题，使 20 世纪一些最重要的道德哲学家深感重负。在评论由道义论和后果论的道德进路所主导的文化时，伊丽莎白·安斯科姆提出一个著名论断：后果论作为一种理论，显然不足以要求指导我们的行为，而更一般意义上的当代道德话语——广义的康德式的道德——则继续笼罩在以往道德设定的阴霾之下，却又不相信赐法之神（a law-giving deity）能够证明这一进路的正当性。

持有伦理学的**律法**（*law*）观念，就是拥有遵从于美德所需要的——没能做到这一点，是人（而不仅仅是，比方说一个手艺人或逻辑学家）之为恶人的标志——**这一切**所需要的就是神圣律法所要求的。当然，除非你像犹太人、斯多葛派和基督徒那样相信上帝是一个立法者，否则不可能持有这样一种观念。但如果这种观念在许多个世纪里都占据主导，尔后才被放弃，那么"义务"——被律法所约束或要求——的概念尽管已经失去根基，也会继续存在着，这是一个自然而然的结果；而且如果"应当"一词在某些语境中已被赋予"义务"的含义，它在这些语境中也会继续以一种特殊的强调口吻和情感被言说。①

这一论点极大地影响了上文提到的麦金太尔的如下论断：在现代世界中，伦理学只是一种道德的假象，并以无休止的争论为特征，其中任何一方提出的论点都是"不可通约的"，同时意在表明"非个人的合理论证"，而这些论证实际上是以各种不同的历史先例为前提的。②

---

① G. E. M. Anscombe, "Modern Moral Philosophy", p. 30.
② Alasdair MacIntyre, *After Virtue*, pp. 8 - 10. 参见 [美]A. 麦金太尔《德性之后》，第 4、11—14 页。——译者注

麦金太尔早期在评论罗尔斯的《正义论》时指出，尽管罗尔斯的论点具有毋庸置疑的力量，但他无意中混淆了人类理性的一般特征及其在历史上的具体特征，由此削弱了他的立论基础：罗尔斯把"原初状态"作为便利的分析工具，用以想象"理性能动者"关于社会基本结构达成一致，而这一结构所反映的不是某种原生态的人类理性，而是偏向于现代资产阶级的个性。① 罗尔斯除了把这种偏向偷偷带进他的道德理论，还在其第一原则中偷偷夹带了他自己平等主义的更具体的方面。虽然罗尔斯的论点因此颇具说服力，但这些默许的假设会成为其阿喀琉斯之踵，削弱他的论点对于所有不认同其出发点的人们的吸引力。

总的来说，麦金太尔认为在当代世界，尽管我们沿用许多与古典伦理学理论相关联的概念，但这些概念已经脱离它们曾经富有意义的社会语境。他认为，这就好比某个巨大的灾难就要征服我们的世界，它会造成包括摧毁我们现有的科学文化直至学校的基础科学教学等在内的诸多后果。假设此后出现一场力图重建科学的运动，但是在一个没有科学家甚或没有科学基础知识，只有一些残存的科学文本碎片的世界里，由此形成的去文本化的科学知识片段的大杂烩，将只不过是一种对现已失传的原始文化可悲的拙劣模仿。同理他认为，虽然善恶等观念曾在古典文献中有其明确含义，但是如今它们已然流于空洞。例如，荷马相信向善就是要扮演好特定的社会角色，因此，泛泛地（in some generic sense）问"他是个好人吗？"毫无意义，与此相对，问他是否是一个好的运动员、国王、士兵等，才是有意义的，部分地类似于"她是个好电工吗？"诸如此类的现代问题。由此可见，做有道德的人意味着要努力地出色扮演你的社会角色。对于亚里士多德来说，道德问题已经变了，但它显然仍与荷马有关。从亚里士多德的角度看，向善就是成为城邦的好公民，而这包括作为城邦的一员扮演好社会认可的某种特定角色。事实与价值之间

---

① Alasdair MacIntyre,"Justice: A New Theory and Some Old Questions", in *Boston University Law Review* 52, 1972, pp. 330-334; Alasdair MacIntyre, *Whose Justice? Which Rationality?*, London: Duckworth, 1988, p. 133.

的分离对于现代道德理论具有很强的界定作用,但是这种分离并没有像它在现代道德理论内部这样存在于上述两种情形中。麦金太尔指出,在曾经存在社会认可的规范的地方,如今却泛起道德观点不可通约的不和谐之音,这些观点可以被归约为对个人偏好的或多或少具有连贯性的表达。①

在阐发这一论点时,麦金太尔指出马克思"在反对19世纪60年代英国工会派时,就正确地证明了诉诸正义是无意义的,因为对立的群体生活形成并体现着对立的正义观"。此外,麦金太尔认为,尽管马克思错误地认为关于正义本质的争论是从属性社会现象,但他"基本正确地看到了现代社会结构实质上是冲突而不是一致":"现代政治是使用特殊手段的内战"。有趣的是,麦金太尔还指出,尼采的作品对这些冲突在现代世界中的普遍存在有过经典论述。② 然而他认为,最好不要如尼采本人所希望的那样把他对世界的看法理解为,是对18、19世纪自由主义的个人主义伦理思想的根本替代,而毋宁说是这一思想体系"内部展开的更具代表性的元素"。麦金太尔指出,对于在尼采那里发展到极致的世界观而言,若以某种形式的亚里士多德主义作为替代,就既能化解自由主义的个人主义的僵局,又能为可供替代的传统提供基础,借由这一传统,我们能够通过恢复其"可理解性和合理性"来重述我们的"道德、社会态度和责任"。③ 在评论针对这一论点可以想见的诸多批评时,麦金太尔预言,虽然马克思主义者可能接受他对自由主义的个人主义(也即资产阶级的)道德的批判,但是他们会拒绝接受他对现状的"现实主义"的政治替代方案。

麦金太尔提出很多反对马克思主义的论点。其一,在马克思逝世后

---

① Alasdair MacIntyre, *After Virtue*, p. 122, 135.
② Alasdair MacIntyre, *After Virtue*, p. 19, 113, 250, pp. 252 - 253. 参见 [美]A. 麦金太尔《德性之后》,第 318—319 页。——译者注
③ Alasdair MacIntyre, *After Virtue*, p. 259. 参见 [美]A. 麦金太尔《德性之后》,第 325—326 页。——译者注

的一个世纪里,马克思主义者一旦采取"明确的道德立场",往往就会回到某种"康德主义或功利主义"的形式。其二,马克思没能构想出如何实现其"自由人的联合体"愿景。其三,大权在握的马克思主义者已趋向于成为韦伯主义者。其四,资本主义具有使社会振兴所需的人力资源在道德上变得贫乏的倾向,这削弱了马克思政治乐观主义的基础。此外,麦金太尔还坚信,任何认真对待托洛茨基关于苏联的成熟分析的人,都会被一种与马克思主义不相容的政治悲观主义所吸引并接受它。最后,他指出,在道德贫乏的状况下,马克思主义者根本无法提供一个替代尼采主义的恰当方案,而是习惯于构建他们自己"那种说法的超人(bermensch):卢卡奇理想的无产者和列宁主义理想的革命者"①。

麦金太尔认为,马克思政治学失败的根源就在于,他的历史理论存在一个系统性问题。人们发现他的经济预测经不起历史检验,工人阶级也没有如马克思所设想的那样变得具有自觉革命的能动性。事实上,"只有当资本家没有意识到能够调整制度运行方式时",马克思对资本主义的分析才是正确的。然而,资本家在20世纪下半叶就已具有这样的意识,并由此对制度作过适当调整。此外,工人阶级"要么是改革派,要么则对政治漠不关心(unpolitical),除非是在一些非常特殊的情境下"。麦金太尔认为,马克思作为政治经济学家的不足之处甚至表明,他作为政治家也是有瑕疵的:经济扩张为工人生活水平的提高提供了支持,而这反过来又促成了不关心政治的人和改革派的生活方式。②

马克思没能看到政治和意识形态何以可能如上所述从根本上影响经济,因为他已被自己所使用的经济基础—上层建筑的比喻搞得无能为力。正如麦金太尔在1968年所说的,依照这个比喻来看,社会总体的这两个要素"彼此处于外在的、偶然的因果性关系中"。麦金太尔在1995年重申这一论断时指出,对政治、经济、意识形态等之间的关系进行概念

---

① Alasdair MacIntyre, *After Virtue*, pp. 261 - 262. 参见 [美] A. 麦金太尔《德性之后》,第328—329页。——译者注
② Alasdair MacIntyre, *Marxism and Christianity*, pp. 83 - 84, 119 - 120.

化处理的这种物化方式,反映出马克思的思想"以一种典型的布尔乔亚(Bürgerlich)的方式被扭曲"的程度。① 马克思主义是其时代的产物,这也是它的致命短板。因为在马克思试图把实践理论化时,他对经济基础—上层建筑这一比喻的运用则使其回到粗陋的机械唯物主义。不过,马克思主义的根本问题不是经济基础—上层建筑的比喻,而是马克思对实践本身不成熟的思考模式。

在麦金太尔对马克思所展开的最为成熟的批判——《关于费尔巴哈的提纲:一条未走的路》中,他指出马克思在 1845 年离开哲学时操之过急:如果马克思曾阐发过隐含在其工人阶级实践概念中的亚里士多德主义,就有可能意识到这种实践的局限,从而认识到他政治乐观主义的乌托邦性质。麦金太尔认为,马克思承认市民社会的立场不能单靠理论来克服,这是值得称赞的,可惜他没有对实践的性质给予更多的哲学考量进而实现对它的扬弃。② 麦金太尔指出,虽然可以说,马克思没有阐明支撑其《关于费尔巴哈的提纲:一条未走的路》的亚里士多德式假设,对于马克思主义事业而言不是致命的——正如上文所述,已有其他人阐明过其中隐含的内容——但是他对无产阶级活动本身的性质不予审视,则是灾难性的。麦金太尔认为,现代无产阶级无法体现马克思所设想的,同时也是爱德华·汤普森(Edward Thompson)在《英国工人阶级的形成》(*The Making of the English Working Class*)中所表明的那种社会实践。他甚至认为,与马克思的预期相反,无产阶级化(proletarianization)的过程虽然使反抗成为工人阶级生活的一个必要组成部分,但同时也导致这种反抗丧失其解放性内涵。他指出,无产阶级化"迫使工人失去的那些实践形式,原本能使工人发现足以满足反抗的道德需要的、关于善

---

① Alasdair MacIntyre, *Marxism and Christianity*, p. xviii, pp. 136 - 137; Alasdair MacIntyre, *Marcuse*, London: Fontana, 1970, pp. 60 - 61.
② Alasdair MacIntyre, "The Theses on Feuerbach: A Road Not Taken", in Kevin Knight, ed., *The MacIntyre Reader*, Cambridge: Polity, 1998, p. 230.

和美德的观念"①。凯文·奈特(Kelvin Knight)在阐发这一点时指出,由于工人在遭受剥削和异化的同时,还发现自己只要作为工人行事就会受控于管理者,因而他们典型的活动形式无法产生内蕴于实践的诸善,麦金太尔就此认为,如果要在实践中产生一种对资本主义的合乎道德的替代方案,这些善是必不可少的。② 麦金太尔由此推论,马克思对工人阶级的赌注如今无法得到验证,而且由于马克思主义不能正当合理地自称为是对工人阶级实践的理论表达,因此就马克思主义者对资本主义的伦理批判而言,他们倾向于回到现代资产阶级道德的这种或那种形式,通常即后果论或道义论。

在麦金太尔看来,马克思的剥削和异化理论意味着,由于资本主义生产包含手段与目的的分离,因而工人阶级生产者"无法被理解为是在从事带有内在诸善的实践活动"③。即使工人在斗争中联合起来反抗资本主义对其生活的非人化影响,他们也往往是在资本主义设定的范围内这样做。因此,比如在为"公平的日工资"斗争的过程中,工人接受了资本主义所特有的手段与目的的分离。由此,麦金太尔推论:无产阶级的生产活动和工人对此的反抗斗争,总是囿于市民社会的限度之内。

麦金太尔认为,正是出于这个原因,马克思主义没能成为斗争中现实的工人的理论表达,而是沦为自封的工人运动"领袖"的伪科学:它断言要认识历史的铁律,却不过是在伦理立场通常或多或少已成为个人偏好的连贯表达这样一个世界里,沦为另一种不可通约的道德框架的面具。④ 如此呈现出来的马克思主义的精英主义,因其把马克思主义与现代社会联系得太过紧密,而被纳入《德性之后》(*After Virtue*, 1985)所批

---

① Alasdair MacIntyre, "The Theses on Feuerbach: A Road Not Taken", p. 232.
② Kelvin Knight, "The Ethical Post-Marxism of Alasdair MacIntyre", in Mark Cowling and Paul Reynolds, eds., *Marxism, the Millennium and Beyond*, London: Palgrave, 2000, p. 86; Kelvin Knight, *Aristotelian Philosophy*, p. 149.
③ Kelvin Knight, *Aristotelian Philosophy*, p. 149; Alasdair MacIntyre, "The Theses on Feuerbach: A Road Not Taken", p. 232.
④ Alasdair MacIntyre, *After Virtue*, p. 19.

判的传统之中。可以说,这就是由考茨基、列宁、托洛茨基和斯大林所共享的后果论框架,它揭示出他们对资本主义的批判在多大程度上不仅仍然囿于产生这些批判的资产阶级社会,而且事实上也未能超越资产阶级社会典型的手段与目的之间的分离。虽然切·格瓦拉(Che Guevara)或卡尔·李卜克内西(Karl Liebknecht)等马克思主义者打破了这一框架,但他们这样做只是想以康德取代边沁:资产阶级的判断标准随处可见。①因此,虽然麦金太尔在1977年指出"一个李卜克内西[抵得上]一百个韦伯","一个饶勒斯抵得上一百个涂尔干",但他同时哀叹这样一个事实:这些有德之人所持信的马克思主义,反而破坏了他们挣脱资产阶级思维模式的尝试。②

结论

鉴于上述论证内容,我们也许会惊讶地发现,在20世纪50年代末和60年代初,正如我们将在本书第五章中看到的,作为英国新左派的麦金太尔在关于社会主义人道主义的本质之争中作出杰出贡献,他预见了当代道德哲学的许多批评意见,这些批评后来在《德性之后》一书中得到延伸,但在此之中有一个非常重要的差别。这一时期的他不仅拒绝承认马克思的成熟思想已沦为机械唯物主义,而且指出可以由马克思关于这一主题的论述重构出一种可行的美德伦理学,为阐明对斯大林主义和自由主义的替代方案提供坚实基础。他认为,通过马克思所提供的框架可以对康德主义和功利主义的局限作出历史性理解,同时,对人的欲望可能如何演变才能为实现类似于康德的绝对命令等奠定唯物论基础,马克思也提供了理解框架。为了系统阐述这一论点,麦金太尔试图从当时他所认为的西方自由主义者和东方斯大林主义者的实证主义曲解中,把马克思的历史理论(包括其所使用的经济基础—上层建筑的比喻)解救

---

① Kelvin Knight, *Aristotelian Philosophy*, pp. 119 – 122.
② Kelvin Knight, *Aristotelian Philosophy*, p. 127, 172.

出来。

由此可见,对众所周知的存在于马克思那里的悖论——他在对资本主义进行伦理批判的同时,又拒绝把社会主义建基于一些抽象的道德原则上——麦金太尔已然指出一种解决方案。我在本书中所提出的问题是:"我们是否需要接受麦金太尔对马克思主义的成熟批判,如果不需要的话,那马克思主义实际上提供的资源是否既能帮助我们摆脱现代道德哲学的危机,又能为那些反对资本主义的斗争提供依据,以助于超越导致我们当代道德分裂的社会基础?"

我试图证明,马克思确实成功克服了现代道德理论和现代唯物主义的局限,同时又保留了双方各自的洞见:他为人的行动阐明一种非还原论的科学基础,同时避免了"常识性"道德的弱点。如此一来,与道德论者相反,马克思表明尽管不存在与利益无关的行动理由,但是在某些情形下,特定的利益集团也有可能为了普遍利益而行动。此外他还表明,在现代资本主义的生产关系下,工人阶级的革命实践可以在符合普遍利益的同时,实现那种促使社会主义成为真正的历史可能性的团结需要。我甚至认为,马克思主义者在其关于这一主题的最成熟的著作中已经勾勒出这样一种依据,据此能够通过援引马克思那里所隐含的亚里士多德主义,证明革命社会主义实践的合理性。而从亚里士多德主义看,工人阶级斗争内在的诸善既是进行合乎道德的活动的手段,也是这些活动的目的所在。具体而言,我认为马克思表明工人阶级反对资本主义的集体斗争,不仅为替代当代政治哲学中占支配地位的后果论和道义论伦理学提供了一种可行的、合乎道德的备选方案,而且指出了现代世界中争取自由的斗争的具体社会内涵。

第二章　马克思与道德观

> 对宗教的批判最后归结为**人是人的最高本质**这样一个学说,从而也归结为这样的**绝对命令**:**必须推翻**使人成为被侮辱、被奴役、被遗弃和被蔑视的东西的**一切关系**。①
>
> ——马克思

导言

本章首先探讨的是马克思和恩格斯关于伦理与道德问题模棱两可的著名论述。根据对这些文本的主流解读来看,"没有哪一种对马克思关于正义和权利的各种评论的解释能使它们彼此完全一致"②。与此相反,我追随艾伦·吉尔伯特(Alan Gilbert)和罗伊·埃奇利(Roy Edgley)等人认为,只要充分结合语境来理解这些文本,则可能由此重构某种具

---

① Karl Marx, "Critique of Hegel's Philosophy of Right. Introduction", in Karl Marx, *Early Writings*, p. 251. 参见《马克思恩格斯文集》第1卷,第11页。——译者注
② John Elster, *Making Sense of Marx*, Cambridge: Cambridge University Press, 1985, p. 230. 参见[美]乔恩·埃尔斯特《理解马克思》,何怀远等译,曲跃厚校,人民出版社2008年版,第217—218页。——译者注

有连贯性的伦理学①。具体来说,最好是在广义上把马克思和恩格斯关于道德问题的思考进路②理解为其方法论的一个方面,它既涉及规范性社会理论,也涉及解释性社会理论:马克思的政治经济学批判、历史理论、伦理学和政治学,作为从工人阶级立场看待社会并由此得出的一个更大理论整体的方方面面。这使得马克思的著述有别于现代道德理论,也致使许多从道德立场解读他的著述的人感到困惑。马克思不仅认为,工人的集体斗争揭示出资本主义剥削和异化本质的历史特殊性,还指出工人们通过集体斗争能够认识到对团结的迫切需要,由团结所再现的那些美德开始克服每个人的利益与所有人的利益之间的二分,从而指明可能超越资本主义生产方式的未来。具有讽刺意味的是,正因为马克思承认每个人(包括他自己)"相信"道德、真理、正义等,才导致这些概念无法像哈尔·德雷珀(Hal Draper)所指出的那样,"替代"对具体情况的具体政治分析。③ 马克思认为,在社会性意义上处于分裂的社会中,道德不足以作为行动的基础。不过,从这一论点我们无法推断马克思是虚无主义者。我们最好是把马克思理解为一位伦理思想家,即道德论的严厉批判者,在他那里,道德一词强调的是对个人采取行动的一种抽象命令,与此相对,(美德)伦理学则强调在社会历史的背景下提升"个人品格"④。一般说来,马克思对抽象道德化的批评不意味着,他的著作倾向于否定有目的的人的能动性。相反它们表明,这种能动性对他关于社会转型的理解模式而言很重要。在马克思看来,为社会主义斗争包含具体的、复杂的、无法事先确定其结果的社会运动,正因如此,诸如道德等抽象概念必须被更具体的范畴取代。

---

① Alan Gilbert, "Marx's Moral Realism: Eudaimonism and Moral Progress", p. 155; Roy Edgley, "Marxism, Morality and Mr Lukes", in David McLellan and Sean Sayers, eds., *Socialism and Morality*, London: MacMillan, 1990, p. 24.
② Paul Blackledge, *Reflection on the Marxist Theory of History*, p. 20.
③ Hal Draper, *Karl Marx's Theory of Revolution*, Vol. IV, New York: Monthly Review Press, 1990, p. 29, 31.
④ Bernard Williams, *Ethics and the Limits of Philosophy*, London: Routledge, 2006, p. 6.

虽然这一进路是对道德论的有力反击，但遗憾的是，它也模糊了马克思思想的伦理维度。事实上，他在这一方面的著述不仅常常是隐晦的，还实际上总遭人否定。如果说这些否定表明，学术界通常不理会他对伦理学研究所作的贡献，那么这种对其伦理学视而不见的倾向也反映出，马克思对这些问题的思考进路公然挑战了当代道德话语所蕴含的那些范畴。因为，现代的社会契约论、功利主义、康德主义甚至包括当代美德伦理学，不论它们之间及其内部有何毋庸置疑的差异，这些传统的许多开创性文本都被马克思描述为属于物化的思维类型之例，即典型地试图从"政治经济学立场"或与之同义的"市民社会的立场"理解世界。马克思的意思是说，这些理论家往往把历史的产物自然化，把认为社会由原子化的、利己的个人所组成这一现代观念自然化。就上述事实而言，现代道德哲学家是否基于对这一假定的延伸得出平等主义的或自由意志主义的、道义论的或后果论的结论，则是次要的，因为马克思已表明，现代利己的个人主义本身就是历史的产物，它绝无可能作为旨在阐明人类行为的那些理论的不言自明的起点。

此外，尽管现代性在一定程度上以利己的个人主义兴起为特征，但它也见证了一系列为争取自由所进行的大规模集体斗争，要使这些斗争与古典政治经济学家所假定的自私的利己主义模型相辅相成并非易事。的确，黑格尔试图把他的思想要素与亚里士多德主义的某些方面综合起来，从而深化康德的伦理学；马克思的自由伦理学虽说建立在黑格尔由此企及的洞见之上，但也只有从这些斗争的视角来看才是可能的。正是从这一角度出发，马克思认识到现代个人主义的历史性，认识到资本主义的形式自由实际上的不自由和异化。马克思笃定，工人对团结和集体组织的需要所创造的不仅仅是在揭露资产阶级社会的狭隘局限性方面的潜力，还包括克服它们的潜力：他的政治学无疑是一种合乎伦理的政治学。

马克思与道德

任何试图从马克思的著作中重建马克思主义伦理学的尝试，都要共同面对一个基本问题,即马克思没有写过什么可与诸如亚里士多德、密尔或康德的伦理学理论经典著作相媲美的内容。尤金·卡门卡(Eugene Kamenka)指出,若要出版一部名为《马克思论伦理》的文集,"它所包含的段落不会有超过三四句是内容持续完全相关的"①。不过,尽管马克思不曾写就伦理学著作,但是伦理主题确实贯穿于他的作品中。据此,布伦克特有理由认为"马克思的许多著作,例如《1844年经济学哲学手稿》《共产党宣言》,甚至包括《大纲》和《资本论》,听起来都像是道德小册子——或者说至少相当一部分著作确实如此——尽管其中鲜有'道德语言'出现"②。

也许正是因为马克思关于伦理主题的论述零散且不系统,学术界关于他对社会主义道德问题的思考进路的探讨往往集中于个别语句,如果断章取义则很容易出现误解。人们通常把马克思对道德理论和道德化的"科学"批判,与他对资本主义等的道德谴责相提并论,以此表明他的思想具有毋庸置疑的不一致性。③ 虽然这是一个简单的修辞策略,但是作为一种不仁厚的策略,它的实际作用更多地只是含糊其词而非阐释说明。与此相对,布伦克特指出,在讨论马克思的道德观时首先要认识到,他对这一主题看似矛盾的评论是作为其更广义的社会理论的一部分构思而成的。④ 因为,在马克思关于伦理问题表面上自相矛盾的评论背后,有着他对政治的包含更深层次一致性的思考进路。要把握这一点,就需要从曲解马克思的政治经济学和历史理论所基于的实证主义假设中抽身出来。

要记得,虽然马克思是以一种承接于黑格尔和亚里士多德的语言写作的,但是他经常像实证主义者和技术决定论者那样招致批评。例如,他在1859年《〈政治经济学批判〉序言》中写道:"社会的物质生产力发展

---

① Eugene Kamenka, *Marxism and Ethics*, London: Macmillan, 1969, p. 6.
② George Brenkert, *Marx's Ethics of Freedom*, p. 15.
③ Eugene Kamenka, *Marxism and Ethics*, p. 5.
④ George Brenkert, *Marx's Ethics of Freedom*, pp. 132-133.

到一定阶段,便同它们一直在其中运动的现存生产关系……发生矛盾。于是这些关系便由生产力的发展形式变成生产力的桎梏。那时社会革命的时代就到来了。"①理查德·米勒指出,马克思这样的论述透过实证主义来理解,就会被当作确凿的技术决定论预言,它们不仅可以被证伪,而且事实上也已如此。但是正如米勒所认为的,马克思和"他大多数富有洞见的追随者"都不以这种方式来理解历史唯物主义。②斯科特·米克尔(Scott Meikle)也提出类似的观点,认为最好把历史唯物主义理解为是对历史*倾向*的定位。③ 从这个角度看,虽然生产方式塑造了社会斗争的概貌,但后者还取决于现实中的人们为其欲求目标所展开的斗争,而这种斗争必然有其规范性维度。④

就其著作的规范性维度的性质而言,马克思至少清晰地表明不应与资产阶级道德混为一谈,资产阶级道德把资本主义的社会关系及其相应的具有历史相对性的道德视为自然的。他在1875年写给德国的一些亲密合作者的信中,就驳斥了新社会民主党在《哥达纲领》(*Gotha Programme*,1875)中提出的"公平分配劳动所得"的主张。针对这一要求,他曾写道:"难道资产者不是断言今天的分配是'公平的'吗?难道它事实上不是在现今的生产方式基础上唯一'公平的'分配吗?"⑤就资本主义制度本身的权利而言,这一观点不过是重述他在《资本论》中提出的论断:在资产阶级社会中,阶级斗争表现为"权利同权利相对抗"的冲突,在这种相互矛盾的"平等的权利"之间,只有"力量""起决定作用"。⑥ 20年

---

① Karl Marx, *A Contribution to the Critique of Political Economy*, London: Lawrence and Wishart, 1970, p. 20. 参见《马克思恩格斯文集》第 2 卷,第 591—592 页。——译者注
② Richard Miller, *Analyzing Marx*, p. 7, pp. 271ff.
③ Scott Meikle, *Essentialism in the Thought of Karl Marx*, p. 57; cf Paul Blackledge, *Reflection on the Marxist Theory of History*, pp. 14 - 16.
④ Paul Blackledge, *Reflection on the Marxist Theory of History*.
⑤ Karl Marx, "Critique of the Gotha Programme", in Karl Marx, *The First International and After*, London: Penguin, 1974, p. 344. 参见《马克思恩格斯文集》第 3 卷,人民出版社 2009 年版,第 432 页。——译者注
⑥ Karl Marx, *Capital*, Vol. I, p. 344. 参见《马克思恩格斯文集》第 5 卷,第 272 页。——译者注

前,马克思和恩格斯在《德意志意识形态》中同样指出,资本家与工人之间出现矛盾,"对任何一种道德,无论是禁欲主义道德或者享乐道德,宣判死刑"①。不到一年,他们在致古·阿·克特根(G. A. Köttgen)的一封信(1846年6月15日)中重申这一立场,并指出共产主义者决"不能有无聊的、道德方面的顾虑"②。类似地,马克思在1846年对蒲鲁东"挂着羊头的、多愁善感的、空想的社会主义"③等展开批判。他在《法兰西内战》中总体上也坚信:

> 工人阶级……他们不是要凭一纸人民法令去推行什么现成的乌托邦。他们知道,为了谋求自己的解放,并同时创造出现代社会在本身经济因素作用下不可遏止地向其趋归的那种更高形式,他们必须经过长期的斗争,必须经过一系列将把环境和人都加以改造的历史过程。工人阶级不是要实现什么理想,而只是要解放那些由旧的正在崩溃的资产阶级社会本身孕育着的新社会因素。④

这一论点与25年前他在《德意志意识形态》中所提出的另一个论点相得益彰:

> 共产主义对我们来说不是应当确立的**状况**,不是现实[将——本书作者注]应当与之相适应的**理想**。我们所称为共产主义的是那种消灭现存状况的**现实的**运动。这个运动的条件是由现有的前提产生的。⑤

---

① Karl Marx and Frederick Engels, *The German Ideology*, in Karl Marx and Frederick Engels, *Collected Works*, Vol. 5, London: Lawrence and Wishart, 1976, p. 419. 参见《马克思恩格斯全集》第3卷,人民出版社1960年版,第490页。——译者注
② Karl Marx and Frederick Engels, "Letter From the Brussels Communist Correspondence Committee to G. A. Köttgen", in Karl Marx and Frederick Engels, *Collected Works*, Vol. 6, London: Lawrence and Wishart, 1984, p. 56. 参见《马克思恩格斯全集》(第二版)第47卷,人民出版社2004年版,第375页。——译者注
③ Hal Draper, *Karl Marx's Theory of Revolution*, Vol. IV, p. 23.
④ Karl Marx, "Critique of the Gotha Programme", p. 213. 参见《马克思恩格斯文集》第3卷,第159页。——译者注
⑤ Karl Marx and Frederick Engels, *The German Ideology*, p. 49. 参见《马克思恩格斯文集》第1卷,第539页。——译者注

这些文段似乎毫无疑问地证明马克思拒斥道德话语,他的唯物史观无论在上述哪种情形中都表明,道德话语已"失去独立性的外观"①。不过,马克思确实在他认为合适的时候使用过道德概念。因此,《资本论》第二版跋中包含对在斯密和李嘉图科学著作之后进行写作的那一代经济学家的道德谴责,谴责他们把自己降格为因资本而得到"豢养的文丐的争斗"②。同样,在《国际工人协会成立宣言》(Inaugural Address of the Working Men's Accociation)中他写道,"努力做到使私人关系间应该遵循的那种简单的道德和正义的准则"③。正如我们将在下文中看到的,尽管他曾作出著名论断称,这句话插入其中"不可能造成危害",但任何隐秘的动机都无法解释《资本论》中对英国工厂视察员的道德赞扬。④ 它也无法解释存在于《资本论》其他各处的对商人和高利贷者的道德谴责,以及对资本主义本身"吸血鬼"般的本性所进行的彻头彻尾的道德谴责。⑤事实上,马克思谴责资本主义以非人化的方式,对待那些在他看来可能具有推翻它的能动性的人们:

> 资本主义生产比其他任何一种生产方式都更加浪费人和活劳动,它不仅浪费人的血和肉,而且浪费人的智慧和神经。实际上,只有通过最大地损害个人的发展,才能在作为人类社会主义结构的序幕的历史时期,取得一般人的发展。⑥

---

① Karl Marx and Frederick Engels, *The German Ideology*, p. 37. 参见《马克思恩格斯全集》第 3 卷,第 30 页。——译者注
② Karl Marx, *Capital*, Vol. I, p. 97. 参见《马克思恩格斯文集》第 5 卷,第 17 页。——译者注
③ Karl Marx, "Inaugural Address of the International Working Men's Association", in Karl Marx, *The First International and After*, p. 81. 参见《马克思恩格斯文集》第 3 卷,第 14 页。——译者注
④ Karl Marx, *Capital*, Vol. I, p. 406; cf Hal Draper, *Karl Marx's Theory of Revolution*, Vol. IV, pp. 32 - 33. 参见《马克思恩格斯文集》第 10 卷,人民出版社 2009 年版,第 215 页。——译者注
⑤ Lawrence Wilde, *Ethical Marxism and its Radical Critics*, London: Macmillan, 1998, p. 34; cf Karl Marx, *Capital*, Vol. I, p. 416.
⑥ 语出马克思,转引自 G. A. Cohen, *If You're an Egalitarian, How Come You're So Rich?*, p. 25. 参见《马克思恩格斯全集》第 47 卷,人民出版社 1979 年版,第 190 页。——译者注

在《哥达纲领批判》中,马克思指出一种包含历史性的伦理学模型,为使这些看似矛盾的陈述具有连贯性提供了必要的理解路径。①

> 我们这里所说的是这样的共产主义社会,它不是在它自身基础上已经**发展了的**,恰好相反,是刚刚从资本主义社会中**产生出来的**,因此它在各方面,在经济、道德和精神方面都还带着它脱胎出来的那个旧社会的痕迹。所以,每一个生产者……从社会领回的,正好是他给予社会的。……所以,在这里**平等的权利**按照原则仍然是**资产阶级权利**,……虽然有这种进步,但这个**平等的权利**总还是被限制在一个资产阶级的框框里。生产者的权利是同他们提供的劳动**成比例的**;平等就在于以**同一尺度**——劳动——来计量。但是,一个人在体力或智力上胜过另一个人,因此在同一时间内提供较多的劳动,或者能够劳动较长的时间;而劳动,要当做尺度来用,就必须按照它的时间或强度来确定,不然它就不成其为尺度了。这种**平等的**权利,对不同等的劳动来说是不平等的权利。它不承认任何阶级差别,因为每个人都像其他人一样只是劳动者;但是它默认,劳动者的不同等的个人天赋,从而不同等的工作能力,是天然特权。**所以就它的内容来讲,它像一切权利一样是一种不平等的权利。**权利,就它的本性来讲,只在于使用同一尺度;但是不同等的个人(而如果他们不是不同等的,他们就不成其为不同的个人)要用同一尺度去计量,就只有从同一个角度去看待他们,从一个**特定的**方面去对待他们,例如在现在所讲的这个场合,把他们**只当做劳动者**,再不把他们看做别的什么,把其他一切都撇开了。其次,一个劳动者已经结婚,另一个则没有;一个劳动者的子女较多,另一个的子女较少,如此等等。因此,在提供的劳动相同,从而由社会消费基金中分得的份额相同的条件下,某一个人事实上所得到的比另一个人多些,也就比另一个人富些,如此等等。要避免所有这些弊病,权利就不应

---

① Philip Kain, *Marx and Ethics*, Oxford: Oxford University Press, 1988, pp. 176ff.

当是平等的,而应当是不平等的。但是这些弊病,在经过长久阵痛刚刚从资本主义社会产生出来的共产主义社会第一阶段,是不可避免的。权利决不能超出社会的经济结构以及由经济结构制约的社会的文化发展。在共产主义社会高级阶段,在迫使个人奴隶般地服从分工的情形已经消失,从而脑力劳动和体力劳动的对立也随之消失之后,在劳动已经不仅仅是谋生的手段,而且本身成了生活的第一需要之后;在随着个人的全面发展,他们的生产力也增长起来,而集体财富的一切源泉都充分涌流之后,——只有在那个时候,才能完全超出资产阶级权利的狭隘眼界,社会才能在自己的旗帜上写上:各尽所能,按需分配!①

在这段话中,马克思不仅从市民社会的角度论证了雇佣关系的正当性,还指出如果不优先发展生产力,社会主义革命就无法克服市场的局限。麦克纳利在探讨这一论点时评论道,后革命社会的特点将是,通过"使市场交易越来越屈从于非市场性管制"②来不断消解这些局限。这一时期会持续多久,取决于革命政权在物质方面的继承。③ 然而,尽管马克思所说的需要原则指向道德话语的历史基础和物质基础,但它早在马克思主义之前就已成为工人运动的一个根本要求。这一要求在工人阶级中被接受的事实证明,资产阶级革命的代表一旦提出关于平等和自由的论述,就为质疑这些语词的含义创造了空间。与市场狭隘的形式平等和自由相对,在需要原则的旗帜下,对平等和自由的要求在工人及其代表那里得到深化,并在某种程度上超越资产阶级社会的历史局限。正如恩格斯写道:

> 因此,无产阶级所提出的平等要求有双重意义。或者它是对明显的社会不平等,对富人和穷人之间、主人和奴隶之间、骄奢淫逸者

---

① Karl Marx, "Critique of the Gotha Programme", pp. 346 - 347. 参见《马克思恩格斯文集》第 3 卷,第 434—436 页。——译者注
② David McNally, *Against the Market*, London: Verso, 1993, p. 215.
③ Roman Rosdolsky, *The Making of Marx's Capital*, London: Pluto, 1977, pp. 433 - 434; cf Leon Trotsky, *The Revolution Betrayed*, New York: Pathfinder, 1972, pp. 52 - 56.

和饥饿者之间的对立的自发反应——特别是在初期，例如在农民战争中，情况就是这样；它作为这种自发反应，只是革命本能的表现，它在这里，而且仅仅在这里找到自己被提出的理由。或者它是从对资产阶级平等要求的反应中产生的，它从这种平等要求中吸取了或多或少正当的、可以进一步发展的要求，成了用资本家本身的主张发动工人起来反对资本家的鼓动手段；在这种情况下，它是和资产阶级平等本身共存亡的。在上述两种情况下，无产阶级平等要求的实际内容都是**消灭阶级**的要求。①

在阐发这一论点的历史内涵时，恩格斯指出，迄今为止"一切以往的道德论"都以孕育它们的阶级分化的社会环境作为固有标志。因此，这些意识形态作为阶级道德发挥作用，要么是"为统治阶级的统治和利益辩护"，要么是被压迫阶级通过"对这个统治的反抗"斗争表达愤慨和维护"他们的未来利益"。② 不过，虽然恩格斯不认为在阶级分化的社会中，存在某种普遍的道德原则作为中立的善的标准，但他确实相信在共产主义条件下，这样一种普遍道德是可能的。他指出：

> 只有在不仅消灭了阶级对立，而且在实际生活中也忘却了这种对立的社会发展阶段上，超越阶级对立和超越对这种对立的回忆的、真正人的道德才成为可能。③

虽然这一构想可能意味着，当代的道德标准只不过是对各种阶级利益相应的辩护，但马克思指出了局部利益与更深层的人类利益之间的联系。他认为，当工人反抗其所遭受的非人化过程时，他们就开始作为**潜在的**能动者，指向他们自身的解放乃至人类的普遍解放。因此，正如我们在

---

① Frederick Engels，*Anti-Dühring*，p. 132. 参见《马克思恩格斯文集》第 9 卷，人民出版社 2009 年版，第 112—113 页。——译者注
② Frederick Engels，*Anti-Dühring*，p. 117. 参见《马克思恩格斯文集》第 9 卷，第 99—100 页。——译者注
③ Frederick Engels，*Anti-Dühring*，p. 118. 参见《马克思恩格斯文集》第 9 卷，第 100 页。——译者注

本书上一章指出的,自由主义者实际上掩盖了支撑其道德进路的局部利益,马克思则明确指出自己的进路所代表的特殊利益,同时论证了普遍利益是体现在这种特殊利益之中的。然而,黑格尔只是假定官僚机构是具有普遍性的阶级①,马克思则坚信这一命题必须以经验为基础:"只有在这样的前提下,即整个社会都处于这个阶级的地位,……这个阶级才能解放整个社会。"②对于特定阶级与具有普遍性的阶级之间的关系,马克思还具体地提出一种历史的理解模式,并认为:纵观历史,处于不同关头的各阶级在为自身的特殊利益进行斗争的同时,也会为普遍利益行动,即通过克服使社会陷入泥潭的破坏性冲突关系,逐步为人的自由消除障碍。因而,在特定的历史关头,这些阶级提供了重建社会的希望,以免使"斗争的各阶级同归于尽"③。如果说资产阶级的代表在1649年和1789年推进了自由事业,那么到了19世纪40年代,他们的后辈对财产权的捍卫则意味着他们开始采取反对进一步强化人的自由的立场,而工人反对这些权利的斗争所维护的正是人的自由。

  因此,**解放者**的角色在戏剧性的运动中依次由……各个不同阶级担任,直到最后由这样一个阶级担任,这个阶级在实现社会自由时,已不再以人之外的但仍然由人类社会造成的一定条件为前提,而是从社会自由这一前提出发,创造人类存在的一切条件。④

  如果说,普遍利益的概念不仅意味着生存方面的共同利益⑤,还意味着关于普遍人性的某种理解模式,那么后者似乎与马克思《关于费尔巴

---

① Karl Marx, "Critique of Hegel's Doctrine of the State", in Karl Marx, *Early Writings*, p. 136.
② Karl Marx, "Critique of Hegel's Philosophy of Right. Introduction", p. 254. 参见《马克思恩格斯文集》第1卷,第14页。——译者注
③ Karl Marx and Frederick Engels, "The Manifesto of the Communist Party", p. 68. 参见《马克思恩格斯文集》第2卷,第31页。——译者注
④ Karl Marx, "Critique of Hegel's Philosophy of Right. Introduction", p. 255. 参见《马克思恩格斯文集》第1卷,第16页。——译者注
⑤ Andrew Sayer, *Realism and Social Science*.

哈的提纲》第六条相悖。在这一条中,马克思指出:"人(menschliche)①的本质不是单个人所固有的抽象物,在其现实性上,它是一切社会关系的总和。"不过,尽管这一论述常被认为是马克思否定人性概念的确凿证据,但诺曼·杰拉斯(Norman Geras)已令人信服地表明,马克思实际上只是拒斥费尔巴哈把人性同其诸多表现中的一种混为一谈的倾向。② 因此,马克思对费尔巴哈在《基督教的本质》中以抽象一般的"人"(Man)代替历史上具体的"人们"(men)提出著名的批评。他指出,由于费尔巴哈以这种方式把"人"从现实的历史过程中抽象出来,因此具有讽刺意味的是他假定当代的行为方式具有普遍性,而这一点恰好是必须加以证明的。费尔巴哈"假定有一种抽象的——**孤立的**——人的个体",并把人的本质与"一种内在的、无声的、把许多个人**自然地**联系起来的普遍性"③混为一谈。20年后,马克思在《资本论》中重申类似的观点,他批评边沁因"把现代的市侩,特别是英国的市侩说成是标准人"而体现出的"幼稚"。与这一思考方式相反,马克思认为任何对人性的分析"首先要研究人的一般本性,然后要研究在每个时代历史地发生了变化的人的本性"④。⑤

---

① 尽管马克思使用了非性别限定词 mensch 或 menschen(而不是性别限定词 der mann),但它们几乎总是被英译为性别限定的"man"或"men"。这一翻译失误是由英语语言的局限所造成的,而不是说马克思有性别歧视(Arthur 1986,150)。
② Norman Geras, *Marx and Human Nature*, London:Verso, 1983.
③ Karl Marx,"Theses on Feuerbach", p. 422. 参见《马克思恩格斯文集》第 1 卷, 第 501 页。——译者注
④ Karl Marx, *Capital*, Vol. I, p. 759. 参见《马克思恩格斯文集》第 5 卷,第 704 页。——译者注
⑤ 在讨论马克思的社会个人主义(social individualism)思想时,卡罗尔·古乐德(Carol Gould)认为,虽然马克思的本体论建基于亚里士多德和黑格尔的本体论之上,但他通过与一切形式的本质主义决裂而超越了他们的思想(Carol Gould, *Marx's Social Ontology*, Cambridge:MIT Press, p.108)。这一论点有赖于假定本质可以理解为静态之物。斯科特·米克尔对这一假定提出挑战,他坚信马克思对社会科学的一个贡献就在于表明人的本质是"动态的"。因此,正如古乐德认为自由作为一个过程,既是有目的的劳动的必要条件,也是其结果一样,米克尔指出,我们应该以同样的方式更广义地理解我们的本质,包括只有通过历史才能够实现的潜能(Scott Meikle, *Essentialism in the Thought of Karl Mary*, p.59)。米克尔其实认为,虽然马克思的本质主义植根于对亚里士多德的阅读,但这种理解是透过黑格尔的视角才得以阐明的,因而虽然"亚里士多德认为本质是统一的",但对于马克思来说,本质是"矛盾中的统一"(Scott Meikle, *Essentialism in the Thought of Karl Mary*, p.37)。(转下页)

埃里希·弗洛姆(Erich Fromm)在评论这一观点时指出,"马克思从来不想把'人的本性'跟他自己的那个社会中所盛行的那种人的本性的特殊表现等同起来",因为他能够把人的本质与"历史上**存在**的各种形式"区别开来。①

马克思追随康德和黑格尔并延续了他们的思想,他坚信"自由确实是人的本质,因此就连自由的反对者在反对自由的现实的同时也实现着自由"②。如果说这一观念影响了他最早期的作品,那它在《资本论》和他成熟时期的政治著述中则得到了极大的深化。简言之,马克思认同自由主义者的观点,认为自由必须首先以满足我们的基本需要为历史前提。因此,他在《资本论》第三卷中指出:"自由王国只是在必要性和外在目的规定要做的劳动终止的地方才开始……工作日的缩短是根本条件。"③马克思关于人类自由的理解模式还在另一种意义上具有历史性:劳动生产率的提高有助于人们发挥潜能,使人能把更多时间投入提升"作为目的

(接上页)可见,马克思综合了亚里士多德的唯物主义和黑格尔的辩证法,创造出一种唯物主义本体论,它承认本质内部存在现实的矛盾。从这一角度出发,他能够——即便只是以一种基本的形式——阐明植根于人性动态模式中的一种自然主义伦理学(Scott Meikle, *Essentialism in the Thought of Karl Mary*, p. 37, 43; Sean Sayers, *Marxism and Human Nature*, London: Routledge, 1998)。正是从这个角度出发,他把历史构建为一场持续不断争取自由的斗争。因此,就像黑格尔的"自我实现论"一样,马克思的伦理思想凭借这种深厚的历史感,得以与后果论和道义论的道德理论区别开来。正如伍德所指出的,最好是通过如下事实来理解黑格尔伦理学理论的显著特征:自我实现既不是"最终的命令",也不是"自我的目的或目标",而是把道德同人的本质联系起来——历史所完成的对人的本质永无止境的实现过程,即刻成为道德命令和道德目标(Allen Wood, *Hegel's Ethical Thought*, pp. 30-32. 参见[美]艾伦·伍德《黑格尔的伦理思想》,第49—51页。——译者注)。

① Erich Fromm, *Marx's Concept of Man*, New York: Unger Press, 1966, pp. 24-25. 参见黄颂杰主编《弗洛姆著作精选——人性·社会·拯救》,上海人民出版社1989年版,第346页。——译者注

② Karl Marx, "Debates on Freedom of the Press", in Karl Marx and Frederick Engels, *Collected Works*, Vol. 1, London: Lawrence and Wishart, 1975, p. 155; Raya Dunayevskaya, *Marxism and Freedom*, New York: Columbia University Press, 1988, p. 53. 参见《马克思恩格斯全集》(第二版)第1卷,人民出版社2002年版,第167页。——译者注

③ Karl Marx, *Capital*, Vol. 3, p. 959. 参见《马克思恩格斯文集》第7卷,第928—929页。——译者注

本身的人类能力",而且随着劳动生产率的提高,人的需要也会得到拓展。① 随着人的需要和能力在历史上的拓展,实现人类自由的潜能也得到拓展。②

例如,卡罗尔·古尔德指出,自由概念是马克思《大纲》中的一个主要论题,其中,自由概念被理解为"社会的个人"通过劳动实现自我的过程。③ 这一思想在《资本论》中被表述为:"当他通过这种运动作用于他身外的自然并改变自然时,也就同时改变他自身的自然。"④因此,自由不仅有我们与自然之间关系的必然的、被动的一面,还在积极的意义上被理解为通过劳动"实现自我"的过程。⑤ 古尔德认为,马克思把黑格尔的自由概念视为自我实现,并运用唯物主义的语言对它进行重新解读,以此解释了我们如何通过劳动实现自己的潜能,以及当我们的需要和能力通过有目的的社会活动得到拓展时,我们如何对自己的本性进行重塑。⑥ 卢卡奇解释道,对于马克思而言,自由的可能性植根于人们为满足其需要所进行的生产受历史条件制约的方式:"自由……在现实中首次出现于劳动过程之内的备选项里。"⑦因此,自由植根于生产过程里对如何满足我们的需要所开放的选择。由于马克思以这样一种历史的、唯物主义的方式理解自由,因而与康德相反,他能够把握自由与以欲望为中介实现人的需要之间的密切联系。⑧

---

① Karl Marx, *Capital*, Vol. 3, p. 959; Ian Fraser, *Hegel and Marx: The Concept of Need*, Edinburgh: Edinburgh University Press, 1998. 参见《马克思恩格斯文集》第 7 卷,第 929 页。——译者注
② Sean Sayers, *Marxism and Human Nature*, p. 136.
③ Carol Gould, *Marx's Social Ontology*, p. 101; cf Alan Gilbert, *Marx's Politics*, Oxford: Martin Robertson, 1981, p. 98.
④ Karl Marx, *Capital*, Vol. I, p. 283. 参见《马克思恩格斯文集》第 5 卷,第 208 页。——译者注
⑤ Carol Gould, *Marx's Social Ontology*, pp. 101 - 128; Sean Sayers, *Marxism and Human Nature*, pp. 36 - 59; Karl Marx, *Grundrisse*, p. 611.
⑥ Carol Gould, *Marx's Social Ontology*, p. 108.
⑦ Georg Lukács, *The Ontology of Social Being: 3. Labour*, p. 39.
⑧ Georg Lukács, *The Ontology of Social Being: 3. Labour*, p. 58, 67, 114.

此外,正如菲利普·凯因(Philip Kain)所指出的,马克思的理想中包含具有丰富需要的人的出现,而需要是随历史发展而演变的,至少有些需要和欲望经由历史转化成为"直接感受到的需要",由此使我们的本质随着我们需要的拓展而得到拓展。① 肖恩·塞耶斯(Sean Sayers)写道,因为马克思相信人类的一切实际需要都是我们的本质的一部分②,所以最好把他理解为接受"一种历史形式的人道主义"③。这显著地体现于,马克思在《大纲》中称赞资本主义可以为"丰富的个性"创造潜力,"这种个性无论在生产上和消费上都是全面的"。④ 因此,对于马克思来说,我们的本质随我们的需要和能力在历史中变化而发生变化。⑤ 艾伦·伍德评论这一观点时认为,虽然马克思《关于费尔巴哈的提纲》中第六条并不意味着否定人的本质,但它确实断言"这一本质与那些个人所处的社会关系具有不可分割的联系,必须依据这些社会关系理解这一本质"⑥。

经过这个历史化过程后,最好是把作为自由的人的本质理解为一种内在潜能,它会随时间推移,经由人类生产力发展影响下的集体斗争过程而发生演变。⑦ 在马克思看来,自由既没有具体化为这一过程的一个瞬间,也没有简单地具体化为个人对抗社会性的一种属性。相反,随着实现它的物质性要素不断增强,而且为实现这些不断扩大的需求进行斗争的群体也在不断形成,它的具体含义也在历史中发生变化。⑧ 在马克思的论述中,历史经历了"亚细亚的、古代的、封建的和现代资产阶级的生产方式",而埃里克·霍布斯鲍姆(Eric Hobsbawm)反对单线性解读方式,并指出应把这些阶段理解为一个逻辑的而不是历史的进程。前资

---

① Philip Kain, *Marx and Ethics*, p. 28, 60.
② Philip Kain, *Marx and Ethics*, p. 25.
③ Sean Sayers, *Marxism and Human Nature*, p. 128, 149.
④ Karl Marx, *Grundrisse*, p. 325. 参见《马克思恩格斯文集》第 8 卷,第 69 页。——译者注
⑤ Sean Sayers, "Labour in Modern Industrial Society", in Andrew Chitty and Martin McIvor, eds., *Karl Marx and Contemporary Philosophy*, London: Palgrave, 2009, p. 154.
⑥ Allen Wood, *Karl Marx*, p. 17.
⑦ Karl Marx and Frederick Engels, *The German Ideology*, pp. 74ff.
⑧ Erich Fromm, *Marx's Concept of Man*.

本主义的一系列生产方式并不是为了表明一条单线性的历史道路,而是意在承载一种指向"人的个性化"日益增强的逻辑进程的思想。① 正如古尔德所指出的,无论怎么强调这一点对于马克思的重要性都不为过,因为他坚信"尽管孤立于他人的个人是不自由的,但是只有个人才是自由的"②。

不过,马克思成熟时期的自由概念并不以个人的自我实现为终点,更不以**全面**实现我们的能力这种简单化的乌托邦式的理解为终点。《德意志意识形态》中有论断称,在共产主义条件下"我有可能随自己的兴趣今天干这事,明天干那事,上午打猎,下午捕鱼,傍晚从事畜牧,晚饭后从事批判,这样就不会使我老是一个猎人、渔夫、牧人或批判者"③。如果说这不单是针对青年黑格尔派唯心主义者的诙谐讽刺的话,那么就自由一词的消极抽象意义而言,这显然是乌托邦式的。

作为社会的个人,我们的存在是以某种程度的分工为前提的,社会本身以这种分工为中介才成为可能。④ 政治的这种社会基础意味着我们不可能发展所有的潜能:我们根本不可能在一天中的几个小时或者一生中的几年,同时成为伟大的钢琴家、物理学家和小说家。正如下文关于分工的探讨所见,我们能做的只是消除技术或工场手工业分工对人的自我实现所造成的大部分障碍,从而使人们能够发展到目前绝大多数人所未达到的水平。除此之外,分工必然包含的(社会性)方面既是目前(资本主义)我们同我们的劳动产品相异化的物质基础,也充当着我们对社会实行真正的民主控制的另一种可能性。正因如此,马克思把争取自由

---

① Eric Hobsbawm, "Introduction" to Karl Marx, *Pre-Capitalist Economic Formations*, London: Lawrence and Wishart, 1964, p. 36, 38; cf Peter Archibald, *Marx and the Missing Link: Human Nature*, pp. 181-221.
② Carol Gould, *Marx's Social Ontology*, p. 108. 参见[美]卡罗尔·古尔德《马克思的社会本体论》,王虎学译,北京师范大学出版社 2009 年版,第 98 页。——译者注
③ Karl Marx and Frederick Engels, *The German Ideology*, p. 47. 参见《马克思恩格斯文集》第 1 卷,第 537 页。——译者注
④ Rob Beamish, *Marx, Method, and the Division of Labour*, Chicago: University of Illinois Press, 1992, p. 162.

的斗争具体地设想为赢得民主之战的斗争。正如乔治·布伦克特所认为的那样,马克思的自由概念不涉及无法达到的全面的自我实现,而最好被理解为一种通过民主达到社会的自我决定的自我实现。① 人的需要的实现是这种自由概念的社会内涵。这就是马克思怒斥《哥达纲领》所提出的"自由国家"要求的意义所在。针对这一荒谬主张,马克思坚信自由在于"把国家由一个高踞社会之上的机关变成完全服从这个社会的机关"②。为此,他在《资本论》第三卷中写道:

> ……自由只能是:社会化的人,联合起来的生产者,将合理地调节他们和自然之间的物质变换,把它置于他们的共同控制之下,而不让它作为一种盲目的力量来统治自己;靠消耗最小的力量,在最无愧于和最适合于他们的人类本性的条件下来进行这种物质变换。③

正是基于对社会自下而上的集体控制,马克思在《共产党宣言》中断言:共产主义的特征是"这样一个联合体,在那里,每个人的自由发展是一切人的自由发展的条件"④。因此,正如伊斯特万·梅萨罗斯(István Mészáros)所说,"马克思道德理论的核心主题是如何实现人的自由"⑤。

马克思关于人的自由的历史性理解模式隐含对一些肤浅观点的批判,这些观点要么把资产阶级社会中产生的原子化欲望同善混为一谈(如功利主义),要么是在同样假定欲望以这种形式存在的同时,认定某种普遍的道德规范对欲望的结果具有限制作用(如康德主义)。梅萨罗

---

① George Brenkert, *Marx's Ethics of Freedom*, pp. 87 - 88, p. 104; Allen Wood, *Karl Marx*, p. 51.
② Karl Marx, "Critique of the Gotha Programme", p. 354. 参见《马克思恩格斯文集》第3卷,第444页。——译者注
③ Karl Marx, *Capital*, Vol. 3, p. 959. 参见《马克思恩格斯文集》第7卷,第928—929页。——译者注
④ Karl Marx and Frederick Engels, "The Manifesto of the Communist Party", p. 87. 参见《马克思恩格斯文集》第2卷,第53页。——译者注
⑤ István Mészáros, *Marx's Theory of Alienation*, London: Merlin, 1975, p. 162.

斯把马克思试图在特定个人的具体生活环境中理解他们的信念和行动,与现代伦理学理论对"抽象的'人'"的非历史性关注进行对比。① 马克思对上述两种道德框架都有含蓄的批判,但他对功利主义的否定明显更为有力。因为在上文提到的他对边沁的讨论中,他实质上要求对在历史中不断变化的需要、能力和合理性展开具体分析。由于马克思同亚里士多德一样坚信人的需要和活动是多样化的,因此他也非常坚信幸福无法被归结为单一因素。② 而众所周知,马克思对康德主义的批判更显模棱两可。因为,虽然他成功地否定了康德跨历史的道德论断,但是他对道德语言的运用似乎又使其——至少是含蓄地——致力于他自己的那种跨历史的道德论断。

史蒂文·卢克斯(Steven Lukes)认为,一旦我们把马克思那里不幸混淆的两种道德论断——解放的道德与正义的或法权的道德——区分开,贯穿于马克思作品中的这一"矛盾"就能得到"解决":"它[马克思主义]指责为意识形态和不合时宜的是法权的道德,而采纳为它自己的道德的是解放的道德。"③ 如上所述,梅萨罗斯同样认为,马克思坚信一种解放的道德,尽管"马克思谈论资本时,道德愤慨的语气非常强烈……但不是因为诉诸抽象的'正义'概念才如此"④。艾伦·伍德阐发类似的观点时指出,马克思之所以拒斥正义概念,是因为他认为正义概念与特定的历史生产方式联系在一起,并为特定的历史生产方式提供支持。⑤

相反,罗德尼·佩弗引用《国际工人协会成立宣言》中的评论并基于某种理由认为,马克思持信的是一种"道义论"的伦理学。⑥ 虽然佩弗承

---

① István Mészáros, *Marx's Theory of Alienation*, p. 111.
② Alan Gilbert, "Marx's Moral Realism: Eudaimonism and Moral Progress", p. 156.
③ Steven Lukes, *Marxism and Morality*, Oxford: Oxford University Press, 1985, p. 29. 参见[英]史蒂文·卢克斯《马克思主义与道德》,袁聚录译,田世锭校,高等教育出版社2009年版,第37页。——译者注
④ István Mészáros, *Marx's Theory of Alienation*, p. 185.
⑤ Allen Wood, *Karl Marx*, pp. 130-132.
⑥ Rodney Peffer, *Marxism, Morality and Social Justice*, p. 46.

认马克思用词谨慎,正如马克思致信恩格斯时写道的那样,《国际工人协会成立宣言》中所使用的关于正义的辞令,对其中核心的政治信息"不可能造成危害",但是佩弗对此不以为然:"最有意思的是,他选择了对社会主义运动产生最直接最即时影响的场合来默许和提出这些观点"。① 佩弗这么说也有一定的道理;马克思在许多场合似乎都流露出他对除自我实现的道德以外的隐性正义概念的认可。在这个问题上,杰拉斯认为,卢克斯区分正义的道德与自我实现的道德是"没有根据的",因为个人只有在政治环境中才能实现其真正的潜能。因此,杰拉斯指出,如果不打算以乌托邦的方式理解后革命社会,就必须包含某种分配正义的概念。② 杰拉斯坚信,与其区分马克思自我实现的道德与正义的道德,不如区分隐性的正义与显性的正义这两个概念,由此便能解释为何可以说,虽然"马克思确实认为资本主义是不正义的,但他自己不认为他是这么想的"。因此,虽然马克思以其狭隘的"法律实证主义风格"拒斥正义,但他赞同一种基于需要原则的更广义的分配正义:"各尽所能,按需分配"。③ 杰拉斯指出,以这一原则作为衡量标准,不仅可以看到资本主义的匮乏,而且它在社会主义社会中也将继续作为一种跨历史的分配标准,适用于尚未实现绝对丰裕的制度中的"合理"需要。④

杰拉斯认为,通过在更广义的层面上构想正义,马克思主义者或许能超越在他看来存在于马克思著作中的"普遍矛盾"或"真正的、深层次的不一致性",这些著作在马克思的追随者中滋生出混乱的言辞,助长了"道德犬儒主义",为其辩护"玷污社会主义的罪行和悲剧"提供了便利。⑤

---

① Rodney Peffer, *Marxism, Morality and Social Justice*, p. 206. 参见[美]罗德尼·G. 佩弗《马克思主义、道德与社会正义》,李旸译,重庆出版社2019年版,第235页。——译者注
② Norman Geras, "The Controversy about Marx and Justice", in Alex Callinicos, ed., *Marxist Theory*, Oxford: Oxford University Press, 1989, p. 232.
③ Norman Geras, "The Controversy about Marx and Justice", p. 245. 参见李惠斌、李义天编《马克思与正义理论》,中国人民大学出版社2010年版,第177页。——译者注
④ Norman Geras, "The Controversy about Marx and Justice", p. 264.
⑤ Norman Geras, "The Controversy about Marx and Justice", p. 266. 参见李惠斌、李义天编《马克思与正义理论》,第197页。——译者注

杰拉斯指出,马克思在讨论道德时存在这一弱点,可能与他成熟著作中残留的黑格尔主义有关。关于马克思在《资本论》第一卷第 24 章中对出卖劳动力所同时具有的正义和不正义性质的讨论,杰拉斯在评论"辩证戏法"作为其中的核心时认为:"同样不例外的是,这里的辩证法只会把水搅浑。事物不可能是其对立面。"①

杰拉斯试图从马克思的辩证法术语中分离出一个可辩护的道德立场,这本身就产生了问题。因为,虽然毋庸置疑可以用需要原则的标准来评判资本主义并发现它的匮乏,但是为表明这样一种评判摆脱了现代道德理论的情感主义局限,则有必要把它定位为某种具体社会实践的特定表现,这种社会实践既能说明市民社会的历史特征,又能超越市民社会的立场。这就是马克思在《哥达纲领批判》中所影射的。他很清楚需要原则绝非一个跨历史的标准,而是随着反对资本主义的斗争出现,且只有在如下基础之上才能发挥作用:一是成功的社会主义革命,二是劳动生产率的进一步提高。

与杰拉斯相对,凯因和怀尔德(Wilde)都指出,马克思的观点植根于具体的社会实践,他在《资本论》中提出的"辩证法转变"不是变戏法,而是反映出"资本主义道德与社会主义道德之间的差别源于,由占主导的生产方式所决定的日常经验的表面现象,与在这一表面之下把握本质的科学分析之间的差别",或"等价物交换的表面背后是剥削的本质"。②

尽管杰拉斯提出相反的看法,但马克思在《资本论》中对这一问题的讨论是非常明晰的。他在论证一开始就断言"从法律上看",商品交换的前提无非是"工人自由支配自己的能力,而货币或商品的占有者自由地支配属于他的价值"。在这种情形下,劳动力和其他商品按其"实际价值"进行交换。不过,在资本流通层面明显是平等交换的关系,在生产过

---

① Norman Geras, "The Controversy about Marx and Justice", pp. 235 – 236. 参见李惠斌、李义天编《马克思与正义理论》,第 167—168 页。——译者注
② Philip Kain, *Marx and Ethics*, p. 160; Lawrence Wilde, *Ethical Marxism and its Radical Critics*, pp. 43 – 44.

程中却是截然不同的情形。支付给工人的工资事实上并非源于资本家，而是"不付等价物而占有的他人的劳动产品的一部分"，工人不仅补偿了这部分资本，还增加了更多的剩余额。资本家从工人那里占有剩余价值是可能的，因为尽管工人享有形式上的自由，但他们在为资本家工作时感受到"无声的强制"①，一旦他们开始工作，劳动力作为一种商品的独特性质就使其能够产生剩余价值。事实上，马克思认为，一旦工人在为资本家工作时感受到实际的强制，工厂劳动本身就从他们那里"夺去""一切自由活动"②。这是由资本主义生产结构本身造成的，马克思从中认识到如下两种关系之间的相互联系：一是资本单元之间无秩序的关系，二是资本家与工厂工人之间的专制关系。③

在对上述第一点的讨论中，梅萨罗斯颠覆了对马克思的著名论断"人不可避免地会进入不以他们意志为转移的确定的关系中"的传统解释，他指出，这一表达绝非对马克思的所谓庸俗经济决定论的例证，而是反映出马克思从"现实的个人自由的考量"出发，具体针对资本主义的不自由以及在更一般的意义上对阶级社会的不自由所展开的批判。④ 在这种资本主义的生产关系中，劳动力确实成为一种商品，作为商品的它既有交换价值，也有使用价值。特别是劳动力的使用价值——投入工作的能力——具有创造价值的特性。因此，工资虽然可以反映劳动力的实际交换价值，却无法体现劳动力使用价值的真正意义。如果说按实际交换价值买卖商品是雇佣关系的全部内容，那么等价物交换就永远无法实现资本家阶级的财富相较于工人财富的系统性增长。然而，为生产过程带

---

① Karl Marx, *Capital*, Vol. I, p. 899. 参见《马克思恩格斯文集》第5卷，第673页。——译者注
② Karl Marx, *Capital*, Vol. I, p. 548. 参见《马克思恩格斯文集》第5卷，第487页。——译者注
③ Colin Barker, "A Note on the Theory of the Capitalist State", in Simon Clarke, ed., *The State Debate*, London: MacMillan, 1991, p. 207; see Karl Marx, *Capital*, Vol. I, p. 477; Karl Marx, "Economic Manuscripts of 1861–1864", in Karl Marx and Frederick Engels, *Collected Works*, Vol. 34, London: Lawrence and Wishart, 1994, p. 29.
④ István Mészáros, "Marxism and Human Rights", in István Mészáros, *Philosophy, Ideology and Social Science*, Brighton: Wheatsheaf, 1986, p. 204.

来更多增值的正是劳动力的使用价值,而非其交换价值。因此,尽管资本主义劳动过程的本质是对剩余价值的不断占有,但从表面上看似乎是通过劳动力买卖实现一种等价物交换:"财产和劳动的分离,成了似乎是一个以它们的同一性为出发点的规律的必然结果。"正如马克思所言,由此就在生产环节发生"辩证法转变":一方面是商品的平等交换,另一方面是从工人对价值的占有到资本家对价值的占有。与等价交换的买卖相伴开始出现的,一边是对价值的占有,另一边则是相对贫困:"社会财富越来越多地成为那些能不断地重新占有别人无酬劳动的人的财产。"①杰拉斯错误地断言,马克思对辩证法的引用使他认为事物可以成为其对立面,以致黑格尔哲学令人遗憾的蒙昧主义方面削弱了马克思原本非常有力的论证。实际上,马克思在《资本论》作出这一论证时,非常详尽地阐发了资本家"消费"劳动力的过程②,它建立在马克思所说的"我的书最好的地方……使用价值或交换价值的**劳动的二重性**"③之上。正因为杰拉斯没有论证资本家消费劳动力的过程,才导致他把矛盾归因于马克思而不是现实本身。④ 相反,马克思认识到,资本家正是凭借绝对剩余价值和相对剩余价值的生产过程,通过迫使工人尽可能努力地、长时间地工作,从他们对劳动力的投资中获利。随之而来的生产环节中的斗争——"资本家阶级和工人阶级之间长期的多少隐蔽的内战"——就成为马克思政治学和伦理学的基础。⑤

---

① Karl Marx, *Capital*, Vol. I, pp. 725-734;Frederick Engels, "A Fair Day's Wages for a Fair Day's Work", in Karl Marx and Frederick Engels, *Collected Works*, Vol. 24, London: Lawrence and Wishart, 1989, pp. 376-378. 参见《马克思恩格斯文集》第 5 卷,第 674—677 页。——译者注
② Karl Marx, *Capital*, Vol. I, Chapters 7-17, p. 291.
③ Karl Marx, "Letter to Engels, August 24th 1867", in Karl Marx and Frederick Engels, *Collected Works*, Vol. 42, London: Lawrence and Wishart, 1987, p. 407. 参见《马克思恩格斯全集》第 31 卷,人民出版社 1972 年版,第 331 页。——译者注
④ Norman Geras, "Bringing Marx to Justice: An Addendum and Rejoinder", in *New Left Review* 195, 1992, pp. 48-52.
⑤ Karl Marx, *Capital*, Vol. I, p. 412. 参见《马克思恩格斯文集》第 5 卷,第 346 页。——译者注

在这一关口上,马克思提出一个具有根本性的重要论点。他认为,只要从涉及个人的视角来看,这一过程的真相就会被掩盖,只有从资本主义制度的整体加以审视,真相才会完全显现。

> 诚然,如果我们对资本主义生产从它的更新的不间断进行中加以考察,而且我们考察的不是单个资本家和单个工人,而是他们的整体,即资本家阶级和与它对立的工人阶级,那么,情况就会完全不同了。但这样一来,我们就得应用一个与商品生产完全不同的标准。①

这一论断至关重要。因为相较于现代道德理论所特有的在事实与价值之间的鲜明划界,它所提供的是,马克思对资本主义生产方式动态发展的科学解释同他对资本主义的规范性批判之间的联结点。他的社会理论的这两个方面绝不是相互排斥的,而最好是理解为同一枚硬币的两面:以从工人斗争的立场出发所构想的劳动价值论为基础,马克思主义既是一种社会科学,又是一种具有规范性的批判。因此,价值理论超越了自由主义的事实与价值分离的必然结果——不可通约的道德偏好("是与应当的鸿沟"),同时也成为理解马克思谴责道德这一问题的关键所在。

如果说大卫·休谟是第一个强调从事实陈述到价值判断的相关问题的道德哲学家②,那么正是康德因为坚信在科学与伦理学之间存在无法弥合的鸿沟,而最为充分地认识到二者之间具体的分离,认为道德行为不可能具有非道德的理由。正如麦金太尔所指出的,这一论断的问题在于,实践没有也不可能以康德假定的方式遵从理论。因为众所周知,

---

① Karl Marx, *Capital*, Vol. I, p. 732. 参见《马克思恩格斯文集》第 5 卷,第 676—677 页。——译者注
② David Hume, *A Treatise of Human Nature*, in Alasdair MacIntyre, ed., *Hume's Ethical Writings*, London: Macmillan, 1965, p. 196; Alasdair MacIntyre, *A Short History of Ethics*, pp. 171 - 174; Alasdair MacIntyre, "Hume on 'is' and 'ought'", in Alasdair MacIntyre, *Against the Self Images of the Age*, London: Duckworth, 1971, pp. 109 - 124.

我们只能从特定的立场进行理论化："人不可能先认识世界,然后才对世界采取行动。人如何认识世界,将部分地取决于人已经采取的行动中所隐含的决定。行动的赌注是不可避免的。"①正如我们在本书上一章中指出的,由于康德把利己主义的个人视角自然化了,因而他只能把道德视为对利己主义欲望的一种限制。与此相对,马克思则认为社会主义道德不是对关于历史进步的多少有些机械的理解模式的抽象补充,而是对政治经济学的科学批判的另一面。正如迈克尔·洛伊(Michael Löwy)所言:

> 归根结底,我们在此拥有的甚至都不是一种与实践"相联"或"相伴"的解释,而是一种整体的人类活动、实践批判活动,理论在其中已成为革命实践,而实践又承载着理论意义。②

正是在这一基础上,马克思驳斥了这样一些道德态度,这些态度假装提供某种机制,可以在一个社会分化有损于对善形成共同理解模式的世界中促成对善的共同理解,并且他这么做的出发点是相信以阶级为基础的道德规范就其目的而言才是真正普遍的。这一普遍的规范性理想并不像杰拉斯所断言的那样,包含跨历史的善的观念。③ 当马克思把无产阶级设想为具有普遍性的阶级时,最好是把它理解为艾伦·伍德所说的对黑格尔"历史化了的普世主义"观念的延伸。④ 事实上,跨历史观念的思想本身与马克思的如下论断相悖:"哪怕是最抽象的范畴……同样是历史条件的产物,而且只有对于这些条件并在这些条件之内才具有充分的适用性。"⑤但这不是说,马克思因而就不会在不同的社会形态,以及不同的生产方式之间进行伦理层面上的比较。相反,尽管他对资产阶级道德

---

① Alasdair MacIntyre, "Pascal and Marx", p. 314.
② Michael Löwy, *The Theory of Revolution in the Young Marx*, Leiden: Brill, 2003, p. 109.
③ Norman Geras, "The Controversy about Marx and Justice", p. 227.
④ Allen Wood, *Hegel's Ethical Thought*, p. 204; cf Karl Marx, *Grundrisse*, p. 162. 参见[美]艾伦·伍德《黑格尔的伦理思想》,第 334 页。——译者注
⑤ Karl Marx, *Grundrisse*, p. 105. 参见《马克思恩格斯文集》第 8 卷,第 29 页。——译者注

理论的拒斥是出于对观念的历史特性的敏锐感知,但是继本书上一章指出黑格尔对伦理相对主义的拒斥之后,他还提出,由于历史既是变化的又具有连续性,因而可以用资本主义特有的范畴来说明早期的社会形态。据此,他才作出著名的论断:"人体解剖对于猴体解剖是一把钥匙。"① 正如他后来在赞扬达尔文通过对"目的论"进行"致命打击"② 阐明历史唯物主义的自然科学基础时所表明的,上述说法并不意味着目的论的历史观。③ 它反而表明马克思相信,虽然资本主义的出现以及为社会主义而斗争不是预先注定的,但是资本主义一旦出现,工人斗争所提供的立场就可以使人类历史第一次被视为一个总体。④ 从这一立场出发,马克思不仅认识到资产阶级自由观的现代性和局限性,而且认识到这一观念得以深化的历史前提和潜在基础。可见,工人斗争立场提出的历史进步的模式,使马克思能够成功地穿梭在历史的时代错乱与相对主义的双重危险之间。由此,这一进路揭示出目的论的合理基础,而不意味着资本主义或共产主义是人类历史的必然结果。

因此,马克思主义预设并重新确认了一种随历史发展而形成的社会实践——工人阶级就减少工作日长所展开的集体斗争——它既揭示了剥削的事实,又揭示出对剥削制度的替代方案,同时还提出历史进步的一种模式。正如特里·伊格尔顿所说:"在受压迫的阶层或阶级的批判意识中,对现实的认识与改造、'事实'和'价值'不再分离,而是同一个现象的不同方面。"⑤

---

① Karl Marx, *Grundrisse*, p. 105. 参见《马克思恩格斯文集》第 8 卷,第 29 页。——译者注
② 马克思语,转引自 John Bellamy Foster, *Marx's Ecology*, New York: Monthly Review, 2000, p. 197.
③ 或者更确切地说,尽管他不相信历史存在一个终极目的,会把历史不可避免地推向社会主义,但他承认人的本质确实是试图实现自身,参见 Terry Eagleton, *Marx and Freedom*, p. 18.
④ Georg Lukács, *History and Class Consciousness*, p. 157.
⑤ Terry Eagleton, *The Ideology of the Aesthetic*, Oxford: Blackwell, 1990, p. 225. 参见[英]特里·伊格尔顿《美学意识形态》,王杰等译,柏敬泽校,广西师范大学出版社 1997 年版,第 218 页。——译者注

正是从这一角度出发,马克思选择对蒲鲁东的"永恒公平"概念展开批判。在《资本论》中,马克思评论道:如果我们被告知,例如,高利贷的概念同"永恒正义"概念是相矛盾的,那么我们对高利贷的概念并没有获得什么新知。从表面上看,这一评论似乎更能证明他驳斥了对资本主义的科学批判的规范性。① 然而,如果我们更加仔细地考察马克思对蒲鲁东道德理论的批判,就会看到事情并非如此简单。在马克思看来,蒲鲁东在《什么是所有权》中试图"根据国民经济学的观点"批判传统的国民经济学家。② 大卫·麦克纳利(David McNally)指出,蒲鲁东如下做法都是顺应国民经济学而为之:一是通过"平等的市场交换"界定公平;二是以商品交换作为"社会契约的典型";三是不把剥削描述为商品生产的结果,而是将其视为垄断对商品生产的妨碍;四是旨在通过建立将会以纸币推翻"黄金王权"的"人民银行"来促进商品的平等交换;五是把社会主义等同于"取消垄断,实现自由贸易";六是在工人运动内部反对罢工,并且反对反抗国家的政治斗争,并代之以"互惠共生与平等交换"。③ 从马克思的立场看,这混乱至极,它反映出蒲鲁东无法透过普遍化的商品生产体系中的平等交换的表面现象,看到潜藏于其背后的从工人那里占有价值的本质。可见,马克思对蒲鲁东"永恒公平"概念的批判并不是对伦理话语本身的拒斥,而更单纯地是针对蒲鲁东令人费解的道德论的拒斥。马克思写道:"蒲鲁东提出永恒的商品生产所有权规律同资本主义所有制相对立,想以此消灭资本主义所有制,对他的这种机智不能不感到惊讶!"④

---

① Karl Marx, *Capital*, Vol. I, pp. 178 – 179. 参见《马克思恩格斯文集》第 5 卷,第 104 页。——译者注
② Karl Marx and Frederick Engels, "The Holy Family", in Karl Marx and Frederick Engels, *Collected Works*, Vol. 4, London: Lawrence and Wishart, 1975, p. 31. 参见《马克思恩格斯文集》第 1 卷,第 255 页。——译者注
③ David McNally, *Against the Market*, pp. 141 – 143.
④ Karl Marx, *Capital*, Vol. I, p. 734. 参见《马克思恩格斯文集》第 5 卷,第 678 页。——译者注

有趣的是,《资本论》中马克思对蒲鲁东展开上述批判的那一章,在1872年法文版中的篇幅比1867年原版几乎增加一倍。马克思此次扩充部分地是为了进一步挑战蒲鲁东在法国工人运动中的影响力。① 我们最好不要把这一章的论点理解为为了引起社会科学精英的注意而进行的抽象论述,它是试图在一般意义上的工人阶级内部以及具体而言的法国工人阶级内部,赢得与蒲鲁东的阶级和谐共处思想相反的阶级斗争思想的领导权。这场争论的核心就在于杰拉斯所认为的,只是把水搅浑的马克思思想的那个方面:辩证法思想。而且,"辩证法转变"这一概念并不是1872年的草率之谈,它可以追溯到马克思在1847年所作的论断,即在蒲鲁东的著作中,"辩证法没有了,至多还剩下最纯粹的道德"②。

蒲鲁东"最纯粹的道德"③源于他没能超越斯密和李嘉图,即没有看到生产过程在资本主义条件下所采取的特定历史形式。他们不仅倾向于使普遍化的商品生产制度自然化,而且往往掩盖占有雇佣劳动的剩余价值的本质。④ 斯密、李嘉图和蒲鲁东都自然而然地把资本主义的生产形式作为他们分析的出发点,马克思则坚持辨明为满足人类需要的生产所采取的特定历史形式。他在致路德维希·库格曼(Ludwig Kugelmann)的一封著名的信(1868年7月11日)中写道:

> 任何一个民族,如果停止劳动,不用说一年,就是几个星期,也要灭亡,这是每一个小孩都知道的。人人都同样知道,要想得到和各种不同的需要量相适应的产品量,就要付出各种不同的和一定数量的社会总劳动量。这种按一定比例**分配**社会劳动的**必要性**,决不

---

① Karl Marx, *Capital*, Vol. I, pp. 733-734; David McNally, *Against the Market*, p. 166.
② Karl Marx, "The Poverty of Philosophy", in Karl Marx and Frederick Engels, *Collected Works*, Vol. 6, p. 169; David McNally, *Against the Market*, p. 153. 参见《马克思恩格斯文集》第1卷,第606页。——译者注
③ Karl Marx and Frederick Engels, "The Holy Family", p. 31.
④ Scott Meikle, *Essentialism in the Thought of Karl Marx*, p. 63, 65, 69; Ian Fraser, *Hegel and Marx: The Concept of Need*, p. 33; Karl Marx, *Theories of Surplus Value* Part III, London: Lawrence and Wishart, 1972, p. 500.

可能被社会生产的**一定形式**所取消,而可能改变的只是**它的表现形式**,这是不言而喻的。自然规律是根本不能取消的。在不同的历史条件下能够发生变化的,只是这些规律借以实现的**形式**。而在社会劳动的联系体现为个人劳动产品的**私人交换**的社会制度下,这种劳动按比例分配所借以实现的形式,正是这些产品的**交换价值**。①

马克思对价值形式的探讨作为其全部作品的一个重点,不仅综合了他的道德分析与经济分析,还综合了他的历史理论。马克思运用辩证法对蒲鲁东进行批判,绝非如杰拉斯所说的那样把水搅浑,而是揭示了古典政治经济学家所使用的分析方法的根本局限。因为,尽管蒲鲁东旨在勾勒出对资本主义的一种彻底的批判,但他只是成功地把资本主义自然化了。

与此相对,马克思凭借关于生产方式和对剩余价值的攫取形式的思考,把历史划分为不同阶段。

> 从直接生产者身上榨取无酬剩余劳动的独特经济形式,决定了统治和从属的关系,这种关系是直接从生产本身中生长出来的,并且又对生产发生决定性的反作用。但是,这种从生产关系本身中生长出来的经济共同体的全部结构,从而这种共同体的独特的政治结构,都是建立在上述的经济形式上的。任何时候,我们总是要在生产条件的所有者同直接生产者的直接关系——这种关系的任何当时的形式必然总是同劳动方式和劳动社会生产力的一定的发展阶段相适应——当中,为整个社会结构,从而也为主权关系和依附关系的政治形式,总之,为任何当时的独特的国家形式,发现最隐蔽的秘密,发现隐藏着的基础。不过,这并不妨碍相同的经济基础——按主要条件来说相同——可以由于无数不同的经验的情况,自然条件,种族关系,各种从外部发生作用的历史影响等等,而在现象上显

---

① 参见《马克思恩格斯全集》第32卷,人民出版社1974年版,第541页。——译者注

示出无穷无尽的变异和色彩差异,这些变异和差异只有通过对这些经验上已存在的情况进行分析才可以理解。①

显然,理解攫取剩余价值的资本主义形式是马克思毕生工作的核心。这也是他对资本主义进行道德批判的核心。

资本主义、异化与自由

正如我们在本章导言中所提到的,哈尔·德雷珀指出,马克思否弃的不是政治的伦理内涵,而是那种认为道德抽象可以充分替代政治分析的思想。不过,尽管针对那些在他看来会对产生社会主义阶级意识所必需的、明确的社会分析起阻碍作用的道德论宣言,马克思毫不犹豫地提出挑战,但是当抽象的道德化在现实的工人斗争中出现时,他表现得包容得多。如德雷珀所指出的那样,尽管马克思对1852年乔治·朱利安·哈尼(George Julian Harney)的宪章派报纸《人民之友》中的一些道德说教"颇有微词",但他也认识到,宪章运动的阶级性为这些宣言注入的内容克服了修辞本身的诸多局限。②

类似地,当十年后马克思开始写第一国际《国际工人协会成立宣言》时,他对道德语言的使用也反映出他用以打造可能最具影响力的国际社会主义运动的非宗派进路。亨利·柯林斯(Henry Collins)和基蒙·阿布拉姆斯基(Chimon Abramsky)认为,这其中包含"调和不可调和之物"的尝试。在马克思看来,国际工人协会代表着正在与资本发生冲突的现实的社会力量,他认为,最好是把这些力量凝聚成连贯的运动,而不是通过从纯化论视角对其展开抽象批判以致阻碍阶级意识的发展。为此,他不仅没有对法国的蒲鲁东主义者进行宗派主义批判,反而欢迎他们加入

---

① Karl Marx, *Capital*, Vol. 3, p. 927. 参见《马克思恩格斯文集》第7卷,第894—895页。——译者注
② Hal Draper, *Karl Marx's Theory of Revolution*, Vol. IV, p. 27.

国际工人协会,希望形成尽可能广泛的群众运动。① 这不是像佩弗所认为的,就批判蒲鲁东把正义界定为劳动产品的公平和平等交换而言,马克思悄然退缩了;因为马克思在《国际工人协会成立宣言》发表一年后重申了1847年他对蒲鲁东的批判,而且正如上文指出过的,他在《哥达纲领批判》中也表达出对类似观点的强烈拒斥。② 这个迹象表明,马克思在1864年对阶级力量的平衡问题进行具体分析时,在思考相当于统一战线策略的雏形中得出这样的结论:对蒲鲁东的抽象批判可能在国际工人协会还没来得及启动前就把它毁掉了,而允许蒲鲁东及其支持者加入这个组织,才最有希望促成最大可能的群众运动,由此,他们相互冲突的政治观念也可以在实践中得到检验。

这一政治进路对于马克思来说并不新鲜。他同恩格斯在之前提到的1846年6月15日致克特根的信中就指出,共产主义者决"不能有无聊的、道德方面的顾虑"。这里的重点不是要完全蔑视道德,而是拒斥组织内部任何幼稚地拒绝同组织外的群体和趋势相妥协的倾向。马克思和恩格斯反对纯粹的宗派主义,认为"在党内,必须支持一切使党前进的因素"。具体地说,马克思相信,党所必须支持的一切具体行动都涉及群众的自我活动;其重点是,不要让抽象的言辞妨碍构成群众运动的具体行动。③ 可见,这些例证不仅不是马克思的所谓虚无主义的标志,而且表明了马克思对社会实践的深刻思考。

这些政治论点的基础当然是马克思对资本主义本身的分析。正如本书上一章所指出的那样,阐明资本主义与以往生产方式之间的差别的

---

① Henry Collins and Chimon Abramsky, *Karl Marx and the British Labour Movement*, London: Macmillan, 1965, p. 32, 39.
② Karl Marx, "The Poverty of Philosophy", p. 138; Karl Marx, "On Proudhon", in Karl Marx and Frederick Engels, *Collected Works*, Vol. 20, London: Lawrence and Wishart, 1985, p. 26; Alan Gilbert, *Marx's Politics*, pp. 82 - 94.
③ Karl Marx and Frederick Engels, "Letter From the Brussels Communist Correspondence Committee to G. A. Köttgen", p. 56. 参见《马克思恩格斯全集》(第二版)第47卷,第375页。——译者注

方法之一,就是看到现代伦理话语何以作为某一特定历史时代的产物,而且善与恶等观念在这个时代不仅变得空洞,还被化约为对个人偏好的多少具有连贯性的表达。①

马克思给我们指出的正是以善的观念在其中同时被空洞化和个人化为特征的世界所特有的问题。不足为奇的是,马克思的伦理学理论因为旨在通过革命克服这种状况,而无法借由这个世界的特征得到充分表达。伯特尔·奥尔曼(Bertell Ollman)对此评论道:有人认为在马克思的理解中,是非观随时间推移而变化并与生产方式更深层次的变化关联在一起,并且占主导的道德价值往往反映的是社会中占主导地位的阶级的利益,由此形成马克思对道德理论的批判,这截至目前看来虽说是正确的,但实际上对我们的理解并没有很大的推进。对马克思来说更重要的是,诸如爱这样的"道德"概念在现代世界中失去人的独特性,变得物化了——要么在功利主义者那里仅仅被归结为压倒一切的功利的表现形式,要么被康德那样设定为与我们人类的需要和欲望相对立。②

对马克思而言,关键的道德问题是,这种情况是如何产生的,如果我们可能有机会克服它,那将会是怎样的机会?《1844年经济学哲学手稿》阐述了他试图回答这个问题的第一次系统性尝试。不论是就马克思所写的内容实质而言,还是就其得出这些结论的方法而言,这一论述对于我们理解马克思的伦理学都具有重要意义。手稿开篇就对国民经济学展开内在批判,认为资本主义在其最伟大的捍卫者的眼中也是有缺陷的。马克思指出,从斯密对工资的"科学"分析中可以看到,他实际上认可把工人贬低为"其他任何商品的存在条件"③。

除了把工人当作商品的观念以外,斯密对资本主义的研究还强调了分工本身促使工人非人化的方式。他在《国富论》中开门见山地提出这

---

① Alasdair MacIntyre, *After Virtue*, p. 122, 135.
② Bertell Ollman, *Alienation*, Cambridge: Cambridge University Press, 1976, p. 41.
③ Karl Marx, "Economic and Philosophical Manuscripts", in Karl Marx, *Early Writings*, p. 283. 参见《马克思恩格斯文集》第1卷,第115页。——译者注

一著名论点:分工的倾向是人性的一个基本方面——分工"是人性中某种倾向的必然结果,虽然是非常缓慢的和逐渐形成的结果,这是一种互通有无、进行物物交换、彼此交易的倾向,它不考虑什么广泛的功利"。它极大地提高了劳动生产力,也促使"普遍的富裕,推广到了最低层的人民"。斯密认识到,在这里除了分工的积极结果外,还存在一个消极的推论:那些从事最卑微工作的人因其工作的非技能性而智力低下。斯密认为,哲学家同体力劳动者在天赋能力上的差别不及猎犬与牧羊犬之间的差别,而正是从小经历的分工致使这两个群体在此后的生活中产生有差异的接受教育的能力。① 此外,斯密甚至指出,"终身从事少数简单操作的人……没有机会运用自己的智力……他的迟钝和无知就达到无以复加的地步"②。

在阐发这一论点时,马克思表明了现代分工如何促使工人往往"在精神上和肉体上被贬低为机器"。他指出,虽然斯密和李嘉图的劳动价值论变体意味着资本"无非是积累的劳动",但国民经济学也辩护了这样一种情形:工人"不但远不能购买一切东西,而且不得不出卖自己和自己的人性"。因而,尽管斯密坚信"大多数人遭受痛苦的社会是不幸福的",但他自己的理论表明,在现存社会中大多数人作为雇佣劳动者被贬低至商品的地位:马克思写道,似乎"国民经济学的目的也就是社会的不幸"③。斯密无法看透这一情形,因为他认为工人仅仅是工人,而不是人。④

如果说,把工人仅仅当作商品的倾向是斯密作品的一个特点,那么李嘉图的作品则更是如此。因而,在马克思看来,李嘉图认为"各国只是

---

① Adam Smith, *The Wealth of Nations*, p. 12, 14, pp. 16 – 17. 参见[英]亚当·斯密《国富论》,第14,17,20页。——译者注
② 斯密语,转引自 Karl Marx, *Capital*, Vol. I, p. 483. 参见《马克思恩格斯文集》第5卷,第419页。——译者注
③ Karl Marx, "Economic and Philosophical Manuscripts", pp. 285 – 287. 参见《马克思恩格斯文集》第1卷,第120—122页。——译者注
④ Karl Marx, "Economic and Philosophical Manuscripts", p. 288.

生产的工场;人是消费和生产的机器;人的生命就是资本;经济规律盲目地支配着世界"①。可见,就把工人当作纯粹的物来对待而言,李嘉图相较于斯密有过之而无不及。

因此,马克思从国民经济学家的笔下了解到,经由资本主义生产关系,"工人降低为商品,而且降低为最贱的商品"②。此外,马克思还发现,资本本身并不是作为市场中商品交换的中介而设定的中立仲裁者。相反,它是一种控制劳动的社会关系。斯密认为,"继承了大宗财产的人并不因此直接得到政治权力。这种财富直接和径直提供给他的那种权力无非是**购买的权力**,这是对一切他人劳动或者说对当时市场上存在着的他人劳动的一切产品的控制权"。马克思评论道:"因此,资本是对劳动及其产品的**支配权力**。资本家拥有这种权力并不是由于他的个人的特性或人的特性,而只是由于他是资本的**所有者**。他的权力就是他的资本的那种不可抗拒的**购买的**权力。"鉴于斯密断言资本不过是"一定量的积蓄的和储存的劳动"③,随着劳动储备的增加,资本家对工人的权力也得到增强:"工人的贫困同他的生产的影响和规模成反比。"④这是最为反常的情形。因为随着劳动生产率的提高,工人会愈发实现他们的潜能,把自身从为满足需要而必须劳动的必然性中解放出来,但是在社会关系的合谋之下,这一联动关系发生转变。工人越是高产,这些社会关系就越发使工人在资本的需求面前变得无力。由是,社会财富的不断增加与工人的自主性的不断减少是同步的!

此外,在工人阶级非常强烈地感受到这种生产方式的直接代价的同

---

① Karl Marx,"Economic and Philosophical Manuscripts",p. 306. 参见《马克思恩格斯文集》第1卷,第139页。——译者注
② Karl Marx,"Economic and Philosophical Manuscripts",p. 322. 参见《马克思恩格斯文集》第1卷,第155页。——译者注
③ Karl Marx,"Economic and Philosophical Manuscripts",p. 295. 参见《马克思恩格斯文集》第1卷,第130页。——译者注
④ Karl Marx,"Economic and Philosophical Manuscripts",p. 322. 参见《马克思恩格斯文集》第1卷,第155页。——译者注

时,资本家也无法幸免于资本的力量。市场同样将其逻辑强加于资本家,正如强加给工人那样:当"资本家……利用资本来行使他对劳动的支配权力"时,"资本的支配权力……支配着资本家本身"。① 作为一种不断扩张的力量,资本作用于资本主义制度下的每一个人。从广义上来说,这就是马克思异化概念的含义。我们通过自己的劳动生产出来的东西"作为一种**异己的存在物**,作为**不依赖于生产者的力量**"②同我们相对立。马克思把异化解释为一个具有四重性的过程:工人通过出卖其劳动能力,一是同他们的劳动产品相异化;二是同劳动过程本身相异化;三是同他们自身的人的本质相异化;最后是同他们的人类同胞相异化。③ 经由雇佣劳动制度,无产者不仅失去了对他们生产什么以及如何生产的控制,还颠倒了他们的本性,把他们的生命本质——为满足其需要所进行的具有社会性和目的性的生产行为——转变为他们维持生存的手段。由此,资本主义的生产关系扭曲了他们的本性:

> 生产不仅把人当做**商品**、当做**商品人**、当做具有**商品**的规定的人生产出来;它依照这个规定把人当做既**在精神**上又在肉体上**非人化的**存在物生产出来。——工人和资本家的不道德、退化、愚钝。……商品**人**……④

正如理查德·诺曼(Richard Norman)以亚里士多德式的口吻所言,可以把异化理解为"自我实现的对立面"⑤。但是正如我们所见,把它理解为自我决定的对立面或许更好。资本家阶级如此,工人亦如此。尽管资本

---

① Karl Marx, "Economic and Philosophical Manuscripts", p. 295. 参见《马克思恩格斯文集》第1卷,第130页。——译者注
② Karl Marx, "Economic and Philosophical Manuscripts", p. 324. 参见《马克思恩格斯文集》第1卷,第150页。——译者注
③ Karl Marx, "Economic and Philosophical Manuscripts", pp. 326 - 330; István Mészáros, *Marx's Theory of Alienation*; Bertell Ollman, *Alienation*.
④ Karl Marx, "Economic and Philosophical Manuscripts", p. 336. 参见《马克思恩格斯文集》第1卷,第171页。——译者注
⑤ Richard Norman, *The Moral Philosophers*, p. 174.

家所处的地位远比工人的更舒适、更理想,但是他们并不比工人对工业产品拥有更多实际的控制。为市场而生产,意味着他们与工人一样同劳动产品、生产过程及人的本质相异化。可见,资本家与工人一样都是同生产目的相异化的,生产行为对于这两个群体来说,都仅仅是维持生存的手段。手段与目的之间的分裂有其社会根源:正如事实与价值在现代世界中是分离的一样,异化意味着曾经一度作为整体的生活,现在却分裂成为关于存在的各种相互矛盾的领域——道德的、经济的等——每个领域都有自己不同的标准。对此,马克思凭借当时法国社会中的一个例子予以说明。当法国工厂工人的妻女为了养家糊口而被迫卖淫时,她们事实上经受着道德要求和经济要求彼此矛盾的双重压力:前者教导她们要尊重人性,而按照后者的标准,她们只是出售给市场上出价最高者的商品而已。①

这个例子也说明在阶级之间以及阶级内部,不同性别对异化的体验不同。也许正是出于这个原因,马克思和恩格斯把傅立叶对婚姻的批判,及其认为"妇女解放的程度是衡量普遍解放的自然标准"的论断称赞为是"精辟的"②。不过,马克思和恩格斯指出,在众多分化中阶级分化是更为根本的,并且资本家阶级作为资本控制生产过程的中介,在这种情形下是感到舒适自在的,而工人阶级却感到市场日益增长的需求成为对他们人性的一种损害。

> 有产阶级和无产阶级同样表现了人的自我异化。但是,有产阶级在这种自我异化中感到幸福,感到自己被确证,它认为异化是它**自己的力量**所在,并在异化中获得人的生存的**外观**。而无产阶级在异化中则感到自己是被消灭的,并在其中看到自己的无力和非人的生存的现实。这个阶级,用黑格尔的话来说,就是在被唾弃的状况

---

① Karl Marx,"Economic and Philosophical Manuscripts",p. 362.
② Karl Marx and Frederick Engels,"The Holy Family",p. 196. 参见《马克思恩格斯全集》第2卷,人民出版社1957年版,第250页。——译者注

下对这种被唾弃的状况的**愤慨**,这是这个阶级由于它的人的**本性**同作为对这种本性的露骨的、断然的、全面的否定的生活状况发生矛盾而必然产生的愤慨。①

正是这种对异化的体验差异,一方面导致资本主义社会不可能存在普遍接受的道德立场,另一方面也为现代的阶级斗争形式奠定了基础。对于这一问题,马克思敏锐地指出,虽然社会主义作家赋予无产阶级革命者和解放者的角色,但是不应认为这意味着他们相信工人就是"神"。相反,正是因为无产阶级的人性几乎为资本主义制度所泯灭,才赋予他们这样一种积极的角色。可惜的是,那些激进派和社会主义作家因为无产阶级非人的生活状况而对工人阶级的解放潜能不屑一顾,并且错误地把这一处境接受下来。相反地,马克思认为,资本主义的非人性迫使工人们奋起反抗他们的处境,同时力争把握住那些联合形式,由此使康德如下抽象的命题变得具体:不是把他人当作实现其目的的手段,而是作为目的本身。② 这不是马克思的抽象推论,而是对现有趋势的实证性观察。

> 而事实是,英国和法国的工人成立了各种联合会,在这些联合会中,工人们彼此谈论的话题不仅有他们作为**工人**的直接需要,而且也有他们作为**人**的各种需要,此外,在这些联合会中,他们表现出了对从他们的合作中所产生的那种"巨大的"、"不可估量的"力量的非常全面而充分的认识。③

事实上,法国和英国的工人们对马克思的提醒是,自由主义政治理论中作为抽象的利己主义个体的"人"不仅仅源于现实,而且是强加于现实的。对此,他在其"前马克思主义"文章《论犹太人问题》中有过详细阐

---

① Karl Marx and Frederick Engels,"The Holy Family", p. 36. 参见《马克思恩格斯文集》第 1 卷,第 261 页。——译者注
② Lucien Goldmann, *Immanuel Kant*, p. 199, 211.
③ Karl Marx and Frederick Engels,"The Holy Family", p. 52. 参见《马克思恩格斯文集》第 1 卷,第 273 页。——译者注

述。他认为,从资产阶级社会的"人"的概念中抽离社会性内涵的做法不单是错误的,而且反映了自由主义的本质:它是作为对封建社会内实现自由的政治障碍的意识形态挑战而出现的。资产阶级革命的一个基本特征是,尽管包含政治解放的斗争,但是并没有带来"彻头彻尾、没有矛盾的**人**的解放方式"①。因此,尽管英国和法国的革命是通过自下而上的群众集体斗争取得胜利的,但是由此在国家层面上创建的正式的政治共同体,与经由洛克式宪法在市民社会中得到巩固的利己主义,处于一种具有共生性的紧张关系中。以拥有财产的原子化个人作为核心的人权理论,成为一把双刃剑:它不仅是个人用以保护自身免于国家权力滥用的一个进步的武器,还是实现我们具有社会性的个性的一个障碍。新兴的资产阶级国家通过把以自由和利己为核心的个性观制度化,既高举自由旗帜反对其封建先祖,同时也阻碍我们实现自己具有社会性的个性,即实现人的充分解放。对于这些被载入自由主义国家宪法的自由、平等和安全的权利,马克思评论道,这些权利首要地是财产权:任意处置自己财产的权利;在法律面前享有平等待遇的权利;保证财产安全的权利。②这反映出造就资产阶级革命的社会力量的阶级性。英国新出现的"中等阶层"和法国的"无套裤汉"都是为财产权斗争的小业主。③ 他们通过创建国家进而通过维护财产权,把市民社会中的利己关系巩固下来,由此获得圆满成功。④ **人权**和**公民权**等概念绝非普遍真理,而是体现着这些群体的代表们所阐述的对于自由和平等的要求。然而,这些思想虽然包含针对封建制度限制人的自由和平等的进步性批判,但同时也具体地接

---

① Karl Marx, "On the Jewish Question", in Karl Marx, *Early Writings*, p. 218. 参见《马克思恩格斯文集》第 1 卷,第 28 页。——译者注
② Karl Marx, "On the Jewish Question", pp. 229 – 230. 参见《马克思恩格斯文集》第 1 卷,第 41—42 页。——译者注
③ Brian Manning, *The English People and the English Revolution*, London: Bookmarks, 1992, pp. 230 – 241; George Rudé, *The French Revolution*, London: Phoenix, 1988, pp. 47 – 58.
④ Karl Marx, "On the Jewish Question", p. 230.

受了(reified)资产阶级社会中空洞人性的利己主义本质,例如模糊了"各个人在自己的联合中并通过这种联合获得自己的自由"的方式。① 随后的自下而上的革命运动通过挑战支撑这些理论的社会关系,而不得不与这些理论本身陷入"极大的矛盾"②中。

不过,马克思对人权思想的批判并不包含对这一概念过分简单化的否定。相反,正如杰伊·伯恩斯坦(Jay Bernstein)所认为的那样,马克思阐明并批判的是那些被默许的社会假设,因为它们巩固了权利本位话语的个人主义。他表明,由于权利"的力量和意义源于被承认",因此不宜将其理解为自然实存,事实上它是以某种历史形成的共同体为前提的。③ 自由主义权利概念的问题在于,它预设并自然化了异化的现代国家之中所呈现的利己性个人的共同体。如果说这些权利的本质是维护现代财产关系,那么自由权利不限于这种本质的事实便意味着,社会主义在一定程度上作为以非阶级冲突为特征的自由人的联合体,就必然会包含吕西安·戈德曼在他对康德的批判中所提出的那种不断得到深化的个人"权利"。这类推论甚至可以解释恩斯特·布洛赫(Ernst Bloch)的论断:《人权宣言》的准则"远远超越了发生于美国和法国的革命"④。它还可以说明梅萨罗斯的观点:对于马克思来说,尽管权利本位的话语存在意识形态的局限性,但是人权概念的社会性内涵仍然具有进步性,因为它所表达的自由、平等、博爱的愿景,与资本主义现实的社会关系之间存在矛盾。从这一角度来看,最好是把社会主义理解为一种自下而上的运动,它开始在实践中克服人权思想所表达的理想与资本主义异化的现实之

---

① Karl Marx and Frederick Engels, *The German Ideology*, p. 78. 参见《马克思恩格斯文集》第1卷,第571页。——译者注
② Karl Marx, "On the Jewish Question", p. 231. 参见《马克思恩格斯文集》第1卷,第43页。——译者注
③ Jay Bernstein, "Rights, Revolution and Community", in Peter Osborne, ed., *Socialism and the Limits of Liberalism*, London: Verso, 1991, pp. 102–103.
④ Ernst Bloch, *Natural Law and Human Dignity*, Cambridge: MIT Press, 1987, p. 65.

间的矛盾。①

当马克思把无产阶级斗争与自由思想在现代世界中得到具体深化的过程联系起来时,他就成为一名"马克思主义者"②。正是从这一阶级立场出发,事实与价值之间、手段与目的之间的分裂都被置于具体的历史语境中,个人权利的概念也受到源自联合性活动视角的挑战。从个人角度来看,商品生产制度形式上的平等和自由不仅是个神话,而且属于片面的真理,只有从总体性视角出发才能加以克服。显然,这些论断的真理性取决于集结形成总体性的那个立场的有效性:革命的工人运动。

异化与阶级斗争

社会主义的阶级基础对于马克思的重要性,在《德意志意识形态》"真正的社会主义"一节中体现得淋漓尽致。"真正的社会主义"是19世纪40年代德国知识分子发起的一场运动,他们试图通过诉诸一般的社会主义思想的合理性,来克服英国和法国以阶级为基础的社会主义的"庸俗性"③。用他们中的一员海尔曼·泽米希(Hermann Semmig)的话说:

> 显然,**法国人**并不了解他们的天才。在这一点上,**以社会主义的形式提供了最合理的**——如果可以使用合理这个词的最高级的话——**社会制度的德国科学**帮助了他们。④

"真正的社会主义者"阐发了他们所认为的费尔巴哈人道主义的社会主义内涵。费尔巴哈拒斥个人主义的利己主义观念,认为"人不仅意识到

---

① István Mészáros, "Marxism and Human Rights", p. 197, 199, 210.
② Stephen Perkins, *Marxism and the Proletariat*, London: Pluto, 1993, p. 33.
③ Ellen Meiksins Wood, *The Retreat from Class*, London: Verso, 1986; Alan Gilbert, *Marx's Politics*.
④ 转引自 Karl Marx and Frederick Engels, *The German Ideology*, p. 458。参见《马克思恩格斯全集》第3卷,第539页。——译者注

自己是一个个体,而且意识到自己是人的类的一员","上帝的确是被视为一个个体的类的完美的观念"。① "真正的社会主义者"延伸了这一论断,认为社会主义符合人的普遍利益,而不受阶级对立和其他对立的影响。

尽管青年马克思受过这些思想的影响,但他很早就意识到费尔巴哈由此推断的自然主义道德无法满足现代政治的需要。② 有趣的是,麦克斯·施蒂纳在《唯一者及其所有物》(1844)中与费尔巴哈就其道德论的这一弱点有过交锋。③ 正是通过回应施蒂纳对费尔巴哈的批判,马克思才超越后者视角的局限。

施蒂纳认为,一切政治制度——无论是保守主义的、自由主义的、社会主义的还是任何其他的,在实践中都会演变成权威对个人自我的压制。即使是声称符合共同利益的革命,也包含对个人利己主义的压制。因此施蒂纳认为,"自我解放"有可能通过反叛而非革命行动实现。④ 他吸收了霍布斯的观点,却在某种程度上也反映出尼采的思想。⑤ 他坚信:"因为每一事物都**只顾自己**,而同时又与其他事物经常处于冲突之中,故而自我保持的**斗争**是不可避免的。……获胜者成为**主人**,失败者成为**臣民**……但双方仍然是**仇敌**。"⑥ 不过,与霍布斯乃至其自由主义的批判者相对,施蒂纳并未把这一论点引申成为对某种形式的政治国家的证明。

---

① David McLellan, *The Young Hegelians and Karl Marx*, London: Macmillan, 1969, p. 92. 参见[英]戴维·麦克莱伦《青年黑格尔派与马克思》,夏威仪等译,陈启伟校,商务印书馆1982年版,第95页。——译者注
② David McLellan, *The Young Hegelians and Karl Marx*, p. 113.
③ David McLellan, *The Young Hegelians and Karl Marx*, p. 131; Sidney Hook, *From Hegel to Marx*, Ann Arbor: University of Michigan Press, 1962, p. 174.
④ James Martin, "Editor's Introduction", in Max Stirner, *The Ego and His Own*, New York: Dover, 2005, p. xiii; Paul Thomas, *Karl Marx and the Anarchists*, London: Routledge & Kegan, 1980, p. 130.
⑤ Sidney Hook, *From Hegel to Marx*, p. 165.
⑥ Max Stirner, *The Ego and His Own*, p. 9. 参见[德]麦克斯·施蒂纳《唯一者及其所有物》,金海民译,商务印书馆1989年版,第8页。——译者注

恰恰相反，他认为"政治自由"无非是等同于"个人在国家内……的**服从性**"①。在评论整体上具有突出特性的法国大革命时，他指出这场剧变不是反对"**一切现存的制度**，而是反对**这种现存的制度**、反对一种**特定的**实况。革命废除**这个**统治者，而不是废除**一切**统治者"。因此，法国大革命以反动告终也就不足为奇：因为革命的本质仅仅是权威的更迭。②"政治自由主义"对后革命国家的拥护揭示出其权威的内涵，这也是它（被施蒂纳纳入"社会自由主义"标题下的意识形态）的固有内涵，因为它仍然只是从一个权威到另一个权威的权力转移。③ 即使是青年黑格尔派最杰出的"人道自由主义"也同样值得怀疑，因为它同样是把他人的利己主义视为弱点，却没有对自身一视同仁。

与黑格尔关于自由概念的社会历史性理解相对，施蒂纳认为"**自由只能是完全的自由；一小块自由并非是自由**"④。他由此推断：包括费尔巴哈在内的所有道德进路都是自由的敌人，因为它们以某种形而上学的概念为名——上帝、人、国家、阶级、民族等——宣扬自我牺牲。如果"通往毁灭的道路是用许多好企图的石子铺就"的，那正确的利己主义回应就不是以某种"好"的名义进行革命，而是一种更为简单的自我对权威的反叛。⑤ 共产主义与其说是对现状的一种根本替代，不如说是最新的道德论变体。⑥

在马克思和恩格斯的《德意志意识形态》中几乎无人问津的大部分章节，都是对施蒂纳这本书的批判。施蒂纳认为，关于人的本质，社会主

---

① Max Stirner, *The Ego and His Own*, p. 106, 196, 255. 参见[德]麦克斯·施蒂纳《唯一者及其所有物》，第114页。——译者注
② Max Stirner, *The Ego and His Own*, p. 110. 参见[德]麦克斯·施蒂纳《唯一者及其所有物》，第118页。——译者注
③ Max Stirner, *The Ego and His Own*, p. 122, 130.
④ Max Stirner, *The Ego and His Own*, p. 160. 参见[德]麦克斯·施蒂纳《唯一者及其所有物》，第171页。——译者注
⑤ Max Stirner, *The Ego and His Own*, p. 54, 75. 参见[德]麦克斯·施蒂纳《唯一者及其所有物》，第79—80页。——译者注
⑥ Max Stirner, *The Ego and His Own*, p. 18, 164, 258.

义者接受的是一种静态的理解模式,这为他们批判现存社会提供了道德基础。与这一论断相反,马克思针对他早期费尔巴哈式的唯物主义勾勒出一种黑格尔式的历史化转变。在现代世界中,这一过程确保了利己的个人主义以及更具社会性的个人主义形式的出现。按照施蒂纳的理解,道德只是由利己的个人主义所构成的共同体的一个必要的威权主义特征。施蒂纳假定了利己主义的普遍性,故而无法理解关于工人团结的思想。反之,马克思因为认识到团结已成为工人的一个现实需要和欲望而得出结论:没有必要把共同体思想强加给工人。因此,与现代自由主义者批评他思想中隐含的威权主义①形成鲜明对照,马克思认为"共产主

---

① 例如,以赛亚·伯林正是从这样的角度出发批判马克思主义,才完成对他主题的探讨。在《两种自由概念》中,伯林把马克思斥为信仰"积极自由"形式的"乌托邦的"信徒,自由概念被理解为个人的自我控制,它从个人层面转移到社会层面时成为一种暴虐的企图:掌控国家的人试图把他们的权威强加于那些处于他们之下的、欲望与"理性"不相符的可怜虫身上(Isarah Berlin,"Two Concepts of Liberty", in *The Proper Study of Mankind*, London: Pimlico, 1997, p. 204.)。伯林反对这种堕落的自由形式,转而拥护消极自由概念,根据这一概念"我们一般说,就没有人或人的群体干涉我的活动而言,我是自由的"(Isarah Berlin,"The Two Concepts of Liberty", p. 194. 参见[英]以赛亚·伯林《自由论》,胡传胜译,译林出版社2003年版,第189页。——译者注)。虽然这一论点作为针对马克思主义的一种可信的反驳得到广泛引用,但它事实上也遭到 C. B. 麦克弗森(C. B. Macpherson)等人的明确批评。在麦克弗森看来,伯林的问题在于"很少或根本就没有考虑阶级施加的妨碍",对个人活动的妨碍(C. B. Macpherson, "Berlin's Division of Liberty", in C. B. Macpherson, *Democratic Theory*, Oxford: Oxford University Press, 1973, p. 100.)。通过把社会生产的资源分配自然化,导致社会中的一部分人把被迫为另一部分人工作作为他们唯一的生存手段。对此,麦克弗森甚至指出,伯林阐述的消极自由概念绝不是为个人反对社会权力作理论辩护,而是"已然沦为非个人主义的、法人的、帝国的、'自由企业'的外衣"(C. B. Macpherson, "Berlin's Division of Liberty", p. 116.)。莫琳·拉姆齐(Maureen Ramsay)阐发了一个相关的论点,指出伯林只有通过以下方式才能维续他的立场:一方面是把那些被迫出卖劳动力的人们的贫困自然化;另一方面是把自由简化为没有故意的干涉,由此得以对"社会安排和资本主义财产关系无意的、却是不可避免和可预见的影响"不屑一顾(Maureen Ramsay, *What's Wrong with Liberalism?*, pp. 48–53.)。类似地,安德鲁·科利尔也表明,伯林混淆了马克思与康德的自由概念。科利尔(Andrew Collier)反驳道,尽管伯林正确地认识到理性与欲望在康德那里是相互冲突的,但他把这一思想归于马克思则是错误的。因为康德是把欲望同理性并置进而展开对比,马克思则坚信只有通过无产阶级的斗争,团结才能成为人的真实存在的欲望,因而社会主义只能通过无产阶级的阶级斗争实现(Andrew Collier, *Socialist Reasoning*, London: Pluto Press, 1990, p. 54.)。事实上,这种社会主义观不仅是对自由主义的具有实践意义的批判,也是对斯大林主义和"毛主义"的内在批判(Paul Thomas, *Karl Marx and the Anarchists*, p. 122.)。

者根本不进行任何**道德**说教"①。正如怀尔德所指出的,马克思的这一论点遭到杰里·科恩等人的曲解,他们断章取义地认为马克思是拥护"分娩式"历史进步观的虚无主义者。然而,马克思在这里具体批判的是施蒂纳和空想社会主义者所运用的抽象道德观,与之相对立的理想则植根于工人在斗争中的现实的实践。②

可见,马克思和恩格斯之所以批判"真正的社会主义者"的抽象道德论,是因为在后者看来,有待解放的总是一些空洞的"人",而不是现实存在的男人和女人。③ 这一倾向把人的本质从它在历史中的现实表现抽象出来,由此阻碍了只能通过认识社会的阶级分化性质而产生的社会主义意识的实际传播。

> 因此,如果无产者的理论代表们还想通过自己的写作活动达到某种结果,那末他们首先应当尽量抛弃所有那些削弱对于这个对立的尖锐性的认识的词句,这些词句会使这种对立模糊起来,甚至会使资产者为了保全自己而根据博爱的空想去取媚共产主义者。④

马克思和恩格斯坚信"真正的社会主义者"是以"极端空洞的抽象概念"展开工作的,并且"在表达方法上也和哲学家没有区别了"。⑤ 由此可见,就像康德及其之前的其他道德论者一样,"真正的社会主义者"忘记了

> 不管是人们的"内在本性",或者是人们的对这种本性的"意识","即"他们的"理性",向来都是历史的产物;甚至当人们的社会……是以"外界的强制"为基础的时候,他们的"内在本性"也是与

---

① Karl Marx and Frederick Engels, *The German Ideology*, p. 247. 参见《马克思恩格斯全集》第3卷,第275页。——译者注
② Lawrence Wilde, "Introduction", in Lawrence Wilde, ed., *Marxism's Ethical Thinkers*, London: Palgrave, 2001, p. 4.
③ Karl Marx and Frederick Engels, *The German Ideology*, p. 468.
④ Karl Marx and Frederick Engels, *The German Ideology*, p. 469. 参见《马克思恩格斯全集》第3卷,第553—554页。——译者注
⑤ Karl Marx and Frederick Engels, *The German Ideology*, p. 478, 480. 参见《马克思恩格斯全集》第3卷,第565、567页。——译者注

这种"外界的强制"相适应的。①

而马克思所着力强调的是，人的本性不是无限可塑的，并且纵观历史，人类状况持续具有的一个特点是，在任何特定的历史关头不同个人拥有不同的技能和能力，并不意味着他们有着不同的需要。

> 但是，共产主义的最重要的不同于一切反动的社会主义的原则之一就是下面这个以研究人的本性为基础的实际信念，即人们的**头脑**和智力的差别，根本不应引起**胃**和肉体**需要**的差别；由此可见，"按能力计报酬"这个以我们目前的制度为基础的不正确的原理应用——因为这个原理是仅就狭义的消费而言——变为"**按需分配**"这样一个原理，换句话说：活动上，劳动上的**差别**不会引起在占有和消费方面的任何**不平等**，任何特**权**。②

如果说，马克思对某种需要原则的运用可能会把他同跨历史的道德标准关联在一起，那么，一旦在《德意志意识形态》更广阔的论证背景下解读，这一看法显然不是意指一种以自上而下的方式强加于社会的理想，而是针对"真正的社会主义者"信仰抽象理性力量的另一种表现形式的具体批判：他们对自身作为知识领袖的特权地位的信仰。因此，最好把马克思的上述论点理解为是对德雷珀著名的"自下而上的社会主义"③的一种具体表述。正是因为坚持这样一种社会主义模式，马克思才竭力探索工人阶级实现社会主义的限制条件。

不过，尽管马克思认为无产者是被迫反抗其所遭受的异化，但正如斯密注意到的那样，分工本身往往也使他们无法胜任统治的工作。恩格斯在《反杜林论》中指出："由于劳动被分割，人也被分割了。为了训练某

---

① Karl Marx and Frederick Engels, *The German Ideology*, p. 480. 参见《马克思恩格斯全集》第3卷，第567—568页。——译者注
② Karl Marx and Frederick Engels, *The German Ideology*, p. 537. 参见《马克思恩格斯全集》第3卷，第637—638页。——译者注
③ Hal Draper, "The Two Souls of Socialism", in Hal Draper, *Socialism from Below*, New Jersey: Humanities, 1992, pp. 2-33.

种单一的活动,其他一切肉体的和精神的能力都成了牺牲品。人的这种畸形发展和分工齐头并进,分工在工场手工业中达到了最高的发展。"① 因此,恩格斯坚信,社会生产力的发展为"消除"分工创造了条件,马克思在《资本论》中也认为,与资本主义发展相关联的劳动生产率的提高,确保了"工人终生固定从事某种局部职能的技术基础被消除",马克思还补充道,同时"这个原则加于资本统治身上的限制也消失了"。② 马克思由此认为,虽然在资本主义条件下,与进一步的分工相关联的劳动生产率的提高,客观上为社会主义创造了可能性,但是分工的存在同时也阻碍了这一可能性的实现。

此外,马克思在《资本论》中表达出对黑格尔的赞同,他在反对分工造成的惊人后果时引用了黑格尔的论断:一个有教养的人"能够做别人所能做的一切事情"③。在《德意志意识形态》中,他和恩格斯更显激进地指出,只有通过"分工的消灭"才能克服包含异化的制度,这是"个人得到全面发展"的前提条件。④ 不幸的是,虽然只有在没有分工的情况下,一个人才能做别人所能做的事,但若没有分工,斯密就会得出结论:人类将回到一个原始状态,实际上甚至是一个不太可能的前社会状态。

这当然不是马克思对社会主义未来的成熟设想。在写完《德意志意识形态》后的20年里,马克思所阐述的更为复杂的分工概念为他提供了一个基础,使他能够在不放弃批判资本的前提下,摆脱他早期作品在这

---

① Frederick Engels, *Anti-Dühring*, p. 355; Hal Draper, *Karl Marx's Theory of Revolution*, Vol. II, New York: Monthly Review Press, 1978, p. 483; Harry Braverman, *Labour and Monopoly Capitalism*, New York: Monthly Review, 1974, p. 73. 参见《马克思恩格斯文集》第9卷,第308页。——译者注
② Frederick Engels, *Anti-Dühring*, p. 342; Karl Marx, *Capital*, Vol. I, p. 491. 参见《马克思恩格斯文集》第5卷,第426页。——译者注
③ 语出黑格尔,转引自 Karl Marx, *Capital*, Vol. I, p. 485。参见《马克思恩格斯文集》第5卷,第421页。——译者注
④ Karl Marx and Frederick Engels, *The German Ideology*, pp. 438-439. 参见《马克思恩格斯全集》第3卷,第516页。——译者注

一问题上的局限性。① 在其成熟时期的作品中,马克思通过从概念上区分两种不同形态的分工——工场手工业的(后来的评论者往往称之为技术层面的)分工与社会的分工,使他对分工的批判与认为社会主义要求相对较高水平的经济发展的观点相吻合。

在《资本论》以及为其作准备的笔记中,马克思坚信,尽管生产过程中的社会分工或职业分工几乎是人类历史普遍存在的一个特征,但现代分工最为非人化的组成部分——工场手工业分工或技术分工——是现代资本主义生产的结果。因此,他区分了把人们划分为各种专门职业的社会分工,以及把个人工作——从而把从事这些工作的人——划分为越发简单的组成部分的技术分工。在《1861—1863 年经济学手稿》中,他认为斯密"经常混淆这些极不相同、虽然互相补充但从某种意义上来说也互相对立的分工。"② 这种混淆导致斯密"没有把**分工**看作是资本主义生产方式所特有的东西"③。因此,正如马克思在《剩余价值理论》中所认为的那样,虽然说职业的专门化是人类历史的普遍特征,但把工作细分为相较而言无须具备技能的组成部分,是资本主义工场手工业特有的产物,尽管这种划分建立在早期分工的基础上。④ 斯密把工场手工业分工同时与社会分工和生产力提高的趋势相提并论,马克思却认为,最好是把工场手工业分工的发展理解为这样一个过程,即劳动对资本的从属性从形式阶段转向实存阶段。马克思坚信,工场手工业分工不是主要作为一种提高劳动生产率的手段实行的,而是通过使劳动过程去技能化而被

---

① 马克思关于分工及其可能的压制性影响的观点,从他早期作品中显而易见的乌托邦主义,发展到他成熟时期作品中更具现实性的分析。可惜碍于篇幅所限,无法对这一认知的演进展开充分讨论。参见 Ali Ratansi, *Marx and the Division of Labour*, London: Macmillan, 1982;Rob Beamish, *Marx, Method, and the Division of Labour*。
② Karl Marx, "Economic Manuscripts of 1861–1863", in Karl Marx and Frederick Engels, *Collected Works*, Vol. 30, London: Lawrence and Wishart, 1988, p. 266. 参见《马克思恩格斯全集》(第二版)第 32 卷,人民出版社 1998 年版,第 304 页。——译者注
③ 参见《马克思恩格斯全集》(第二版)第 32 卷,第 309 页。——译者注
④ Karl Marx, *Theories of Surplus Value* Part III, p. 268.

用于迫使劳动力按照资本主义的准则行事的一种手段。① 社会分工通过职业的专门化助推了劳动生产率的提高,而技术分工则包含对工作的细分,导致个体劳动者从事越来越简单的工作,为此他们只需接受最低限度的培训。② 因为,尽管资本主义至少在一定程度上是通过把市场规范强加于现行的劳动过程——劳动在形式上从属于资本——才脱胎于前资本主义的生产方式;但是随着工厂生产的发展,劳动过程的性质本身也发生变化,从而使劳动去技能化并且真正地"从属于资本"③。马克思指出,在这种新形势下,"工场手工业分工的前提是资本家对于……人们享有绝对的权威"④。

可见在马克思看来,可以把社会分工与工场手工业分工进行如下区分:前者是贯穿于提高劳动生产率的过程中的社会生活和社会发展的一个必要方面,后者则主要旨在通过增强资本对劳动过程的控制,以便从工人那里占有剩余价值。他写道,"机器是生产剩余价值的手段"⑤。马克思指出,尽管前一过程是经济和社会进步必不可少的前提条件,但是其中经由职业的专门化导向"智力上和身体上的畸形化"的这一内在固有倾向,在工厂中展现得淋漓尽致,因为对于"普遍的富裕"几乎没什么促进作用。工场手工业体系是为确保资本对劳动过程的控制而出现的,"完全是资本主义生产方式的独特创造"⑥。

有人认为马克思预言了社会阶级关系的一种简单化和同质化性质,与此形成鲜明对比的是,他探讨分工的逻辑却似乎意味着无产阶级正处于非常支离破碎的状态,在智识上也过于偏狭,以致其无法为自身解放

---

① Harry Braverman, *Labour and Monopoly Capitalism*, p. 119; Paul Thompson, *The Nature of Work*, London: Macmillan, 1989, p. 75.
② Ali Ratansi, *Marx and the Division of Labour*, p. 150.
③ Karl Marx, "Economic Manuscripts of 1861-1863", p. 271, 279; Karl Marx, *Capital*, Vol. I, pp. 1019-1024. 参见《马克思恩格斯全集》(第二版)第32卷,第304页。——译者注
④ Karl Marx, *Capital*, Vol. I, p. 477. 参见《马克思恩格斯文集》第5卷,第412页。——译者注
⑤ Karl Marx, *Capital*, Vol. I, p. 492. 参见《马克思恩格斯文集》第5卷,第427页。——译者注
⑥ Karl Marx, *Capital*, Vol. I, p. 480, 484. 参见《马克思恩格斯文集》第5卷,第416、420页。——译者注

发挥现实的能动作用。不过,正如哈里·布雷弗曼(Harry Braverman)所表明的那样,虽然技术分工的目的是把工人贬低到机器齿轮的地位,但即便是那些从事最卑微工作的人,他们的智识和人性也从未完全消失殆尽。① 类似地,马歇尔·伯曼(Marshall Berman)也指出,《资本论》中有很多来自工人的声音,在接受工厂调查员采访时,这些工人面对体力劳动在19世纪的英国所承受的超负荷压力表现出"坚忍的耐力"和"朴素的智识"。② 基于19世纪40年代中期在社会主义工人圈子里的体验,马克思认为,这些工人难以被扼杀的智识和人性是为自由而斗争的主要动力,并且通过他们的斗争,工人可以冲破致使其彼此异化的以及同社会其他方面相异化的社会束缚。可见,相较于黑格尔认为这一过程仅仅造就了一群支离破碎的乌合之众③,马克思认为,工人可以通过参与争取更好生活的联合斗争,从一个原子化的、非人化的群体,转变成为推动普遍的社会解放和政治解放的潜在的集体能动者。这使得马克思有别于空想社会主义者,他把工人构想为制度的受害者,同时也是可能推翻制度的能动者,而就空想社会主义者而言:"他们认为贫困不过是贫困,他们看不出它能够推翻旧社会的革命的破坏的一面。"④

不过,马克思强调不应把工人反抗的潜能同他们统治的潜能混为一谈,因为后者只有通过斗争才能实现。由此可见,工人斗争的革命性对于马克思的政治理论而言至关重要,因为只有通过这种斗争,工人才能克服分工所带来的削弱智识和道德力量的后果。马克思和恩格斯认为,革命对于推翻资本主义而言是必需的,这不仅仅因为无法以任何其他方式消灭统治阶级,更重要的还在于,无产阶级只有通过与自下而上的革命相联的激烈斗争,才能抛掉"自己身上的一切陈旧的肮脏东西,才能胜

---

① Harry Braverman, *Labour and Monopoly Capitalism*, p.325.
② Marshall Berman, *Adventures in Marxism*, London: Verso, 1999, p.83.
③ Charles Taylor, *Hegel*, p.407, 436.
④ Karl Marx, "The Poverty of Philosophy", p.178. 参见《马克思恩格斯全集》第4卷,人民出版社1958年版,第157页。——译者注

任重建社会的工作"①。为此,只有通过发动革命的行动,才能使因其阶级地位而被社会化进而承担着从属性社会角色的劳动人民,成为自己命运的主人。正如马克思在《关于费尔巴哈的提纲》中所写:"环境的改变和人的活动或自我改变的一致,只能被看做是并合理地理解为**革命的实践**。"②

如果像马克思所认为的那样,工人正是通过革命的实践改造自身从而胜任自治,这种活动形式也能提供他揭示资本主义社会的矛盾本质的准则。正如我们在讨论蒲鲁东时所指出的那样,马克思认为通过运用总体性概念可以使他自己的观点具体地同蒲鲁东的观点区分开来,并在更一般的意义上有别于古典政治经济学的观点:从市民社会的个人立场来看,商品交换似乎是自由和公平的,但从总体性视角来看,它属于一种剥削形式。

马克思认为,斯密和李嘉图通过剖析资本主义社会中财富的多种不同表现形式揭示了劳动价值论,由此对社会科学作出根本性贡献。但他又追随恩格斯认为,正如路德通过把信仰内化为"人的**内在本质**"颠覆了天主教外显的宗教笃诚,却也弱化了其所固有的人道主义一样,古典政治经济学家尽管承认劳动是财富的源泉,但也因为认同"私有财产移入人自身的本质中"而削弱了这一洞见的力量。③ 马克思坚信这不仅仅是理性的错误,而实际上是从现代分工的角度看待世界的物化方式的意识形态后果。

在《资本论》中,马克思通过商品拜物教概念对异化理论加以延伸,

---

① Karl Marx and Frederick Engels, *The German Ideology*, p. 53. 参见《马克思恩格斯文集》第1卷,第543页。——译者注
② Karl Marx, "Theses on Feuerbach", p. 422. 参见《马克思恩格斯文集》第1卷,第500页。——译者注
③ Karl Marx, "Economic and Philosophical Manuscripts", p. 342. 参见《马克思恩格斯文集》第1卷,第179页。——译者注

解释了物化的社会基础。① 尽管他依旧指出,正是工人生产出的财富,成为"统治"他们的"异己的权力"②,但他阐发这一论点是为了表明,在广义的商品生产体系中,这种异己的力量以拜物教的方式呈现自身:"商品形式在人们面前把人们本身劳动的社会性质反映成劳动产品本身的物的性质。"③这种拜物教关系的产生是商品二重性——它的使用价值和交换价值——的结果。商品各自独特的物质形式是它的使用价值,而它的社会形式只是通过市场所表现出的交换价值。在市场上,商品的交换价值表现为一种与使用价值无关的物的属性。正是这种虚假的客观性遮蔽了生产的社会方面,遮蔽了我们赖以生存的生产协作的具体形式,由此给人以这样一种印象:世界是现成如此的存在,支配着无能为力的个体消费者。商品拜物教"把物在社会生产过程中像被打上烙印一样获得的社会的经济的性质,变为一种自然的、由这些物的物质本性产生的自然性质"④。结果是,作为特定发展阶段的历史产物的资本主义生产关系,却表现为人与人之间的自然关系。或者按照马克思的观点,为市场生产商品就意味着"生产者的劳动的那些社会规定借以实现的生产者关系,取得了劳动产品的社会关系的形式"。因此,正如上帝的观念是人类头脑的产物,并由宗教赋予其自身能动性一样,商品也是人类工业的产物,它没有成为我们生产力的体现,而是表现为凌驾于我们之上的一种力量。具体地说,资本主义是这样一种生产方式,它通过原本是私人之间的商品交换实现其社会性的一面。当这些商品被交换时,它们的交换比

---

① Stephen Perkins, *Marxism and the Proletariat*, pp. 126ff; John Rees, *The Algebra of Revolution*, London: Routledge, 1998, pp. 87ff.
② Karl Marx, *Capital*, Vol. I, p. 716, 1054. 参见《马克思恩格斯文集》第 5 卷,第 659 页。——译者注
③ Karl Marx, *Capital*, Vol. I, pp. 164-165. 参见《马克思恩格斯文集》第 5 卷,第 89 页。——译者注
④ Karl Marx, *Capital*, Vol. II, London: Penguin, 1978, p. 303. 参见《马克思恩格斯文集》第 6 卷,人民出版社 2009 年版,第 251 页。——译者注

例似乎取决于"产品的本性"本身。① 古典政治经济学家基于对这一状况的反思阐明了劳动价值论,认识到所有商品都必须具有某种共同的东西以便形成可比性。然而,在一定程度上,这些关系实现自身的方式又导致斯密和李嘉图(以及康德和边沁)把资本主义生产方式自然化。② 他们的主要兴趣在于解释被交换商品的价格,这导致他们的分析止步于承认货币是价值的共同表现形式这一点上。③ 与此相对,马克思则认为,正是货币形式的商品交换掩盖了生产环节中对剩余价值的占有。他由此写道:

> 经济学家们把人们的社会生产关系和受这些关系支配的物所获得的规定性看作物的**自然属性**,这种粗俗的唯物主义,是一种同样粗俗的唯心主义,甚至是一种拜物教,它把社会关系作为物的内在规定归之于物,从而使物神秘化。④

由于古典政治经济学家没有看到资本流通背后的实质,因而尽管李嘉图针对工人反对引进新技术的斗争的合理性有所评论⑤,但是他们对制度性地剥削雇佣劳动视而不见。故而,他们也就没能理解 19 世纪最重要的运动之一——减少工作日的斗争——背后的合理性和社会意义。

正是争取减少工作日的斗争,为马克思超越政治经济学立场进而超越现代道德哲学的视角提供了依据,现代道德哲学同政治经济学一样,都把资本主义社会关系视为自然而然的实存。正如我们已经指出的,马克思认为,在劳动力公平交换的表象下,争取减少工作日的斗争揭示出

---

① Karl Marx, *Capital*, Vol. I, pp. 163-177. 参见《马克思恩格斯文集》第 5 卷,第 89—92 页。——译者注
② István Mészáros, "Marxism and Human Rights", p. 174.
③ Karl Marx, *Capital*, Vol. I, p. 168.
④ Karl Marx, *Grundrisse*, p. 687, 转引自 István Mészáros, "Marxism and Human Rights", p. 138. 参见《马克思恩格斯全集》(第二版)第 31 卷,人民出版社 1998 年版,第 85 页。——译者注
⑤ David Ricardo, *The Principles of Political Economy and Taxation*, London: Everyman, 1973, pp. 263-271.

"资本家阶级和工人阶级之间……的内战",这表明工人"本能地"开始认识到政治经济学家所遮蔽的事实:他们与资本家是彼此对立的。这场斗争暴露出资本主义在流通层面上对自身的呈现,与它实际的社会内涵之间的差距。在市场上,工人以商品所有者的身份自由平等地与资本家交往,"在成交以后却发现:他[工人]不是'自由的当事人'"。相反,工人被迫出卖自己的劳动力给资本家,资本家就像吸血鬼一样"决不罢休"①。从这一视角来看,"'不可剥夺的人权'这种冠冕堂皇的条目"以其形式上的政治平等掩盖现实社会的不平等,并在自下而上现实的社会运动的压力下,让位于"从法律上限制工作日的朴素的大宪章"②。

可见,马克思对自由主义的批判源于他对现实中人们反对资本权力的集体运动的敏锐觉察,这些运动摆脱了传统自由主义一般意义上的个性观念和更具体的个人权利观念的空洞性。这一视角不仅使马克思对资本主义的理解比斯密和李嘉图深刻得多,还为揭示他们的理论局限提供了依据。③ 马克思在《关于费尔巴哈的提纲》第十条中已明确指出:"旧唯物主义的立脚点是市民社会,新唯物主义的立脚点则是人类社会或社会的人类。"④

综上所述,我们可以清晰地看到,社会的人类不是凌驾于社会阶级划分之上的抽象概念。马克思在《资本论》中重述了首次于《神圣家族》中提出的论点,即工人和资本家对异化的不同体验意味着从资本积累的视角来看,这两个群体都是社会角色的人格化:资本家感到自己的角色被赋予权力,而对工人来说,他们的角色"只是努力工作和备受折磨"⑤。因此,正如克里斯·阿瑟所认为的,"在《1844年经济学哲学手稿》和《资本论》中都清楚表明,马克思的批判是站在无产阶级的政治立场上的"。

---

① Karl Marx, *Capital*, Vol. I, pp. 411 - 416; cf Karl Marx, *Capital*, Vol. 3, p. 966. 参见《马克思恩格斯文集》第5卷,第346—349页。——译者注
② Karl Marx, *Capital*, Vol. I, p. 416. 参见《马克思恩格斯文集》第5卷,第349页。——译者注
③ John Weeks, *Capital and Exploitation*, Princeton: Princeton University Press, 1981, p. 41.
④ 参见《马克思恩格斯文集》第1卷,第502页。——译者注
⑤ Karl Marx, *Capital*, Vol. I, p. 989.

马克思之所以选择这一立场,不是因为工人在社会中最受压迫,而是因为"工人在经济秩序中的战略地位"①。正如马克思所言,就他自己的政治经济学批判"代表一个阶级而论,它能代表的只是这样一个阶级,这个阶级的历史使命是推翻资本主义生产方式和最后消灭阶级。这个阶级就是无产阶级"②。

这一立场与政治经济学(及现代道德理论)的立场之间的鸿沟无法超越。③ 无论康德与密尔有何分歧,他们都持有一种物化的"人"的概念,以及一种"冻结"的历史观。④ 正是出于这个原因,马克思不能被贴上道德论者的标签,因为道德论关于人的能动性的观念是一种空洞的、实际上是意识形态的反映,反映的是资本主义生产方式形式上自由和平等的个人主义特质。⑤ 有人认为马克思的经济决定论和粗陋的唯物主义致使马克思主义缺乏道德维度,其实恰恰相反,正是因为马克思的能动性观念比康德或密尔的要深刻得多,所以他的伦理学不能被降格为他们之中任何一方的理论体系。

与资产阶级社会理论的物化的抽象概念相反,马克思认识到,当工人们联合起来反抗剥削时,他们就开始意识到人的一种新的存在方式,它反过来创造的基础能够使人把社会环境视为工人劳动可以改变的结果。这一结论是马克思在1844年与西里西亚纺织工人的交往中得出的,这些纺织工人奋起反抗他们的资产阶级雇主。如果从这场运动来看可以说马克思已成为一名马克思主义者⑥,那正是因为现代道德理论没能认识到这种实践的重要性,才使其无法超越资产阶级的利己主义。

---

① Chris Arthur, *The Dialectics of Labour*, p. 145.
② Karl Marx, *Capital*, Vol. I, p. 98;转引自 Chris Arthur, *The Dialectics of Labour*, p. 172。参见《马克思恩格斯文集》第 5 卷,第 18 页。——译者注
③ István Mészáros, "Marxism and Human Rights", p. 143.
④ István Mészáros, "Marxism and Human Rights", p. 144, 147.
⑤ Jeffrey Reiman, "Moral Philosophy", pp. 143 – 167.
⑥ Karl Marx, "Critical Notes on the Article 'The King of Prussia and Social Reform by a Prussian'", p. 415; Robin Blackburn, "Marxism: Theory of Proletarian Revolution", in Robin Blackburn, ed., *Revolution and Class Struggle*, London: Fontana, 1977, pp. 27 – 30.

美德与工人阶级斗争

丹尼尔·布鲁德尼(Daniel Brudney)后来指出,马克思由于未能证明工人阶级实践的伦理意义,而使自身陷入一个无法摆脱的矛盾之中。① 在布鲁德尼看来,马克思的异化理论表明"对人的本性的认识为政治变革提供了标准",但同时也意味着我们同这一本性的异化有碍于工人培养这种认识。② 因此,尽管马克思在《关于费尔巴哈的提纲》第十一条中提出与哲学决裂的著名论断——"哲学家们只是用不同的方式**解释**世界,问题在于**改变**世界"——但这是一个不可能实现的幻想,因为异化的人类生活无法提供通向真正的人性的窗口。③ 如果这一论点成立,我认为它将意味着社会主义——至少是马克思主义的社会主义,可能被斥为一种乌托邦的幻想。

布鲁德尼认为,在马克思的思想中,社会主义条件下可能存在的人的本性与资本主义条件下的人的本性是二分的,但这一观点似乎错失如下要点:对于马克思来说,我们的本性是在人类不断发展生产力,以及争取对这些生产力的民主控制的斗争背景下演变而来的。因此,马克思反对关于人类本性团结的任何浪漫主义想法,认为"在个人创造出他们自己的社会联系之前,他们不可能把这种社会联系置于自己支配之下"。他坚信,尽管"在发展的早期阶段,单个人显得比较全面",但这只是因为这些个人还没有完全解决他们彼此之间的"关系"问题。由此,马克思指出,虽然"留恋那种原始的丰富,是可笑的",但资产阶级的思想由于无法把握这些关系的历史特性,而往往以一种无能为力的、浪漫主义的替代方案面对资产阶级社会的恐怖。④ 相反,马克思所解决的问题不是工人

---

① Daniel Brudney, *Marx's Attempt to Leave Philosophy*, Cambridge: Harvard University Press, 1998, p. 197.
② Daniel Brudney, *Marx's Attempt to Leave Philosophy*, p. 4, pp. 224 – 226.
③ Daniel Brudney, *Marx's Attempt to Leave Philosophy*, p. 361.
④ Karl Marx, *Grundrisse*, pp. 161 – 162. 参见《马克思恩格斯文集》第8卷,第56页。——译者注

能否从类的异化存在的立场出发，重新创造出某种全新的类存在。他是从反对现存社会秩序的实际斗争的视角批判现存社会秩序，并作出如下判断：当今时代，工人斗争指向更充分地实现人的自由。正因如此，如德雷珀所指出的那样，马克思和恩格斯不是以抽象的社会主义一词描述他们的目标，而更多地是通过书写工人的权力来描述的。①

在这个意义上必须记得，正如上文所述，马克思极力强调社会主义者不应把无产阶级具象化为"神"，即使是那些不敬神的众人，往往也会感觉到他们的异化就是非人化，这反过来又会促使他们为自我实现而展开集体斗争。正如特里·伊格尔顿所言：

> 有趣的是，共产主义手段与目的是不一致的：传统所构想的人性将通过那些人来实现，他们的人性是最不完美的和空虚的；美学团体将成为最绝对的工具化的政治行动的结果；终极性的多元力量仅仅来自于最绝对的党派偏见。②

虽然伊格尔顿正确地强调了现代无产阶级"不敬神的"特征，但由此放弃对工人阶级的分析将是片面的。因为马克思还认识到，工人的集体斗争是团结和交往美德出现的基础，这种美德超越了由利己性个人构成的自由主义世界的局限。他甚至认为，工人的意识往往会因为集体斗争的经历而发生改变，因为他们认识到对团结的客观需要，从而培养起具有社会主义倾向的姿态。

纵观马克思和恩格斯的著作，不乏例证证明历史上出现的对联合的需要和欲求，是通过工人争取自由、反对剥削的斗争实现的。为此，马克思在 1853 年写道："厂主和工人间经常不断的冲突，……乃是一种必要的手段，它可以激发劳动阶级斗志，把他们团结到一个用来抵御统治阶级侵害的统一的大联盟中，使他们不致变成一些冷漠的、没有思想的、可

---

① Hal Draper, *Karl Marx's Theory of Revolution*, Vol. II, p. 24.
② Terry Eagleton, *The Ideology of the Aesthetic*, p. 206. 参见［英］特里·伊格尔顿《美学意识形态》，第 198 页。——译者注

以马马虎虎吃饱肚子的生产工具。"①他在六年前就指出,对于斗争何以形成联盟(工会)并作为提高工资的一种手段,虽然可以从古典政治经济学的观点得到部分解释,但是一旦工人为了联合而开始把"相当大一部分工资"上交给联盟,它就变得无法解释了。马克思认为,这一过程表明"资本的统治为这批人创造了同等的地位和共同的利害关系"②。因此,政治经济学只能理解原子化的个人主义,而马克思却阐明了一种新的社会合理性如何出现在工人阶级内部。尽管这一点写作于他对分工形成成熟的反思之前,但它仍然阐明了工人阶级生活的重要方面。马克思承认,从政治经济学家的观点来看,他们正确地指出了工人组成联合会的不合理性,而且他也承认,从他们的观点中同样可以看到,工人"嘲笑高明的资产阶级教员……是嘲笑得对的"③。可见,对于马克思来说,社会主义事业的核心当然是自下而上的运动,由此开始以某种有限的形式实现对资本的否定:"要扬弃私有财产的**思想**,有思想上的共产主义就完全够了。而要扬弃现实的私有财产,则必须有现实的共产主义行动。"④马克思认为,工人感到被迫要同资本的力量作斗争,还在此过程中开始创造一种生存方式,它提供了一种合乎道德的替代方案,不仅在一般意义上替代资本主义社会特有的利己主义,还在更具体的层面上替代资本主义社会中工人阶级生活的利己主义特性。

当共产主义的**手工业者**联合起来的时候,他们首先把学说、宣传等等视为目的。但是同时,他们也因此而产生一种新的需要,即

---

① Karl Marx, "Russian Policy Against Turkey—Chartism", in Karl Marx and Frederick Engels, *Collected Works*, Vol. 12, London: Lawrence and Wishart, 1979, p. 169. 参见《马克思恩格斯全集》(第二版)第12卷,人民出版社1998年版,第185页。——译者注
② Karl Marx, "The Poverty of Philosophy", p. 211. 参见《马克思恩格斯文集》第1卷,第654页。——译者注
③ Karl Marx, "Wages", in Karl Marx and Frederick Engels, *Collected Works*, Vol. 6, p. 435; Richard Hyman, *Strikes*, London: Fontana, 1984, Ch. 5. 参见《马克思恩格斯全集》第6卷,人民出版社1961年版,第658页。——译者注
④ Karl Marx, "Economic and Philosophical Manuscripts", p. 365. 参见《马克思恩格斯文集》第1卷,第231—232页。——译者注

交往的需要,而作为手段出现的东西则成了目的。当法国社会主义工人联合起来的时候,人们就可以看出,这一实践运动取得了何等光辉的成果。吸烟、饮酒、吃饭等等在那里已经不再是联合的手段,不再是联系的手段。交往、联合以及仍然以交往为目的的叙谈,对他们来说是充分的,人与人之间的兄弟情谊在他们那里不是空话,而是真情,并且他们那由于劳动而变得坚实的形象向我们放射出人类崇高精神之光。①

正如肖恩·塞耶斯所指出的那样,马克思对资本主义社会的谴责不是从某种抽象的权利概念出发,而是从其内在的工人斗争立场出发的。② 这种革命政治模式因其植根于资本主义内在固有的力量,而与传统自上而下的暴动政治观念相对立。因此,正如迈克尔·洛伊在讨论法国大革命时所指出的,尽管马克思显然对罗伯斯庇尔的"历史伟大性和革命力量"表示钦佩,但他明确拒斥雅各宾主义"作为社会主义革命实践的典范或灵感来源"。③ 其实,马克思从他的早期著作开始,就具体地凭借黑格尔对雅各宾主义的分析并在更一般的意义上利用法国大革命,批判罗伯斯庇尔的实践具有片面的政治性。④ 按照黑格尔的说法,罗伯斯庇尔试图把一种不是植根于民族"性格和宗教"先行转变之中的幻象自上而下地强加于社会,与此相对应的必然是他的恐怖统治。⑤

马克思承认黑格尔的论证所蕴含的力量,但是并不认可黑格尔认为雅各宾主义暴露出革命事业的有限性。⑥ 相反,在马克思看来,革命领导

---

① Karl Marx, "Economic and Philosophical Manuscripts", p. 365. 参见《马克思恩格斯文集》第 1 卷,第 232 页。——译者注
② Sean Sayers, *Marxism and Human Nature*, p. 124.
③ Michael Löwy, "The Poetry of the Past: Marx and the French Revolution", in *New Left Review* 177, 1989, p. 119.
④ Karl Marx, "Critical Notes on the Article 'The King of Prussia and Social Reform by a Prussian'", p. 413.
⑤ Georg Hegel, *The Philosophy of History*, p. 446, 449, 450.
⑥ Charles Taylor, *Hegel*, p. 437.

层与广大民众之间的鸿沟不是革命的普遍特征,而是反映出法国大革命的资产阶级性质。他把这种类型的革命与现代无产阶级革命区分开来,以此表明他的政治观点与雅各宾主义之间的本质差别。① 按照马克思的观点,资产阶级革命是在新兴的资本主义生产关系与现存的前资本主义国家之间不断产生矛盾的情形下形成的,革命的成功会为进一步发展资本主义清除种种障碍。这些革命尽管通常以逐步冲破前资本主义的等级制度为标志,但是因为仍然表现为统治阶级之间的权力转移,所以充其量只是波及其领导层与广大民众之间的矛盾关系。譬如:俾斯麦统一德国这样的"自上而下"的资产阶级革命,就根本不包含任何群众行动,而英国、美国和法国"自下而上"的资产阶级革命虽然是通过下层阶级的参与而获胜的,但其结果还是将穷人排斥在权力之外。相反,无产阶级革命因为以工人阶级作为革命的目的和主体——"工人阶级的解放应该由工人阶级自己去争取"②——故而在推行过程中和结果上都必然具有更强的民主性质。它们的胜利要求把工人组织成一股政治力量(工人国家),但是由于工人不会剥削任何处于他们地位之下的社会群体,因此一旦资产阶级反革命得到镇压,工人国家就将开始"消亡"。③

社会主义源于社会底层与源于先锋政党的思想在表面上形成对比,实际上却是相辅相成的。因此,马克思关于创建"独立工人政党组织"④

---

① Karl Marx, "The Eighteenth Brumaire of Louis Bonaparte", pp. 143–249.
② Karl Marx, "Provisional Rules of the International", in Karl Marx, *The First International and After*, p. 82. 参见《马克思恩格斯全集》(第二版)第21卷,人民出版社2003年版,第16页。——译者注
③ Paul Blackledge, *Reflection on the Marxist Theory of History*, pp. 127–139; cf Alex Callinicos, "Bourgeois Revolutions and Historical Materialism", in *International Socialism* 2/43, 1989, pp. 113–171; Hal Draper, *Karl Marx's Theory of Revolution*, Vol. II, pp. 28–32; Eric Hobsbawm, "Revolution", in Roy Porter and Mikuláš Teich, eds., *Revolution in History*, Cambridge: Cambridge University Press, 1986, p. 26; Georg Lukács, *History and Class Consciousness*, p. 282.
④ Karl Marx, "Address of the Central Committee to the Communist League (March 1850)", in Karl Marx, *The Revolutions of* 1848, p. 324. 参见《马克思恩格斯全集》(第二版)第10卷,人民出版社1998年版,第390页。——译者注

的观点并没有流露出某种隐秘的布朗基主义,这在本书下一章中也会说到。事实上,革命先锋队的思想绝没有否定社会主义源于社会底层的思想,而是作为其中重要的组成部分。拉斯·利赫(Lars Lih)据此认为,马克思因为坚信社会主义只能自下而上地实现才认识到,社会主义必然要从局部和分散的斗争中产生,并且正是斗争的这种局部的、分散的性质,形成了先进工人与不太先进的工人之间的差别,也使社会主义领导者得以出现。利赫指出,尽管"[社会主义是工人阶级的自我解放]这一格言警句有时被视为先锋观的对立面。……但实际上,它使先锋主义几乎不可避免。如果无产阶级是唯一有能力推行社会主义的能动者,它就必须经历某种过程,为落实这一伟大行动做好准备"①。具体地说,先锋不可能是一个由自封的领导者组成的派别,而是随着各种积极分子在工人运动中发挥领导作用才发展起来的。斯蒂芬·珀金斯(Stephen Perkins)认为,按照这样的理解,"先锋是在回应跌宕起伏的阶级斗争的过程中不断变化的"②。在马克思的构想中,革命工人政党的目标是克服自身队伍中脑力劳动者与体力劳动者之间的分化,以及在更广泛的意义上克服导致工人运动分裂的倾向。③ 正如迈克尔·洛伊所指出的,对于马克思来说,"无产阶级通过其阶级斗争实践走向总体性",这一过程必然以"其共产主义先锋"为中介。④ 在这里,先锋的作用不是宣扬"真理",而是"积极参与阶级斗争的过程,同时帮助无产阶级通过自身的历史实践找到共产主义革命的道路"⑤。约翰·莫利纽克斯(John Molyneux)也认为,马克思的革命政党观"绝对排除了"党作为代表工人阶级的一小部分精英的"阴谋论"思想,以及党自上而下地向下层阶级发号施令的"威权论观点"。针对这两种模式,马克思牢固确立了"基于在阶级斗争中的表现赢

---

① Lars Lih, *Lenin Rediscovered*, Leiden: Brill, 2006, p. 556.
② Stephen Perkins, *Marxism and the Proletariat*, p. 170.
③ Michael Löwy, *The Theory of Revolution in the Young Marx*, p. 134, 146.
④ Michael Löwy, *The Theory of Revolution in the Young Marx*, p. 137.
⑤ Michael Löwy, *The Theory of Revolution in the Young Marx*, p. 136.

得领导权的观念"①。正如马克思写道,蒲鲁东和其他无政府主义者以及社会主义宗派主义者的目标是为工人运动设定一条由教条推演而来的既定路线,他自己则是为了"从阶级运动的实际因素中去寻找自己的鼓动的现实基础"②。正是从这一角度出发,《共产党宣言》才有如下名句:

> 共产党人同其他无产阶级政党不同的地方只是:一方面,在无产者不同的民族的斗争中,共产党人强调和坚持整个无产阶级共同的不分民族的利益;另一方面,在无产阶级和资产阶级的斗争所经历的各个发展阶段上,共产党人始终代表整个运动的利益。③

如果说,这样构想的革命政党是为工人集体斗争实际包含的团结所内在固有的理想而战,那么,正是因为分工不仅导致工人阶级内部分化,而且使整个无产阶级产生团结的潜能,因此不能把这种作用简化为单纯的助产士行为。例如,在19世纪40年代和第一国际时期,马克思就奋力争取并协助缔造一种国际主义精神,旨在助推形成那种新的社会。④

从这个角度来看,政治的道德维度既不是以某种空洞理性的名义强加于个人的抽象命令,也没有扰乱工人阶级增强社会主义意识的原本无意识的(automatic)过程。相反,社会主义道德是对政治经济学的科学批判的另外一面,社会主义理论的这两个方面都是为了帮助工人实现**一种潜能**,这种社会主义的潜能是自发的团结行为本身所固有的,这种团结行为同自私自利的行为一样是资本主义社会中的生活所特有的。因此,无产阶级表现出的集体斗争既是马克思政治经济学批判的基础,同时也是他相应的道德理论批判的前提。

---

① John Molyneux, *Marxism and the Party*, London: Bookmarks, 1986, p. 17.
② Karl Marx, "Letter to Schweitzer", in Karl Marx and Frederick Engels, *Collected Works*, Vol. 43, London: Lawrence and Wishart, 1988, p. 133. 参见《马克思恩格斯全集》第32卷,人民出版社1974年版,第557页。——译者注
③ Karl Marx and Frederick Engels, "The Manifesto of the Communist Party", p. 79. 参见《马克思恩格斯文集》第2卷,第44页。——译者注
④ Henry Collins and Chimon Abramsky, *Karl Marx and the British Labour Movement*; Alan Gilbert, *Marx's Politics*.

可见，马克思主义伦理学以如下两个方面牢不可破的统一为前提：一方面是剥削和异化的事实以及对它们的谴责，另一方面是社会主义的目的和手段。现代道德哲学是对我们在资本主义条件下的异化存在的一种物化的反映，而马克思主义则植根于工人为自由所进行的集体斗争，它既是对资本主义走向的解释性说明，又是对这一制度的谴责。实践没有也不可能按照现代道德理论所设想的那样遵从于理论，因为我们只能从特定的立场出发进行理论说明，这是普遍的事实。因此，马克思批判自由主义的道德论者由于把自己的写作立场自然化，而无法为人的行为提供充分说明。相反，马克思很明确自己的立场，因此不仅揭示了现代道德理论的局限，还揭示出社会主义、社会科学和道德现实主义的统一性而非同一性。

结论

众所周知，马克思在《大纲》中极好地对比了现代世界与古代时期。他认为，不论古希腊人和古罗马人有何显著局限，就生产而言，他们几乎普遍追问的是培养了怎样的公民，而非是否最高效地创造了财富，因此，他们的世界尽管相对贫困，但是比起现代资本主义来说可能显得而且也确实"较为崇高"。

> 因此，古代的观点和现代世界相比，就显得崇高得多，根据古代的观点，人，不管是处在怎样狭隘的民族的、宗教的、政治的规定上，总是表现为生产的目的，在现代世界，生产表现为人的目的，而财富则表现为生产的目的。事实上，如果抛掉狭隘的资产阶级形式，那么，财富不就是在普遍交换中产生的个人的需要、才能、享用、生产力等等的普遍性吗？财富不就是人对自然力——既是通常所谓的"自然"力，又是人本身的自然力——的统治的充分发展吗？财富不就是人的创造天赋的绝对发挥吗？这种发挥，除了先前的历史发展之外没有任何其他前提，而先前的历史发展使这种全面的发展，即

不以**旧有的**尺度来衡量的人类全部力量的全面发展成为目的本身。在这里，人不是在某一种规定性上再生产自己，而是生产出他的全面性；不是力求停留在某种已经变成的东西上，而是处在变易的绝对运动之中。在资产阶级经济以及与之相适应的生产时代中，人的内在本质的这种充分发挥，表现为完全的空虚化，这种普遍的对象化过程，表现为全面的异化，而一切既定的片面目的的废弃，则表现为为了某种纯粹外在的目的而牺牲自己的目的本身。因此，一方面，稚气的古代世界显得较为崇高。另一方面，古代世界在人们力图寻求闭锁的形态、形式以及寻求既定的限制的一切方面，确实较为崇高。古代世界是从狭隘的观点来看的满足，而现代则不给予满足；换句话说，凡是现代表现为自我满足的地方，它就是**鄙俗的**。①

对此，伊格尔顿评论："马克思的确拥有一种'绝对的'道德批评标准：对于每个人来说，能力的丰富而全面地展开就是一种确切的善。它来自于对任何社会形式都作出批评的立场。"②马克思认识到，工人的斗争为具有社会性的个人争取自由的斗争提供了具体形式，因此他暗示了一种区别对待各种力量的模式："我们只能培养这样一些特殊的力量，它允许个人彻底地实现他自己，并且通过与其他人自由的自我实现相似的方式来培养。正是以上这些观点，把社会主义与自由主义区别开来。"③马克思事实上表明，自由主义远不能代表与利益无关的理性力量，它的作用是使现代资本主义的社会关系自然化，从而隐秘地使从这些关系中获益的人们的权力合法化。④

与此相对，马克思的社会主义不是现代自由主义意义上的一种道德

---

① Karl Marx, *Grundrisse*, pp. 487 - 488. 参见《马克思恩格斯文集》第 8 卷，第 137—138 页。——译者注
② Terry Eagleton, *The Ideology of the Aesthetic*, p. 223, 226. 参见[英]特里·伊格尔顿《美学意识形态》，第 216 页。——译者注
③ Terry Eagleton, *The Ideology of the Aesthetic*, p. 224. 参见[英]特里·伊格尔顿《美学意识形态》，第 216 页。——译者注
④ Maureen Ramsay, *What's Wrong with Liberalism?*, p. 7.

教义,因为它并不自诩与利益无关。相反,它明确地反映了工人为获得对其劳动的异化产物的民主控制所进行的现实的、**利益相关的**运动。不过,从亚里士多德式的意义上讲,它是合乎道德的,因为它对异化制度的挑战符合普遍利益:它表明我们所有人都拥有"善于为人"①的潜能。因此,工人的斗争具有首要性,不仅因为它们阐明并超越了我们异化的存在,还因为它们开始克服自由主义关于普遍性的抽象概念的局限,由此为普遍性概念提供某种具体内容。

如果从异化理论来看,特别是在现代的语境中当异化的关系似乎使我们无力面对迫在眉睫的环境灾难时,要想让现代的绝对命令加入争取实现社会主义的斗争,则知识分子在这场运动中的作用之一,就是把隐含在工人斗争中的东西显现出来。用恩格斯的话来说,马克思所理解的社会主义"不过"是资本主义特有的社会冲突"在思想上的反映"。② 或正如马克思于此30年前写道:"我们并不向世界说:停止你那些斗争吧,它们都是愚蠢之举;我们要向世界喊出真正的斗争口号。我们只是向世界指明它究竟为什么而斗争,而意识则是世界**必须**具备的东西,不管世界愿意与否。"③

这些引文凸显出马克思主义理论与工人阶级斗争之间的密切联系,由此可以表明,最好不要把马克思主义理解为从"外部"向工人运动呈现的一种意识形态,而应当理解为关于普通工人反对资本主义斗争的一般经验教训的理论。帕特里克·默里(Patrick Marray)认为,马克思"寻求一种科学,它能够在现实世界及其内在矛盾中找到'应然',即合理性,而

---

① Terry Eagleton, *After Theory*, p.142; Terry Eagleton, *The Meaning of Life*, Oxford: Oxford University Press, 2007. 参见[英]特里·伊格尔顿《理论之后》,商正译,商务印书馆2009年版,第137页。——译者注
② Frederick Engels, *Anti-Dühring*, p.325. 参见《马克思恩格斯文集》第9卷,第285页。——译者注
③ Karl Marx, "Letters from the Deutsch-Franzosische Jarbucher", in Karl Marx and Frederick Engels, *Collected Works*, Vol.3, London: Lawrence and Wishart, 1975, p.144. 参见《马克思恩格斯文集》第10卷,第9页。——译者注

不是对世界强行规定一种抽象的、外在的道德准则"①。可见,尽管马克思并不抱有天真的信念,相信斗争中的工人会自动超越资本主义的物化,但他坚信要由思想与现实、本质与表象之间"无可弥合的鸿沟"推出中介概念的根本重要性②③,而且他确实相信,社会科学只有扎根于这些斗争的立场才是可能的。在工人运动与他的科学分析之间,对政治实践的参与本身就是最重要的中介。④ 通过参加旨在争取使工人阶级成为独立的政治行动者的政治组织⑤,马克思深化并推进了他关于异化以及反对异化的具体运动形式的分析。⑥

从这个角度来看,最好不要把马克思的伦理学理解为对他关于资本主义必然崩溃的科学论述的一个具有某些连贯性的补充,而应该理解为"感性的人的活动——实践"的一个基本方面。处于他社会理论核心的实践概念必然既是合乎道德的也是科学的。如果说工人的集体斗争表明了资本主义生产方式的本质,这些斗争的历史特殊性则同时也使这种秩序不再被视为自然而然的。工人的团结除了揭示出资本主义是一种新奇的、异化的生产方式外,还指向自由的具体可能性。这为马克思的政治学提供了伦理基础,这种政治学的前提是通过实现新的对团结的需要和欲求,使工人反对剥削和压迫的集体斗争能够为社会主义的备选方案替代资本主义的异化奠定基础。

---

① Patrick Murray, *Marx's Theory of Scientific Knowledge*, New Jersey: Humanities Press, 1988, p. 222.
② Patrick Murray, *Marx's Theory of Scientific Knowledge*, p. 31, 225.
③ 马克思认为,"庸俗经济学"因以资产阶级社会中当事人的观念为出发点,而仍然"局限在资产阶级生产关系中"。针对这种研究方法,马克思写下名言:"如果事物的表现形式和事物的本质会直接合而为一,一切科学就都成为多余的了"。Karl Marx, *Capital*, Vol. 3, p. 956. 参见《马克思恩格斯文集》第 7 卷,第 925 页。——译者注
④ Patrick Murray, *Marx's Theory of Scientific Knowledge*, p. 92.
⑤ John Molyneux, *Marxism and the Party*, p. 15.
⑥ See Hal Draper, *Karl Marx's Theory of Revolution*, Vol. I, New York: Monthly Review Press, 1977; Hal Draper, *Karl Marx's Theory of Revolution*, Vol. II; Hal Draper, *Karl Marx's Theory of Revolution*, Vol. III, New York: Monthly Review Press, 1986; Hal Draper, *Karl Marx's Theory of Revolution*, Vol. IV; Alan Gilbert, *Marx's Politics*; Paul Thomas, *Karl Marx and the Anarchists*.

吊诡的是,尽管马克思"首先是一个革命家",但是他的著作对这一最为重要的实践方面的理论阐述少之又少。弥补这一欠缺的工作留给了第二代马克思主义者,这也是本研究接下来将要探讨的内容。

第三章　第二国际和第三国际马克思主义的伦理学和政治学

> 直立行走作为人与动物的区别还尚未实现。它只是作为对于没有剥削和雇主的生活的愿望而存在着。①
>
> ——布洛赫

> 关于观念的东西转化为实在的东西,这个思想是**深刻的**:对于历史很重要。②
>
> ——列宁

导言

国际工人协会(第一国际)在巴黎公社失败后垮台,紧随其后,马克思和恩格斯通过德国社会民主党(SPD),非常直接地影响了欧洲工人运动。这一组织是在 1875 年哥达合并大会上,通过合并当时的马克思主

---

① Ernst Bloch, *The Principle of Hope*, Vol. III, Oxford: Blackwell, 1986, p. 1367.
② Vladimir Lenin, "Philosophical Notebooks", in Vladimir Lenin, *Collected Works*, Vol. 38, 1961, p. 114. 参见《列宁全集》(第二版)第 55 卷,人民出版社 1990 年版,第 97 页。——译者注

义团体和拉萨尔派创建而成的,1889 年它对于形成一个新的国际性社会主义政党集团——社会主义国际(第二国际)——发挥了关键作用。第二国际于攻占巴士底狱 100 周年时在巴黎成立,直到第一次世界大战爆发时瓦解为止,它一直由德国分支所主导,其党内对马克思主义的主流解释在欧洲社会主义政治中日益占据霸权地位。① 学者们所说的"正统马克思主义"或"正统历史唯物主义",通常是指第二国际马克思主义的某种变体或斯大林的曲解版。② 此外,认为马克思未能提供一种可行的伦理观来替代自由主义道德观这一论断,往往也是依据第二国际内部的伦理之辩③,而促成这些论辩的诸多内容都相对粗糙的事实,也使上述论点变得更有分量。然而,马克思的革命政治与第二国际马克思主义之间的不连续程度,使得人们对关于后者的修辞策略产生严重怀疑。此外,第二国际内部的革命左派以回归马克思的名义,明确同该组织的"马克思主义"决裂,并通过 1919 年第三国际或称为共产国际的创立与其正式决裂。这一事实提出这样一个问题:第二国际的马克思主义被贴上"正统历史唯物主义"的标签(真若如此的话)在多大程度上是合理的,以及与斯大林主义之前的共产国际相关的马克思主义者,在多大程度上能够通过同第二国际的思想范畴决裂来复兴马克思主义。

第二国际的马克思主义与马克思和恩格斯的政治观点之间的紧张关系,首先表现在德国社会民主党《哥达纲领》核心的妥协问题之争上,当这一妥协在其重新制定的《爱尔福特纲领》(*Erfurt Programme*,1891)中重新出现时,上述紧张关系也被重新提出。这两份文件都对马

---

① Wolfgang Abendroth, *A Short History of the European Working Class*, New York: Monthly Review Press, 1972, pp. 51 - 68.
② 事实上,对历史唯物主义的这种解释在哲学上最精妙的版本是杰里·科恩的《卡尔·马克思的历史理论:一种辩护》(*Karl Marx's Theory of History: A Defence*),当代谈及"正统历史唯物主义"时多会提到它(参见 Erik Olin Wright, et al., *Reconstructing Marxism*, London and New York: Verso, 1992, p. 11, 14, 16; Marcus Roberts, *Analytical Marxism*, London: Verso, 1996, p. 1; Alex Callinicos, *Making History*, Leiden: Brill, 2004, p. 54)。我在本书第五章中探讨了对第二国际马克思主义的这种现代阐释。
③ Alasdair MacIntyre, *Marxism and Christianity*, p. 131.

克思主义的革命理由避而不谈,该组织的政治策略由此也被篡改。就这些纲领所概述的策略性视角而言,它是改良主义的,意味着一个更加循序渐进的、逐渐演变的过渡过程,而马克思假定,资本主义社会与共产主义社会之间有一个突然的断裂。正如乔治·利希海姆(George Lichtheim)所言,理论与实践之间的这种分离意味着,第二国际的马克思主义所发挥的作用与其说是一种"行动理论",不如说是一种"整合的意识形态"。① 离开马克思的革命政治,暗含着离开其革命伦理这一类似的转向:虽然马克思认为以工人阶级的立场为视角,既可以理解工人阶级斗争中内在固有的道德操守,又能克服现代资产阶级割裂事实与价值的做法,但是第二国际内部事实上的改良主义转向破坏了这一视角,致使其中一些很重要的理论家重新致力于现代道德理论。

不过,第二国际内部的知识分子对其实践的理论内涵的探索过程绝不是统一的,当然也不像通常所说的那样一概粗陋不堪。如果说,爱德华·伯恩施坦和卡尔·福尔伦德在相关论争中,一贯拥护把康德伦理学同社会主义实践相结合的优势,其所开启的论争最初则得到卡尔·考茨基、格奥尔基·普列汉诺夫和奥托·鲍威尔的回应,随后又在罗莎·卢森堡、弗拉基米尔·列宁、利昂·托洛茨基、格奥尔格·卢卡奇、叶夫根尼·帕舒卡尼斯、亨利克·格罗斯曼(Henryk Grossman)、恩斯特·布洛赫和安东尼奥·葛兰西的推动下得以延伸。这场论争受到共产国际内部更广泛的政治斗争的多方面决定性影响:首先,运动中较温和的一方从其右翼视角出发,对《爱尔福特纲领》展开批判;其次,在此之前,《爱尔福特纲领》的左派捍卫者在中间派倾向与革命左派之间选择分道扬镳,中间派因为试图坚持《爱尔福特纲领》的妥协做法而最终变得僵化,在政治上也被边缘化,革命左派则步履蹒跚地同《爱尔福特纲领》决裂,重新接受马克思的革命理论。用布洛赫的话说,正是这一过程最终促使

---

① George Lichtheim, *A Short History of Socialism*, London: Weidenfeld and Nicolson, 1970, pp. 251-252.

这一群体逐渐"复兴真正的马克思主义"①,列宁在这个方面就是佼佼者。政治问题与伦理问题之间的辩证关系贯穿于这一时期,因而如不借助对政治问题的讨论,就无法充分理解对伦理问题之争的促成作用。可惜这一理论发展过程因斯大林主义的兴起而中断,导致伦理问题——特别是第三国际同《爱尔福特纲领》决裂的意义——从未得到充分探讨。正如我们将在本书第五章中看到的,它的一些主题在 20 世纪 50 年代英国新左派内部得到阐发。因此,本章在考察这些早期争论的同时,也会指向1956 年斯大林主义引发国际危机之后新左派关于社会主义伦理的争论。

第二国际的马克思主义

在 1875 年哥达合并大会上,德国社会民主党所接受的纲领从诸多方面来看都是一个奇怪的混合体,它把一些极端激进的言辞结合在一起,其中的内容要么毫无意义,要么简直就是谬论——例如它声称"劳动的解放应当是工人阶级的事情,对它说来,其他一切阶级只是**反动的一帮**"②——并夹杂着一系列近乎温和的政治要求。它作为"综合体"的这两个方面都明显体现在该纲领对"自由国家"的核心要求中。作为对纲领草案的回应,马克思写下著名的《哥达纲领批判》,并在其中直截了当地对整个文件发起诘责。马克思指出德国社会民主党宣称将为"自由国家"而战所蕴含的威权主义内涵,并认为在从资本主义向共产主义的过渡时期,国家只能作为"无产阶级的革命专政"而存在,德国社会民主党却回避了这一问题,由此向可能发生的自由主义演变敞开大门。③

为此,马克思在以致信德国的一些亲密战友作为开篇的《哥达纲领

---

① 转引自 Kelvin Anderson, "The Rediscovery and Persistence of the Dialectic in Philosophy and in World Politics", in Sebastian Budgen, et al. eds., *Lenin Reloaded: Towards A Politics of Truth*, p. 123。
② 参见《马克思恩格斯文集》第 3 卷,第 437 页。——译者注
③ Karl Marx, "Critique of the Gotha Programme", p. 355. 参见《马克思恩格斯文集》第 3 卷,第 445 页。——译者注

批判》中开门见山地指出:"在合并大会以后,恩格斯和我将要发表一个简短的声明,内容是:我们同上述原则性纲领毫不相干,同它没有任何关系。"①有趣的是,恩格斯于当年晚些时候写过一封信,解释了他和马克思为何都认为,不宜因为这个新的政党采纳《哥达纲领》就与其决裂。他指出,资产阶级报刊实际上已对他和马克思的观点有一些深入了解。更重要的是,工人们也同样如此,正如恩格斯写道:"**仅仅是由于这种情况,马克思和我才没有公开声明不同意这个纲领。**"②

在这种情况下,马克思和恩格斯认为,尽管德国社会民主党的纲领存在缺陷,但是它带有马克思主义倾向的观点所具有的总体优势终将使其在组织内获得领导权。从中期来看,这正是事态发展的转机所在。卡尔·肖尔斯克(Carl Schorske)就此指出,由于俾斯麦在1878—1890年间对社会主义左派"发泄了他的怒气",该党"转而真正接受了马克思主义"。③ 俾斯麦的威权主义转向恰逢恩格斯《反杜林论》的出版,这本书在党内拉开争夺思想领导权的序幕,并赢得许多组织干部对马克思主义的拥护。④ 这一过程正是在1891年爱尔福特大会上修订党纲(即《爱尔福特纲领》)时走向顶点。

不过,虽然恩格斯接受《爱尔福特纲领》,认为它是对《哥达纲领》的改进,但他再次批评德国人未能科学处理国家权力问题:"草案的政治要

---

① Karl Marx, "Critique of the Gotha Programme", p. 339; Frederick Engels, "Letter to August Bebel" 18th - 28th March 1875, in Karl Marx and Frederick Engels, *Collected Works*, Vol. 24, p. 71. 参见《马克思恩格斯文集》第3卷,第425页。——译者注
② Frederick Engels, "Letter to August Bebel" 12th October 1875, in Karl Marx and Frederick Engels, *Collected Works*, Vol. 45, London: Lawrence and Wishart, 1991, pp. 97 - 98. 参见《马克思恩格斯全集》第34卷,人民出版社1972年版,第151页。——译者注
③ Carl Schorske, *German Social Democracy, 1905 - 1917*, Cambridge: Harvard University Press, 1983, p. 3.
④ Manfred Steger, "Introduction", in Manfred Steger, ed., *Selected Writings of Eduard Bernstein*, New Jersey: Humanities Press, 1996, p. 3.

求有一个很大的缺点。**这里没有说**本来应当说的东西。"①恩格斯注意到"机会主义"(改良主义)"在很大一部分社会民主党报刊中散布",并认为纲领的制定者有责任向德国工人明确说明,向社会主义过渡只能"用暴力"来实现。② 他坚信,德国社会民主党如果不把这一点说清楚,长远来看就会"误入歧途":"为了眼前暂时的利益而忘记根本大计,只图一时的成就而不顾后果,为了运动的现在而牺牲运动的未来,这种做法可能也是出于'真诚的'动机。但这是机会主义,始终是机会主义,而且'真诚的'机会主义也许比其他一切机会主义更危险。"为此,正如他和马克思在 1875 年所指出的那样,他在 1891 年也提醒他的同志们:"我们的党和工人阶级只有在民主共和国这种政治形式下,才能取得统治。民主共和国甚至是无产阶级专政的特殊形式……"③

肖尔斯克指出,对于德国社会民主党成员而言,《爱尔福特纲领》主要包含两方面的相关信息。如果它对革命者说的是要"有耐心",那么对于改良派它说,"改革就是第一要务。要追求改革。记住必须要为改革而战。对于前途光明的新社会的信念就是斗争的武器。不要忽视它"。肖尔斯克接着写道,只要一方面德国政府维续着工人阶级的"贱民"地位,另一方面,在经济增长促使工人阶级的生活水平得到提升的同时,革命却没有直接列入政治议程,那么这种妥协就会继续。④

尽管在战争前的数十年里,德国社会民主党各派系的团结在这一基础上得到维系,但是 1914 年后突发的紧张局势及随后几年导致德国社会民主党分裂的情形,可以溯源至之前的 20 年。自 19 世纪 90 年代中期

---

① Frederick Engels,"A Critique of the Draft Social-Democratic Programme of 1891", in Karl Marx and Frederick Engels, *Collected Works*, Vol. 27, London: Lawrence and Wishart, 1990, p. 225. 参见《马克思恩格斯全集》第 22 卷,人民出版社 1965 年版,第 272 页。——译者注
② Frederick Engels,"A Critique of the Draft Social-Democratic Programme of 1891", p. 226. 参见《马克思恩格斯全集》第 22 卷,第 273 页。——译者注
③ Frederick Engels,"A Critique of the Draft Social-Democratic Programme of 1891", p. 227. 参见《马克思恩格斯全集》第 22 卷,第 274 页。——译者注
④ Carl Schorske, *German Social Democracy*, 1905 - 1917, p. 6.

开始的五年经济繁荣支撑了工联主义的大规模扩张,同时也增强了党内改良主义的社会基础。① 因此,在德国社会民主党于爱尔福特在形式上接受马克思主义的那些年里,各种事件的共同作用致使该党脱离马克思的政治观点。该党实际的改良主义在理论上得到《爱尔福特纲领》的两位合著者之一——爱德华·伯恩施坦——的辩护,属于历史的偶然。欧洲社会主义运动在别处出现的改良主义倾向只是继续其改良派的实践,并把革命性言辞留给党的代表大会。正是着眼于这种做法的利好,德国社会民主党总书记伊格纳兹·奥尔(Ignaz Auer)在给伯恩施坦的一封著名的信中写道:"人不会在形式上决定做你所要求的事,人不在于说什么,而在于去做。"②伯恩施坦无视这一忠告,为德国改良主义披上理论外衣,自19世纪90年代末起,他的名字就在党内随后的所有政治论辩中占据主导地位。

伯恩施坦对马克思主义展开批判的核心论断是,当代经济趋势已经证伪马克思的危机理论,从而使马克思的革命观变得无关紧要。特别是他还认为,由于马克思的"崩溃论"和"贫困化理论"已被历史经验驳倒,致使革命的希望沦为空想,更具现实性的策略要求把德国社会民主党实际现存的改良主义正式确立下来。③《爱尔福特纲领》的第二位合著者卡尔·考茨基反驳了这一论点,他同共产国际的其他主要理论家一道指出,伯恩施坦对马克思的理解其实有悖于实情。考茨基认为,马克思事实上既没有提出"崩溃论",也没有提出"贫困化理论"。④ 不过,从下文格罗斯曼的讨论中可以看出,考茨基的这一论点在理论上不堪一击。它也没能抓住要点,因为伯恩施坦论证的力量不是来自其认知层面上的价

---

① Carl Schorske, *German Social Democracy, 1905-1917*, pp. 12ff.
② 语出奥尔,转引自 István Mészáros, *The Power of Ideology*, London: Zed, 2005, p. 309。
③ Eduard Bernstein, *The Preconditions of Socialism*, Cambridge: Cambridge University Press, 1993, pp. 56ff, 79ff.
④ Karl Kautsky, "The Revisionist Controversy", in Patrick Goode, ed., *Karl Kautsky: Selected Political Writings*, 1983, pp. 15-31; Lucio Colletti, *From Rousseau to Lenin*, New York: Monthly Review, 1972, p. 52.

值,而是源于这样一个事实:它们代表着德国社会民主党内的一个日渐强化的现实趋势,而考茨基没有尝试解决这一问题。肖尔斯克指出,为了维护党的团结,考茨基很高兴在国家层面上赢得党对其地位形式上的承认,同时他又把德国工人运动的实际领导权让与日益具有改良主义色彩的工会及党的官僚机构。①

罗莎·卢森堡认识到了这一点,因此相较于考茨基,她对修正主义的兴起所作出的回应更为有力。在其著作《社会改良还是社会革命》(Social Reform or Revolution,1900)和《群众罢工》(The Mass Strike,1906)中,她认为修正主义不仅是经济扩张背景下的一个理论错误,而且在现代工联主义的体系中根深蒂固。由此,修正主义作为工会官僚机构日益强劲的理论表现发展壮大起来:这一阶层的生活条件不仅不同于广大工会成员,而且其存在本身就代表着市民社会范围内工人阶级斗争的制度化②。③ 鉴于马克思对市民社会立足点的批判,人们可以预见伯恩施坦从这一角度展开写作时会导向拒斥马克思的革命伦理,以此强化同马克思主义的决裂,他也确实是这么做的。

赞成与反对康德

伯恩施坦认为,马克思主义在政治上的失败一定程度上可以理解

---

① Carl Schorske, *German Social Democracy, 1905-1917*, p. 115; Massimo Salvadori, *Karl Kautsky and the Socialist Revolution*, London: Verso, 1979, p. 63, 113.

② Rosa Luxemburg, *The Mass Strike*, London: Bookmarks, 1986, Ch. 8.

③ 例如卢森堡断言,工联主义是一种"西西弗斯式的劳动"(Rosa Luxemburg, *Reform or Revolution*, London: Bookmarks, 1989, p. 67)。肖尔斯克认为,"如果我们回顾1906—1909年间使社会主义运动产生分歧的重大问题,就会发现在工会考量自身权重时,改良主义的态度在所有工会中都占据上风"。他同卢森堡一样,都是通过工会官僚制保守的职能和结构来解释这一点的(Kart Schorske, *German Social Democracy*, 1905—1917, p. 108, 127)。类似地,马西莫·萨尔瓦多(Massimo Salvadon)也指出,"社会主义的'目标'同保守、温和的官僚制更加彻底的管理'手段'之间逐渐产生鸿沟,这种管理手段现在关心的仅仅是,在占主导的制度范围之内巩固这一组织",对此考茨基没能理解,而卢森堡却有清晰的认识(Massimo Salvadori, *Karl Kautsky and the Socialist Revolution*, p. 144)。

为,是由于从经济前提简单地推论得出政治结论造成的。他认为,这种方法暴露出黑格尔"观念的自我发展"思想对马克思主义的不利影响,因为它很容易导致任意的推论。① 伯恩施坦还认为,正如黑格尔哲学是"法国大革命的反映"一样,只要马克思主义未能超越这一框架,它在政治上就仍然会同产生于法国大革命的、以巴贝夫和布朗基为典型代表的极左倾向相联。② 这不是说在伯恩施坦看来,马克思和恩格斯对巴贝夫、布朗基是不加批判的。而是说,伯恩斯坦认为,马克思和恩格斯试图把这些早期社会主义者的"破坏性"政治主张,与更现代、更"具建设性"的倾向综合在一起的做法是失败的,只能留给其追随者一种不牢靠的妥协。③ 因此,众所周知的是,为抵制黑格尔辩证法的不利后果,伯恩施坦呼吁社会主义者接受"康德反对伪善说教"④。他所指的"伪善说教"实际上是改良派组织毫无意义的革命修辞,而被他试图作为替代的对于康德的诠释,则包括把拥护工人运动同"高度科学的不偏不倚性,即随时准备承认错误并认可新的真理"结合起来。⑤ 这一论点在他于1896—1898年间发表的一系列论文中被反复提及,而后于1899年因再版《社会主义的前提》(*The Preconditions of Socialism*)而得到调整。⑥ 可惜,对于康德的正面解读,伯恩施坦在这本书里没写什么实质性内容,尽管他在此前的一篇文章中指出,马克思主义者把资产阶级与市民社会混为一谈是错误的,因为"发达的市民社会的道德与资产阶级的道德截然不同"⑦。他在《科学社会主义何以可能?》("How is Scientific Socialism Possible?",

---

① Eduard Bernstein, *The Preconditions of Socialism*, pp. 30 - 31.
② Eduard Bernstein, *The Preconditions of Socialism*, pp. 36ff.
③ Eduard Bernstein, *The Preconditions of Socialism*, pp. 40 - 41.
④ Eduard Bernstein, *The Preconditions of Socialism*, p. 189.
⑤ Eduard Bernstein, *The Preconditions of Socialism*, p. 210.
⑥ 原文见 Henry Tudor and J. M. Tudor, eds., *Marxism and Social Democracy: The Revisionist Debate 1896 - 1898*, Cambridge: Cambridge University Press, 1988。
⑦ Eduard Bernstein, "The Realistic and the Ideological Moments in Socialism", in Henry Tudor and J. M. Tudor, eds., *Marxism and Social Democracy: The Revisionist Debate 1896—1898*, p. 243; 另见 Eduard Bernstein, *The Preconditions of Socialism*, p. 146。

1901)一文中阐发这一观点并指出,马克思和恩格斯常常重申资本主义生产包含对工人的剥削,而这一论断所隐含的道德观明显与他们认为这并非不正义之间存在矛盾。针对这种立场的不一致性,伯恩施坦认为社会主义者若是真诚坦率的,就会被迫把注意力导向康德,追问我们应当为怎样的社会奋斗。① 他断言,认定自由主义的、保守主义的或社会主义的社会科学,就像类似地设想自然科学的政治学变体一样荒谬。此外他还认为,政治冲突产生于人们所普遍接受的、政治中立的社会科学基础之上,并且受到关于应然的不同观念的影响。因此,由于社会主义政治"本身带有一种思辨唯心主义的成分",故而最好摒弃科学社会主义的标签。②

不乏评论者指出,伯恩施坦对黑格尔和康德的简短讨论并不成熟。③ 不过,伯恩施坦确实指出了第二国际对马克思主义的解释中包含的弱点。在一定程度上,他对康德的拥护其实是对第二国际的许多主要理论家——包括最突出的伯恩施坦本人——所假定的粗陋的经验主义科学模型的一种回应。在卢卡奇看来,新康德主义作为一种回应出现,针对的不是马克思著述中所欠缺的,而是第二国际内部对马克思思想机械的、宿命论式的歪曲。④ 正如戴维·麦克莱伦(David McLellan)所说,伯恩施坦"那贫乏的实证主义方法使他为其社会主义寻找另一种道德基础"⑤。伯恩施坦是从改良主义在德国和英国发展壮大,以及19世纪70

---

① Eduard Bernstein, "How is Scientific Socialism Possible?", in Manfred Steger, ed., *Selected Writings of Eduard Bernstein*, p. 91, pp. 94-95.
② Eduard Bernstein, "How is Scientific Socialism Possible?", p. 96, 100.
③ Leszek Kolakowski, *Main Currents in Marxism*, Vol. II, Oxford: Oxford University Press, 1978, p. 111; Peter Gay, *The Dilemma of Democratic Socialism*, New York: Collier Books, 1962, pp. 159ff.
④ Georg Lukács, *The Ontology of Social Being: 2. Marx*, London: Merlin, 1978, p. 149.
⑤ David McLellan, *Marxism After Marx*, London: Macmillan, 1979, p. 35. 参见[英]戴维·麦克莱兰《马克思以后的马克思主义》,林春、徐贤珍等译,东方出版社1986年版,第45页。——译者注

年代后新康德主义在德国复兴的角度出发才这么做的。① 因此,尽管他的论点相当粗糙,但他代表的是迫使第二国际内部作出理论反应的一种更广泛的倾向。这一过程最终使组织的革命左派对向《爱尔福特纲领》妥协展开彻底批判。新康德主义的立场是社会主义的,而不是马克思主义的,这一立场最初由赫尔曼·科恩(Hermann Cohen)和保罗·纳托普(Paul Natorp)的马堡学派所阐明。② 他们认为,康德把他人视为目的而不仅仅是手段的绝对命令,能够为社会主义提供伦理基础。③ 这一观点在马克思主义运动中被卡尔·福尔伦德阐发,他在题为《康德与马克思》("Kant and Marx",1904)的演讲中指出,虽然有理由说,马克思对道德论的拒斥是与他同"真正的社会主义"决裂相对应的,但是其中仍然有失连贯性,而且无论如何,马克思和恩格斯在其"科学的"著作中都无法回避伦理问题。福尔伦德的结论是,社会主义"不论是在理论层面还是在事实上,都无法脱离伦理道德"④。吕西安·戈德曼认为,正是针对福尔伦德的新康德主义在社会民主改革派中日渐获得霸权地位,考茨基才被迫以正统的名义作出回应。⑤

考茨基对《爱尔福特纲领》评论道:"社会主义生产是要到来的,而且也不可能不到来。只要无产阶级的胜利是不可避免的,社会主义生产的胜利也是不可避免的。"⑥正是在此宿命论的背景下,伯恩施坦回归康德

---

① Helena Sheehan, *Marxism and the Philosophy of Science*, New Jersey: Humanities, 1985, p. 70; Peter Gay, *The Dilemma of Democratic Socialism*, pp. 151ff; Leszek Kolakowski, *Main Currents in Marxism*, Vol. II, pp. 98ff; Manfred Steger, "Introduction", pp. 6ff; Andrzej Walicki, *Marxism and the Leap to the Kingdom of Freedom*, Stanford: Stanford University Press, 1995, p. 212.
② Harry Van der Linden, *Kantian Ethics and Socialism*, Indianapolis: Hackett, 1988.
③ Leszek Kolakowski, *Main Currents in Marxism*, Vol. II, p. 246.
④ 语出福尔伦德,转引自 Lucien Goldmann, "Is there a Marxist Sociology?", in *International Socialism* 1/34, 1968, p. 15。
⑤ Lucien Goldmann, "Is there a Marxist Sociology?", p. 15.
⑥ Karl Kautsky, *The Class Struggle*, 1892, at http://www.marxists.org/archive/kautsky/1892/erfurt/index.htm. 参见《考茨基文选》,王学东编,人民出版社 2008 年版,第 38 页。——译者注

的呼吁才变得如此具有影响力,哪怕考茨基明确否认这种宿命论,它对所有人来说也仍然是真实存在的。伯恩施坦似乎为富有主动性的政治主张提供了具有积极意义的基础,以此取代《爱尔福特纲领》的宿命论。

如果说,针对伯恩施坦的最有力的**政治**批评家是罗莎·卢森堡——她指出,伯恩施坦的改良主义所设定的那条不同道路的目的指向有别于革命者所设想的目的,它是一条通往截然不同的目的的不同道路①——那么,早期对伯恩施坦最重要的**哲学**批判则是由俄国马克思主义者格奥尔基·普列汉诺夫写就的。然而,普列汉诺夫对伯恩施坦修正主义的批判集中于伯恩施坦同唯物主义的决裂上,很少明确谈及伯恩施坦认为社会主义需要一个伦理维度的论断。② 普列汉诺夫的确向考茨基强调了这些争论的重要性,不同于德国同行不愿把哲学争论纳入党内报刊,他坚信"必须**迫使**读者对哲学产生兴趣……它是**科学中的科学**"③。而考茨基之所以不愿参与这场争论,也许是因为他意识到自己的局限,1898年他在给普列汉诺夫的信中写道:"哲学从来就不是我的强项"。但是在随后几年里,修正主义者鼓吹的"伦理社会主义"日益发展壮大,让他感到不得不参与对这一问题的讨论,为此,他从第二国际正统派的角度写了唯一一部关于伦理学的著作。

考茨基的《伦理学与唯物史观》(*Ethics and Materialist Conception of History*,1906)常被视为"一种相当粗陋的功利主义"④。莱泽克·科拉科夫斯基(Leszek Kolakowski)认为在这本书中,考茨基"不能理解道德价值的认识论问题,也不理解当某一历史过程已不可避免地出现的时

---

① Rosa Luxemburg, *Reform or Revolution*, p. 75.
② Georgi Plekhanov, *Selected Philosophical Works*, Vol. II, Moscow: Progress Publishers, 1976, pp. 326ff.
③ 语出普列汉诺夫,转引自 Samuel Baron, *Plekhanov: The Father of Russian Marxism*, Stanford: Stanford University Press, 1963, p. 178。
④ Rodney Peffer, *Marxism, Morality and Social Justice*, p. 81.

候,它的价值问题仍然未有定论这一事实"①。托尼·伯恩斯(Tony Burns)则指出,不屑一顾的论调普遍存在于对考茨基伦理学的评论中,与此形成对比的是,考茨基在相关问题上确实道出了一些有趣的东西。② 伯恩斯追随朱尔斯·汤森(Jules Townsend)发现,考茨基的作品比通常呈现在曲解中的更具吸引力。③ 伯恩斯没有把考茨基斥为粗俗的功利主义者,而是指出考茨基在他关于伦理学的著作中,试图把功利主义与康德道义论的元素综合起来(虽然可能只是成功地混合起来)。④

在初次触及考茨基的这部著作时,读者不禁会被学术上通常对考茨基作为政治宿命论者的否定态度,与这部作品满载的政治紧迫感之间的反差所震撼。可以看到,他的研究开门见山地指出,写这本书"不是为了提供……沉思的知识",而是作为一种斗争的武器:它是"为斗争而作的,在这场斗争中,我们必须发展出最高层次的道德力量和最清晰明辨的知识"。⑤ 在后文中,他还认为,"行动意味着不间断的选择",由此可知"道德判断……在包含未知的未来——包含着自由的世界中,是不可避免的"。⑥ 因而,他接受康德的论断,认为自由王国就是道德律的王国。然而,他也坚信:"自由的世界……不是永恒的、无限的,也不是超感官的世界,而是从一个特定的视角所看到的感官世界的特定一部分。"通过从根本上割裂自由王国与必然王国,康德——或正如考茨基所说——阻断了真正理解道德律的途径,这样一来,我们要想理解它,就必须超越康德。⑦

---

① Leszek Kolakowski, *Main Currents in Marxism*, Vol. II, p. 39. 参见[波]莱泽克·科拉科夫斯基《马克思主义的主要流派》第 2 卷,唐少杰等译,苏国勋等校,黑龙江大学出版社 2015 年版,第 37 页。——译者注
② Tony Burns, "Karl Kautsky: Ethics and Marxism", in Lawrence Wilde, ed., *Marxism's Ethical Thinkers*, pp. 15 – 50.
③ Tony Burns, "Karl Kautsky: Ethics and Marxism", p. 30; cf Jules Townsend, "Reassessing Kautsky's Marxism", in *Political Studies*, Vol. xxxvii, No. 4, 1989, pp. 659 – 664.
④ Tony Burns, "Karl Kautsky: Ethics and Marxism", p. 42.
⑤ Karl Kautsky, *Ethics and the Materialist Conception of History*, Chicago: Charles H. Kerr, 1918, p. 7.
⑥ Karl Kautsky, *Ethics and the Materialist Conception of History*, p. 60.
⑦ Karl Kautsky, *Ethics and the Materialist Conception of History*, pp. 64 – 65.

康德认为道德律应由压制我们欲望的理性强加给我们,相反,考茨基则试图把道德律植根于我们作为社会性动物的本性①。伯恩斯在讨论中正确地指出,考茨基使人想起当时尚未出版的《巴黎手稿》中,马克思有关人的本性具有生物学根源却又受历史制约的规定性的评论。② 考茨基指出,正是因为我们的本质是社会性的,社会和道德才会拥有历史。从这一角度来看,康德主义的一个关键问题就在于,它把现代个性自然化了,由此也混淆了历史上某一时刻人与人之间的关系,和贯穿于历史的人与人之间的普遍关系。③ 康德和新康德主义者还忽视了在阶级分化的社会中,相异的、有冲突的道德是以阶级道德的形式出现的。事实上,考茨基认为,虽然资本创造了"普遍的人类道德的物质基础",但它"总是把这种道德踩在脚下",从而破坏了这种道德。换言之,由于无产阶级不会剥削低于它的任何其他阶级,因此当它为自身的特殊利益进行斗争时,就能够实现这种"普遍的人类道德"。④ 考茨基坚信,这不是学术上的抽象希望,而是反映出工人运动现实的演变过程:"新的道德理想的内容……不是从社会有机体的任何科学知识中产生的……而是来自一种深层次的社会需要、一种强烈的欲望、一种对于现存以外的、与现存相反的事物的强烈意愿。"可见,新的道德理想就其本质而言是一种"否定性"力量,反映出与现状的"对立"。考茨基由此推论:虽然新的道德理想的"重要性被认为是阶级斗争的动力",但其否定性也意味着它无法"指导我们的政策",因为政策必须建基于对社会关系的科学分析之上。⑤ 迪克·吉尔里(Dick Geary)在评论这一论证时指出,考茨基并不认为"道德判断对于马克思主义者来说是无关紧要的。……只是它本身不能作为社会主义理论的基础而已"⑥。

---

① Karl Kautsky, *Ethics and the Materialist Conception of History*, p. 98.
② Tony Burns, "Karl Kautsky: Ethics and Marxism", pp. 21 – 22.
③ Karl Kautsky, *Ethics and the Materialist Conception of History*, p. 156, 184.
④ Karl Kautsky, *Ethics and the Materialist Conception of History*, p. 160.
⑤ Karl Kautsky, *Ethics and the Materialist Conception of History*, p. 195, pp. 200 – 201.
⑥ Dick Geary, *Karl Kautsky*, Manchester: Manchester University Press, 1987, p. 12.

当然，尽管考茨基批判康德的道德的非历史性，但是通过接受事实与价值的分离，他同康德和新康德主义者一样都"与马克思思想的黑格尔渊源相去甚远"①。而且，尽管考茨基认为不同的道德理想代表不同的社会立场——马克思主义是工人阶级的立场，康德主义是个人立场②——但他从未试图揭示修正主义的社会基础。他的论证结构反而表明，在他看来，这仅仅是一个认知上的错误，它使得伦理学而非科学处于社会主义事业的核心。至于他自己对社会主义事业的科学理解，该书的结尾部分在否认他自己的观点是宿命论的同时，又自相矛盾地重申了《爱尔福特纲领》的宿命论："社会主义是不可避免的，因为阶级斗争和无产阶级的胜利是不可避免的。"③

显然，这句话所道出的宿命论与考茨基先前称该书旨在推进工人阶级斗争之间存在着非常真实的矛盾。不过，考茨基很确信他自己在争取社会主义的斗争中的作用：他为科学分析社会关系所作出的贡献，将有助于维持和扩大德国社会民主党的团结，包括一般意义上的工人阶级的团结。遗憾的是，无论他对这场争论的贡献蕴含多少毋庸置疑的价值，他都未能超越对《爱尔福特纲领》的妥协，由此削弱了他的贡献的影响力。④

另一位第二国际的理论家鲁道夫·希法亭（Rudolph Hilferding）突出强调了这一进路的根本问题。众所周知，他在其经典之作《金融资本》（*Finance Capital*，1910）的导言中写道，马克思主义"只是一种关于社会运动规律的理论"，"接受马克思主义的有效性……是一回事"，"为那种必然性努力则是另一回事"。此外，他还指出："相信社会主义终会取得

---

① George Lichtheim, *Marxism*, London: Routledge, 1964, p. 295; Lucien Goldmann, "Is there a Marxist Sociology?", p. 15.
② Karl Kautsky, *Ethics and the Materialist Conception of History*, p. 114, 156.
③ Karl Kautsky, *Ethics and the Materialist Conception of History*, p. 206.
④ Paul Blackledge, "Karl Kautsky and Marxist Historiography", in *Science and Society*, Vol. 70, No. 3, 2006, pp. 337 - 359.

胜利的人,很有可能加入反对社会主义的斗争。"①奥地利马克思主义者奥托·鲍威尔在"伦理社会主义"之争中,首次在第二国际内部表达了类似的立场。他在对考茨基的书评中追问,康德是否真的是对社会主义的威胁。他开宗明义地回应道,虽然科学可能指向工人阶级的最终胜利,但它并不包含这一情形值得欲求的性质。因此,当面对在阶级斗争中站在哪一方的问题时,拒斥伦理关怀的马克思主义者就削弱了自身的力量。鲍威尔认为,康德的一个缺陷是没有注意到相互竞争的阶级道德的存在,但是鉴于这些道德规范的存在,他的绝对命令有可能作为一种客观标准,使个人得以规避这种情形所固有的激进的伦理怀疑主义。因此,在宣称自己同考茨基一样为马克思主义的科学地位辩护时,鲍威尔指出康德意义上的道德可以通过"保护我们免受工人阶级的敌人所不断催生的怀疑主义的影响"②从而助力社会主义事业。

虽然这一论点的思想魅力显而易见,却被考茨基否定了。考茨基在回应鲍威尔时指出,由于康德意义上的道德徒有形式,因而无法承担鲍威尔施加的重任。事实上考茨基认为,"康德主义者尽管有其绝对命令,但是他们对资产阶级和无产阶级的伦理标准存在如此之多的不同意见,以至于任何伦理怀疑论者都会发现这是一件很有意思的事情",相反,"马克思主义者尽管持有伦理相对主义,但是他们因为经济观点明确而坚定地支持无产阶级及其伦理标准"。③ 考茨基批判鲍威尔为了社会主义事业而尝试吸纳康德的思想,如果说这一批判具有毋庸置疑的影响力,那考茨基自己的替代方案也同样存在显而易见的缺陷。他的社会主

---

① Rudolph Hilferding, *Finance Capital*, London: Routledge, 1981, p. 23; Rudolph Hilferding, "The Materialist Conception of History", in Tom Bottomore, ed., *Modern Interpretations of Marx*, Oxford: Blackwell, 1981, p. 127; Lucio Colletti, *From Rousseau to Lenin*, pp. 229 - 236; Perry Anderson, *Arguments within English Marxism*, p. 6.
② Otto Bauer, "Marxism and Ethics", in Tom Bottomore and Patrick Goode, eds., *Austro-Marxism*, Oxford: Oxford University Press, 1978, p. 84.
③ Karl Kautsky, "Life, Science and Ethics", in Patrick Goode, ed., *Karl Kautsky: Selected Political Writings*, p. 52.

义既假定了科学与伦理学的二元论,又假定伦理学必然具有相对性,由此转向对马克思思想的一种客观主义的拙劣模仿。虽然考茨基坚信自己对马克思主义的解释不是宿命论的,但不论是就右派还是左派而言,运动中越来越多的激进分子都与他分道扬镳。这在德国最为明显,伯恩施坦和右派以及罗莎·卢森堡和左派,都先后同考茨基对《爱尔福特纲领》的捍卫姿态决裂。① 这些发展趋势在1914年迎来危急关头,彼时,德国社会民主党形式上的革命主义与实际上的改良主义之间的差距,经由战争的考验而被残酷地暴露出来。如果说在1914年第二国际垮台后,列宁"回到"黑格尔并写下名言——"不钻研和不理解黑格尔的**全部**逻辑学,就不能完全理解马克思的《资本论》,特别是它的第1章。因此,半个世纪以来,没有一个马克思主义者是理解马克思的!!"②——以此来帮助他对自己同考茨基之间的决裂予以通盘考虑,那么,或许最好是把这一时刻理解为:20年来,列宁对马克思主义的解释与国际上占主导地位的解释之间的分歧已达至顶峰。

走向马克思主义的复兴:列宁、卢卡奇和格罗斯曼

至此我们已经注意到,第二国际内部的社会主义者是如何对科学与伦理学之间二元关系的政治局限发起挑战的。虽然他们的活动采取隐性的伦理承诺形式,但是其二元论破坏了任何形成超越资产阶级伦理相对主义特性的道德尝试。在他们试图勾勒对行动的科学证明时,其客观主义的科学模型却成为对政治实践的颠覆。如果说,伯恩施坦是最早认识到这一体系的不连贯性的人之一,那他试图统一改良主义理论与实践的尝试,则只是成功地把经济的和政治的印象主义,同伦理相对主义结

---

① Peter Nettl, *Rosa Luxemburg*, Oxford: Oxford University Press, 1969, pp. 284ff; Carl Schorske, *German Social Democracy*, 1905-1917, pp. 191ff.
② Vladimir Lenin, "Philosophical Notebooks", p. 180. 参见《列宁全集》(第二版)第55卷,第151页。——译者注

合起来而已。然而,正是修正主义逐渐引发的挑战,在第二国际左派中掀起一场把理论上升到革命实践层面的运动。如果说列宁在此过程中作出了非常重要的贡献,那么可以说卢卡奇和格罗斯曼的补充性贡献也是实实在在的。

20世纪之交,列宁成为尝试按照德国社会民主党路线在俄国建立政党的主要践行者。尽管俄国新兴的社会民主修正派反对把革命政治置于新党纲的核心位置,但是由于俄国的政治条件比起德国而言,显然不太适合社会主义活动,也就无法简单照搬德国模式。于是自19世纪90年代以来,考茨基活跃于其中的那个政党虽有正式的革命纲领,却逐渐以改良主义的方式运作,列宁则试图建立一个使其成员饱受逮捕威胁的组织,他在其中也被迫要为革命纲领进行斗争。如果这一情形表明列宁的马克思主义与第二国际正统之间的关系愈发紧张起来,促使二者决裂的则主要是,列宁通过把人的能动性因素重新纳入马克思主义,为克服第二国际马克思主义特有的事实与价值的分离奠定基础。

在《怎么办?》中,列宁描绘了前20年俄国社会主义活动的情况。他把自1884年开始的这十年描述为,马克思主义左派凝结形成一种有连贯理论倾向的十年。在接下来的五年里,这一理论倾向成功地同俄国日益壮大的工人运动联系在一起。1898年,这一发展轨迹随着一个社会主义政党的成立走向巅峰。然而,国家的镇压很快就使这个组织瓦解了。随后,革命运动的残余分子把活动重心集中在支持地方立即推行改革的运动上。正是这种做法促使许多积极分子采取行动,由此也就同以革命推翻沙皇统治的长期目标产生距离。世纪之交与列宁有联系的《火星报》(Iskra)周围的小组成员对此作出回应,呼吁围绕全国性社会主义报纸创建一个全国性组织,以便使大量的地方运动能够统一为全国性革命运动。①

---

① Vladimir Lenin, "What is to be Done?", in Vladimir Lenin, *Collected Works*, Vol. 5, 1961, pp. 517 - 520.

列宁通过把理论上升到实践层面来克服"不结果实的"抽象概念，这种一以贯之的尝试早在他撰写《怎么办？》之前就已清晰可见。在早期对"合法马克思主义者"彼·司徒卢威（Peter Struve）的批判中，他认为，传统道德理论的弱点就在于未能"使自己的'理想'接近任何迫切的利益"，而司徒卢威冒着为现状"辩护的……危险"，把唯物主义贬低为客观主义，结果适得其反。列宁既反对道德主观主义，也反对经济客观主义，认为唯物主义因其会考察任何社会过程中所蕴含的矛盾，而"包含有所谓党性，要求在对事变作任何评价时都必须直率而公开地站到一定社会集团的立场上"①。这一论点隐含着同科学与道德之间任何形式的二元论决裂，这一决裂随后经列宁尝试实现《怎么办？》的计划得以强化。由于他必须从头开始创建一个反对俄国修正主义者的政党，因而相较于考茨基，他同修正主义的对立关系要尖锐得多。为此，他比考茨基的理论文本更进一步拓展了第二国际马克思主义的实践方面。

历史上颇具讽刺意味的是，自20世纪20年代中期以来，斯大林主义者为辩护自身权力而建构起关于列宁主义的一种荒诞理解，它的一个核心组成部分后来被西方自由主义知识分子出于自身意识形态的原因所接受，其中包括列宁从一开始就与之作斗争的伯恩施坦修正主义的一个关键组成部分：梅萨罗斯称之为伯恩施坦"对工人阶级的优待（patronizing treatment）"②。根据拉斯·利赫所称的对列宁主义的"教科书式解释"：列宁对工人智力水平的蔑视反映在，他坚持建立一个由职业革命家组成的政党，这些职业革命家先把社会主义思想从外部带给工人阶级，而后以自上而下的方式领导该阶级。与此无稽之谈相对，利赫表明：列宁在与这一迷思相关的典型文本《怎么办？》中所隐含的假设其实是，对在俄国工人阶级内部增强社会主义意识的可能性应保持乐观，

---

① Vladimir Lenin, "The Economic Content of Narodism", in Vladimir Lenin, *Collected Works*, Vol. 1, 1960, pp. 400–401. 参见《列宁全集》（第二版）第1卷，人民出版社1984年版，第362—363页。——译者注
② István Mészáros, *Beyond Capital*, London: Merlin, 1995, p. 4.

并且对俄国激进知识分子的软弱性,特别是对俄国社会主义运动的缺陷展开严厉批判,列宁还认为这些缺陷极有可能使工人运动在即将到来的革命中惨败。①

具体来说,列宁对于俄国社会民主主义中重现的经济主义——伯恩施坦式改良主义的地方性变种——是持反对态度的。伯恩施坦修正主义的一个重要组成部分就包括,他拒斥马克思主义对工人阶级的浪漫化。与马克思相反,伯恩施坦指出,工人阶级"仍旧没有充分发展到能够接收政治的独占统治的程度",唯一不认同这一预判的人,是那些"从未同实际的工人运动有过密切联系"的伪革命者。② 类似地,俄国"经济学家"鲍里斯·克里切夫斯基(Boris Krichevski)指责《火星报》小组"对无产阶级意识和组织所蕴含的可能性过于乐观",并坚信工人们感兴趣的只是基本的面包和黄油问题,而不是社会主义政治。在利赫的阐释中,列宁针对克里切夫斯基的观点指出,"工人的斗争精神不是问题,因为它正急剧增强。问题也即薄弱环节在于,党对所有这些斗争精神的有效领导"③。列宁认为,只对工人讲面包和黄油问题的社会主义者在支持工人的同时,没能挑战资产阶级意识形态在工人阶级中的霸权地位。④

可惜,列宁从理论上说明这一观点时借用了考茨基的思想。考茨基坚信"社会主义意识是从外面灌输到无产阶级阶级斗争中去的东西"⑤。与此类似,列宁的一个做法是,把马克思主义假定为一门由知识分子灌输给工人阶级的科学:"各国的历史都证明:工人阶级单靠自己本身的力量,只能形成工联主义的意识,即确信必须结成工会,必须同厂主斗争,

---

① Lars Lih, *Lenin Rediscovered*, p. 27, 615; Paul Blackledge, "What was Done: Lenin Rediscovered", in *International Socialism* 2/111, 2006, pp. 111 - 126.
② Eduard Bernstein, *The Preconditions of Socialism*, p. 206. 参见《伯恩施坦文选》,殷叙彝编,人民出版社 2008 年版,第 331 页。——译者注
③ Lars Lih, *Lenin Rediscovered*, pp. 316 - 317.
④ Lars Lih, *Lenin Rediscovered*, p. 226.
⑤ Vladimir Lenin, "What is to be Done?", p. 384. 参见《列宁选集》第 1 卷,人民出版社 2012 年版,第 326 页。——译者注

必须向政府争取颁布对工人是必要的某些法律,如此等等。而社会主义学说则是从有产阶级的有教养的人即知识分子创造的哲学理论、历史理论和经济理论中发展起来的。"①

鉴于有关于此的多数看法都流于粗俗的无稽之谈,因而有必要强调两点。首先,自发性与自觉性之间的关系并不是《怎么办?》的中心论题。相反,列宁把相关讨论仓促加入正文,为的是回应当时克里切夫斯基所发表的一篇文章中关于自发的运动与有意识的领导之间关系的探讨。其次,结合这一语境来理解,显然正如利赫在其相关的详尽研究中指出的那样,列宁在这个问题上所表达的意思与人们通常对他的理解相反。他所辩护的正是他的反对者所否认的工人阶级斗争实现社会主义的可能性。

虽然在此不宜细致考察关于《怎么办?》的重要意义之争,但是列宁在其他地方确实谈到过社会主义与自下而上的运动之间的关系问题,由此既确证了利赫对该文本的解读,也表明列宁同第二国际二元论逐渐走向决裂。与《怎么办?》中的二元化表述相反,列宁在1899年写道,"每次罢工都会把社会主义思想非常强势地带进工人的头脑"②。类似地,列宁在1905年重申,"工人阶级本能地、自发地倾向社会民主主义"③。可见,与考茨基把工人的伦理生活与社会主义的科学断然割裂的做法相反,列宁在这些表述中表明二者之间的一种辩证联系。此外,考茨基还曾写下名言,"社会民主党是一个革命党,但它不是一个制造革命的政党"④;列宁则认为,党"不会坐等起义的召唤,而是要经常进行这样的活动,以确

---

① Vladimir Lenin,"What is to be Done?",p. 375. 参见《列宁选集》第 1 卷,第 317—318 页。——译者注
② 语出列宁,转引自 Tony Cliff, *Lenin*:*Building the Party*, London:Bookmarks, 1986, p. 81。
③ Vladimir Lenin,"The Reorganisation of the Party",in Vladimir Lenin, *Collected Works*, Vol. 10,1962,p. 32;John Molyneux, *Marxism and the Party*, p. 59;Raya Dunayevskaya, *Marxism and Freedom*, p. 182. 参见《列宁全集》(第二版)第 12 卷,人民出版社 1987 年版,第 80 页。——译者注
④ 语出考茨基,转引自 Massimo Salvadori, *Karl Kautsky and the Socialist Revolution*, p. 40。

保在起义发生时最大可能地获得成功"①。列宁在《怎么办?》中确实使自己抛弃了乌托邦,同时这些地方也表明他所理解的马克思主义不是从外部强加给工人的抽象模型,而是从资本主义的内在倾向中所展开的对资本主义的批判。众所周知,他追随自由民主党人德米特里·伊万诺维奇·皮萨列夫(Dimitry Ivanovich Pisarev)认为,尽管有些"幻想"与现实脱节,但另一些是植根于现实的,并且指向针对现实的具体替代方案。列宁写道:"可惜,这样的幻想在我们的运动中未免太少了。"②

尽管在1914年以前,列宁同考茨基之间的隔阂只是隐性的,但是,战争的震慑力以及列宁随后对黑格尔的阅读使他同昔日导师之间的裂痕变得清晰,并在对上述问题的看法上与之分道扬镳。在细致阅读黑格尔《逻辑学》时形成的笔记中,列宁把自己同二元论的决裂表述如下:"为自己绘制客观世界图景的人的活动**改变**外部现实,消灭它的规定性(=变更它的这些或那些方面、质),这样,也就去掉了它的外观、外在性和虚无性的特点,使它成为自在自为地存在着的(=客观真实的)。"③斯塔西斯·科维拉克斯(Stathis Kouvelakis)在评论这些笔记时指出:"尤其重要的是,列宁在关于'哲学唯物主义'这节内容的结尾处提到'革命实践活动'概念。"因为列宁理解中的主观实践活动处于"客观"世界的中心,由此他坚信,社会科学规律不应作为有别于自觉的人的活动的事物为人所"迷恋",反之,人们应该认识到,它必然是形成政治干预的"狭隘的、不完全的、[和]近似的"尝试。④ 可见,尽管第二国际的理论家以还原论方式解读黑格尔的论断,即自由行动意味着按照必然性行动,但是在列宁

---

① 语出列宁,转引自 Chris Harman, "Party and Class", in Alex Callinicos, et al., *Party and Class*, London: Bookmarks, 1996, p. 31.
② Vladimir Lenin, "What is to be Done?", pp. 509 – 510. 参见《列宁选集》第 1 卷,第 449 页。——译者注
③ Vladimir Lenin, "Philosophical Notebooks", pp. 217 – 218. 参见《列宁全集》(第二版)第 55 卷,第 187 页。——译者注
④ Stathis Kouvelakis, "Lenin as Reader of Hegel", in Sebastian Budgen, et al. eds., *Lenin Reloaded: Towards a Politics of Truth*, p. 174, 186.

看来,正如理查德·戴(Richard B. Day)所言,"人的意识不仅仅是客观世界的反映,而且创造着客观世界"①。这与约翰·霍洛韦的如下论断大相径庭:列宁认为恩格斯对马克思主义的"科学"歪曲符合它逻辑上的、不民主的结论,同时列宁假定存在一个由"知者"(knowers)组成的政党,这些人将会把他们的科学知识自上而下地传授给工人。② 事实上,正如亚历克斯·卡利尼科斯所指出的那样,正因为列宁对于未来没有把握,他才有意去影响历史进程:他的行动主义植根于他的信念,即"历史的不可预测性要求我们介入,以助于塑造它"③。约翰·里斯(John Rees)在更一般的意义上指出,列宁在他的《哲学笔记》中逐渐认识到,"实践会克服主观与客观之间的差别以及本质与表象的差距"④。通过把社会实践重新定位于马克思主义的核心,列宁得以认识到马克思主义与唯心主义之间的"亲缘"关系:"聪明的唯心主义比愚蠢的唯物主义更接近于聪明的[辩证的]唯物主义。辩证的唯心主义代替聪明的唯心主义;形而上学的、不发展的、僵死的、粗陋的、不动的代替愚蠢的。"⑤

在评论列宁对马克思主义的贡献时,卢卡奇认为第二国际中唯独列宁坚守"原初的马克思主义思想",反对实证主义和新康德主义的替代方案。⑥ 这反过来又促使其在实践上对马克思主义政治学有所深化:"马克思主义通过列宁所经历的发展,仅仅——仅仅!——存在于它越来越理解到个别行动与一般命运——整个工人阶级的革命命运——之间密切

---

① 语出戴,转引自 Kevin Anderson, *Lenin, Hegel and Western Marxism*, Chicago: University of Illinois Press, 1995, p. 113。
② John Holloway, *Change the World Without Taking Power*, p. 128。
③ Alex Callinicos, "Leninism in the Twenty-first Century?", in Sebastian Budgen, et al. eds., *Lenin Reloaded: Towards a Politics of Truth*, p. 26。
④ John Rees, *The Algebra of Revolution*, p. 191。
⑤ Vladimir Lenin, "Philosophical Notebooks", p. 274. 参见《列宁全集》(第二版)第 55 卷,第 235 页。——译者注
⑥ Georg Lukács, *The Ontology of Social Being: 2. Marx*, p. 162。

的、可见的和重要的联系。"① 如果说,列宁的实践后来使其与考茨基主义决裂,那就正如他所认为的,部分地是因为"**实践高于(理论的)认识**"②。不过,与第二国际的决裂必须得到理论化,为此,列宁在《国家与革命》一书中通过回到马克思、恩格斯对《哥达纲领》和《爱尔福特纲领》的批判,以便超越考茨基主义的局限③,而卢卡奇的《历史与阶级意识》则在哲学层面上精彩地表达了这一决裂。

列宁同马克思一样坚信,自由是社会主义工人运动的目标,并且随着无产阶级的出现,有可能在前所未有的更高水平上实现这种自由;同时他又与考茨基相对,认为只有通过"粉碎"旧的资本主义国家才能实现这种自由。因此,自由被认为是"新生的"社会个人的自我决定,首先是,作为无产阶级专政制度形式的工人理事会(苏维埃)所特有的民主得到极大扩展,随后是,这种民主的国家形式甚至也随着革命成功后阶级本身的消亡而消亡。④

尽管卢卡奇不是唯一扩大与第二国际马克思主义相决裂的影响的人——还有德国共产主义者卡尔·柯尔施作为最杰出的思想家独立阐发过类似的哲学观点⑤,但是正如马丁·杰伊(Martin Jay)所写到的,《历史与阶级意识》"可以被看作在理论层面上对1917年的世界历史性事件最清晰的表达"⑥。安德鲁·阿拉托(Andrew Arato)和保罗·布赖

---

① Georg Lukács, *Lenin: A Study in the Unity of his Thought*, London: New Left Books, 1970, p. 13. 参见[匈]格奥尔格·卢卡奇《列宁——关于列宁思想统一性的研究》,张翼星译,远流出版事业股份有限公司1991年版,第29页。——译者注
② Vladimir Lenin, "Philosophical Notebooks", p. 213. 参见《列宁全集》(第二版)第55卷,第183页。——译者注
③ Vladimir Lenin, "The State and Revolution", in Vladimir Lenin, *Selected Works*, Moscow: Progress Publishers, 1968, p. 335.
④ Vladimir Lenin, "The State and Revolution", pp. 324 – 325.
⑤ Karl Korsch, *Marxism and Philosophy*, London: New Left Book, 1970; Martin Jay, *Marxism and Totality*, Berkeley: University of California Press, 1984, Ch. 3; Andrew Arato and Paul Breines, *The Young Lukács and the Origins of Western Marxism*, London: Pluto, 1979, pp. 170ff.
⑥ Martin Jay, *Marxism and Totality*, p. 103.

内斯(Paul Breines)更具体地指出,卢卡奇在这本书中阐发了"对康德伦理学的有力批判"①。卢卡奇在讨论康德关于物自体的思想时,不仅认为这一概念构成康德哲学二律背反的基础,而且这些二律背反——例如自由与必然、事实与价值、形式与内容、主体与客体之间的二律背反——是从市民社会立场出发阐述理论时所特有的,从更一般的意义上说,即属于资产阶级社会理论的特征。② 这些二律背反重现于第二国际的马克思主义内部,只有通过重新发现与列宁对马克思的回归相联的鲜活的总体性概念,才能予以克服。③

具体来说,卢卡奇坚信资产阶级社会中的个人往往将其世界误解为现成的、无法改变的,而从工人阶级斗争的角度看,它显然是人类历史的产物并且可以被改造。因为"资本主义社会的人面对着的是由他自己(作为阶级)'创造'的现实,即和他根本对立的'自然'"④,由此才无法把自由理解为改变世界的能力,而只能理解为意识的自由或内在于世界的自由⑤。这样一来,内在于现代世界的个人的视角也就无法把握作为历史总体的世界。但这并不意味着,不可能获得对社会总体的理解。相反,卢卡奇坚信当个人作为阶级的成员聚集起来时,"设定的主体"就不再是原子化的个人,而是变身为"一个总体"⑥,通过旨在"改变现实"的行动揭示出资本主义社会的历史特征⑦。因此,人们只有作为世界性主体(a global subject)的一部分才能改变世界,也只有通过改变世界,才能把世界视为人类劳动的产物。卢卡奇继续论证道,在现代资本主义社会的两大核心阶级中,只有无产阶级才能把总体性理解为一种历史形式。尽

---

① Andrew Arato and Paul Breines, *The Young Lukács and the Origins of Western Marxism*, p. 126.
② Martin Jay, *Marxism and Totality*, p. 110.
③ Georg Lukács, *Lenin: A Study in the Unity of his Thought*.
④ Georg Lukács, *History and Class Consciousness*, p. 135, 193. 参见[匈]卢卡奇《历史与阶级意识》,第189页。——译者注
⑤ Georg Lukács, *History and Class Consciousness*, p. 161.
⑥ 参见[匈]卢卡奇《历史与阶级意识》,第72页。——译者注
⑦ Georg Lukács, *History and Class Consciousness*, p. 28, 129.

管资产阶级同无产阶级一样都属于世界性阶级,但由于其个体成员之间存在结构上的竞争关系,因此它无法把资本主义理解为一个总体。只有世界性阶级才能带来人的解放,但资产阶级不像无产阶级,它无法扮演这一角色,因为资产阶级虽然是世界性的,却也必然是支离破碎的。马克思主义作为对资本主义社会的科学认识,是且只能是产生于无产阶级实践的立场。因为工人阶级虽然通常也是四分五裂的,但其局部性斗争往往会蔓延成为更广泛的对抗,这种对抗植根于全阶级的团结。因此,针对康德认为世界的本质——自在之物——仍然笼罩在神秘之中,卢卡奇反驳道,资本主义本质上是一种普遍的商品生产制度,人的劳动力在其中从根本上说就是一种商品。无产阶级的阶级意识的出现,与资本主义生产方式作为一个总体的自我意识的壮大是同时发生的:无产阶级有可能潜在地成为"直接的商品的意识"①。马克思主义因此成为"资本主义社会的自我认识"②。

卢卡奇用"被赋予的阶级意识"概念,来描述马克思主义与工人阶级实际的政治意识之间的关系。卢卡奇的批评者经常以此概念说明,虽然卢卡奇的目标是克服第二国际理论的二元化特征,但他实际上对于促使工人阶级内部形成阶级意识的运动并没有什么概念,而是将其视为传说中的资本主义最终崩溃的结果。③ 与这一论点相对,约翰·里斯表明在《历史与阶级意识》一书以及最近发现的为这本书作辩护的《尾巴主义与辩证法》(*Tailism and the Dialectic*)中,卢卡奇确实指出了工人可能发展出阶级意识的过程。④ 事实上卢卡奇坚信,社会主义意识在工人阶级

---

① Georg Lukács, *History and Class Consciousness*, p. 173. 参见[匈]卢卡奇《历史与阶级意识》,第 238 页。——译者注
② Georg Lukács, *History and Class Consciousness*, p. 229. 参见[匈]卢卡奇《历史与阶级意识》,第 282 页。——译者注
③ Gareth Stedman Jones, "The Marxism of the Early Lukács", in *New Left Review* ed. *Western Marxism: A Critical Reader*, London: New Left Books, 1977, p. 42.
④ John Rees, "Introduction", in Georg Lukács, *Tailism and the Dialectic: A Defence of History and Class Consciousness*, London: Verso, 2000, pp. 28ff.

内部的出现"并不在现实历史发展的彼岸。它不是先由哲学家带到世界上来的"①。更具体地说,他认为革命党不应被理解为知识分子的精英团体,而应被视为"自发起来反对自己领导人的"②那部分无产阶级。他认为:"党的责任决不是在把任何一种抽象的、挖空心思设计出来的策略强加在群众身上。相反地,党必须不断地向群众的斗争和群众斗争的方法**学习**。但在它学习的时候必须保持主动。"③可见,对于卢卡奇来说,正如迈克尔·洛伊所指出的那样,"'被赋予的'阶级意识不是一个先验的实体、一个漂浮在思想世界中的'绝对价值',相反,它呈现出一种历史的、具体的和革命的形态——共产党"④。因此,这种革命领导权模式是以自下而上自发的社会主义工人阶级运动的存在为前提的,通过把革命领导权与自下而上的运动综合起来,卢卡奇同伯恩施坦、考茨基、鲍威尔所接受的二元论展开全面对峙。

在评论奥尔写给伯恩施坦的那封著名的信时,卢卡奇指出就对党进行变革而言,改良派事实上的做法是比伯恩施坦正面攻击纲领更有效的策略。他断言,考茨基实际上已经实现奥尔提议的方案,因为考茨基在运用马克思思想的同时,假定了事实与价值之间的二元论,这种二元论固守马克思主义的用语,却抛弃对它的实践,由此实际上阉割了马克思主义。⑤ 更一般地,就修正主义论战而言,卢卡奇认为,伯恩施坦对康德主义的拥护没有克服第二国际的宿命论,而只是呈现出它的另一面:它

---

① Georg Lukács, *History and Class Consciousness*, p.77. 参见[匈]卢卡奇《历史与阶级意识》,第 125 页。——译者注
② Georg Lukács, *History and Class Consciousness*, p.289. 参见[匈]卢卡奇《历史与阶级意识》,第 339 页。——译者注
③ Georg Lukács, *Lenin: A Study in the Unity of his Thought*, p.36; Georg Lukács, *History and Class Consciousness*, p.331, 334. 参见[匈]格奥尔格·卢卡奇《列宁——关于列宁思想统一性的研究》,第 51—52 页。——译者注
④ Michael Löwy, *The Theory of Revolution in the Young Marx*, p.183; cf John Rees, *The Algebra of Revolution*, pp.219-225; Georg Lukács, *Tailism and the Dialectic: A Defence of History and Class Consciousness*, pp.63-86.
⑤ Georg Lukács, *Political Writings 1919-1929*, London: New Left Books, 1972, p.133.

"是缺少……总体范畴的主观方面"①。尽管卢卡奇认同考茨基对康德伦理学形式主义的批判,但他坚信由此并不足以断定,从康德伦理学角度得出的任何道德命令作为社会主义策略性思想的基础都是不充分的。相反,康德伦理学的形式主义指向的是他自在之物概念的方法论问题,即自在之物在他的体系中作为对人认识世界的根本限制作用②。可见,对康德伦理学形式主义的批判本应使考茨基回到总体概念。然而它并没有,这就解释了考茨基的二元论何以能使其在把党的实际领导权交给改良派的同时又谈论革命。

通过表明当代社会关系是人类历史的产物,卢卡奇指出,康德把这些关系自然化了,黑格尔则超越了这种二元论,而马克思通过使黑格尔的方案获得物质性实现(materializing Hegel's project),解决了这一问题。像新康德主义者那样把自由人的行动与必然给予的社会世界割裂开来,忽视了自由与必然存在于一种动态关系中的事实,正如社会世界和我们这样的人都是历史产物的事实:用帕金森(Parkinson)的话说,"我们既是历史进程的缔造者,也是历史进程的产物"③。方法论的这一转变使得我们用以理解世界的观念不再凝固不变。正如杰伊所认为的:"由此,存在将被理解为生成,事物将分解为过程,而且最重要的是,这些过程的主体性起源对于主客体同一的历史会变得显而易见。"④卢卡奇认为,哲学的一个关键任务"就是发现那些原则,通过它们使一种'应然'能够首先改变存在。而这正是[康德的]理论从一开始就排除在外的"⑤。

《历史与阶级意识》的目的是"从方法论上证明,布尔什维克主义的

---

① Georg Lukács, *History and Class Consciousness*, p. 38. 参见[匈]卢卡奇《历史与阶级意识》,第82页。——译者注
② Georg Lukács, *History and Class Consciousness*, pp. 124-125.
③ G. H. R. Parkinson, *Georg Lukács*, London: Routledge, 1977, p. 43.
④ Martin Jay, *Marxism and Totality*, p. 111.
⑤ Georg Lukács, *History and Class Consciousness*, p. 161; Andrew Arato and Paul Breines, *The Young Lukács and the Origins of Western Marxism*, p. 127.

组织和策略是马克思主义唯一可能的成果"①。卢卡奇认为,德国社会民主党的具体结构以及更一般而言的第二国际的结构,都反映出它们实际上的改良主义;布尔什维克政党则因其作为一个战斗组织而被建立,成为马克思主义扬弃自由与必然之间的二元论的组织性体现:列宁的目的不在于评论世界内部的客观发展,而是通过实践塑造这一过程。②

卢卡奇指出,有两部著作对于马克思主义从第二国际"正统"学说中实现复兴至关重要:列宁的《国家与革命》和罗莎·卢森堡的《资本积累论》。③ 其中,列宁完成了他同第二国际宿命论的政治决裂,而卢森堡对于把马克思的经济理论从第二国际的马克思主义中解放出来也有类似的作用。

卢森堡的研究是她早期批判伯恩施坦拒斥马克思的"崩溃论"的延伸。鉴于考茨基否认马克思坚持"崩溃论",卢森堡最初在《社会改良还是社会革命》中对伯恩施坦的修正主义展开批判时就认为,资本主义的矛盾将逐步恶化,"这使它的崩溃成为不可避免"④。类似地,她在《资本积累论》中也断言资本主义"必然崩溃",待"发展到一定阶段,除了运用社会主义原则外别无其他出路"⑤。无论这一论点有何毋庸置疑的优点,卢森堡都有可能被指责因为接受"崩溃论",而实际上没能成功地从理论上充分表明同第二国际实证主义的决裂。"资本主义制度的崩溃不可避免"这一整个语言表达似乎都暗示着宿命论,卢卡奇认为这是第二国际马克思主义的致命弱点。

里克·库恩(Rick Kuhn)近来提出,与这一论说方式相对,卢森堡对

---

① Georg Lukács, *Tailism and the Dialectic: A Defence of History and Class Consciousness*, p. 47.
② Georg Lukács, *History and Class Consciousness*, pp. 295 – 342.
③ Georg Lukács, *History and Class Consciousness*, pp. 34 – 35.
④ Rosa Luxemburg, *Reform or Revolution*, p. 29. 参见《卢森堡文选》,李宗禹编,人民出版社 2012年版,第7页。——译者注
⑤ Rosa Luxemburg, *The Accumulation of Capital*, London: Routledge and Kegan Paul Ltd., 1951, p. 467.

资本主义的分析所存在的问题不在于她接受"崩溃论",而在于她为这一理论辩护所提供的实质性论证。库恩认为,早期法兰克福学派的马克思主义者亨利克·格罗斯曼在其经典著作《资本主义制度的积累规律与崩溃》(*The Law of Accumulation and the Breakdown of the Capitalist System*, 1929)中着力探讨的正是这个问题。格罗斯曼断言,卢森堡的论证之所以失败,是因为它们"没有植根于积累过程的内在规律,而是植根于非资本主义市场缺位的先验性事实"①。关于伯恩施坦,格罗斯曼则坚信他"这么说是完全正确的……'如果社会主义的胜利确实是一种内在的经济必然性,那它就必须以证明现存社会秩序不可避免的经济崩溃为基础'"②。或者说格罗斯曼认为,考茨基由于否认马克思持信"崩溃论"并接受伯恩施坦关于资本主义本质的基本假设,严重损害了他对伯恩施坦的批判。格罗斯曼接着说,卢森堡回到马克思并为"崩溃论"作辩护,是她对修正主义论战所作的巨大贡献。可惜,她因为把"资本主义的关键问题从生产领域转移到流通领域"而削弱了自己的论证。她倾向于把崩溃视为一个"机械的"过程,这导致她所提供的辩护被指控为"宿命论"。③因而,尽管安东·潘尼科克(Anton Pannekoek)等人曾批评格罗斯曼,指责他显然是把马克思主义贬低为机械唯物主义的形式④,但格罗斯曼实际上是追随列宁而坚信资本"不存在无可救药的情形"。格罗斯曼由此认为,合理的经济"崩溃论"必须与论证充分的政治革命理论相结合。可见,他的目标是克服卢森堡为"崩溃论"所作的辩护中存在的问题,以促使其能够发展成为政治行动的理论基础。与政治宿命论相反,他坚信资

---

① 语出格罗斯曼,转引自 Rick Kuhn, *Henryk Grossman and the Recovery of Marxism*, Chicago: University of Illinois Press, 2007, p. 126。
② Henryk Grossman, *The Law of Accumulation and the Breakdown of the Capitalist System*, London: Pluto, 1992, p. 39.
③ Henryk Grossman, *The Law of Accumulation and the Breakdown of the Capitalist System*, pp. 41–42.
④ Anton Pannekoek, "The Theory of Capitalist Collapse", in *Capital and Class* 1, 1977, p. 62.

本主义的崩溃不是一个自动的、机械的过程。同时,他反对政治唯意志论,并指出充分的政治实践理论必须植根于理解资本主义制度具有危机倾向的动态。因此,正如库恩所解释的那样,格罗斯曼旨在为马克思主义批判政治经济学的进路做出列宁为政治学以及卢卡奇为哲学所做的事:通过辩证地理解自由与必然之间的关系来克服第二国际的二元论。①

格罗斯曼坚信,第二国际的理论家背离了马克思关于利润率下降的理解模型。他认为,正是现世这种植根于资本主义积累过程的倾向本身,迫使资本主义反复面临危机。遵循马克思从抽象到具体的方法,格罗斯曼以资本主义走向危机的抽象理解模式作为全书开篇,而后转向考察防止崩溃的那种对抗性倾向,最后他在该书英文版中不幸缺失的一节里,考察了危机与阶级斗争之间的相互作用。他认为只要工人愿意付出代价,就没有无法化解的危机,并指出阶级斗争本身将"决定制度崩溃的实际走向"②。库恩指出,格罗斯曼以 1926 年的英国矿工罢工为例,表明了危机时期经济与政治的辩证关系:经济危机为矿工停工和大罢工创造条件,但这些斗争乃至经济危机本身的实际结果最终则取决于政治斗争。在写完该书两年后,格罗斯曼致信保罗·马蒂克(Paul Mattick)表示,他旨在说明将会加剧阶级斗争的"客观革命形势"是如何产生的,但这种形势既不会机械地确保这些斗争中的任何一方胜出,也不决定危机本身的结果:"我的崩溃理论的目的不是要排除这种积极的干预,而是要说明在什么时候以及什么情况下,这种客观给予的革命形势能够并且确实会出现。"③有趣的是,葛兰西仅仅读了一篇关于格罗斯曼的书评④就认为,格罗斯曼指出了马克思危机理论所包含的政治意义,该理论并不意味着贝内代托·克罗齐(Benedetto Croce)所归因于它的宿命论,而是

---

① Rick Kuhn, *Henryk Grossman and the Recovery of Marxism*, p. 125.
② Rick Kuhn, *Henryk Grossman and the Recovery of Marxism*, p. 135.
③ 语出格罗斯曼,转引自 Rick Kuhn, *Henryk Grossman and the Recovery of Marxism*, p. 144。
④ Antonio Gramsci, *Prison Notebooks*, Vol. III, New York: Columbia University Press, 2007, pp. 190-191, p. 521.

表明"经济矛盾如何变成政治矛盾,并且通过颠覆性实践而在政治上得到化解"①。

革命伦理

如果说,列宁、卢卡奇和格罗斯曼都是通过与第二国际二元论决裂为复兴马克思主义添砖加瓦的,那么遗憾的是,他们对于社会主义的伦理维度都只不过是作出试探性评论而已。因此,尽管我们注意到卢卡奇对康德伦理学的批判,同时我在其他地方也评论过列宁的马克思主义的伦理维度②,但是没有一个与共产国际相关的马克思主义者的伦理学研究,能与考茨基那本小册子所呈现的视野媲美。不过,值得一提的是,这一时期也产生了三部指向马克思主义伦理学的著作:叶夫根尼·帕舒卡尼斯的《法的一般理论与马克思主义》(*Law and Marxism*,1924)、利昂·托洛茨基的《他们的道德和我们的道德》(*Their Morals and Ours*,1938)以及恩斯特·布洛赫的《希望的原理》(*The Principle of Hope*,1938—1947)。此外,卢卡奇和葛兰西关于革命政治必须植根于工人阶级斗争的评论,对于合乎伦理的马克思主义的实践形态也极具启示性。

帕舒卡尼斯认为,个人平等思想的出现与普遍化的商品生产制度之间存在密切且必然的联系:"为使人的劳动产品能够作为价值彼此发生关系",他写道,"人们必须作为自主和平等的人格相互产生联系"。③ 帕舒卡尼斯坚信,资本积累要变得普遍化就必须满足三个条件:人必须成为"道德主体""法律主体",以及必须"利己地"生活。与此情形对应的是,道德律绝非一种普遍的善,而最好是理解为规范"商品所有者之间交往"所必需的意识形态形式。帕舒卡尼斯论证道,道德作为自由行动的

---

① Antonio Gramsci, *Further Selections from the Prison Notebooks*, Minneapolis: University of Minnesota Press, 1995, pp. 428 - 430.
② Paul Blackledge, *Reflection on the Marxist Theory of History*, p. 66.
③ Evgeny Pashukanis, *Law and Marxism*, London: Ink Links, 1978, p. 151.

意识形态与资本主义作为具有社会强制性的制度之间的联系所导致的一个结果是,道德律必然蕴含一种模棱两可性:一方面,它表现为自由个人行动的合理性基础,另一方面,它又是凌驾于个人之上的社会律法。① 他认为,要摆脱这种模棱两可的道德律,唯一的办法就是通过建立计划经济消灭资本主义。如此一来,就会克服当前我们个性的原子化本质,伦理形式本身的基础也会被克服。② 因此,正如争取社会主义的斗争包含反对国家和法的斗争一样,它同样也包含反对道德的斗争。③

托洛茨基的小册子《他们的道德和我们的道德》比帕舒卡尼斯的著作写得更具体,并对那些认为马克思主义是"以目的证明手段正当"的形式粗陋的道德后果论的人提出明确挑战。与关于马克思主义的这种理解相反,托洛茨基首先坚信,任何差强人意的伦理学理论都必须着眼于行动的目的,正如由康德作出最充分表达的备选方案有赖于上帝的观念而存在,因而也代表着达尔文之后的一次倒退。④ 虽然托洛茨基由此认为,"手段只有通过它的目的才能证明是正当的",但他还指出,"目的本身反过来也需要被证明是正当的"。他继而对革命的社会主义行动的目的提出两种马克思主义的证明:第一种是"如果它能增强人对自然的控制力,并且废除一个人压制另一个人的权力,即为正当的";第二种实际上是第一种证明的变体,即"它若……真正带来人类的解放,则可以被允许"⑤。虽然这一表述明显同伯恩施坦的新康德主义保持距离,但托洛茨基的理解模式不是那么容易就能摆脱沦为后果论的指控。不过,托洛茨基确实坚信马克思主义"并没有肯定手段与目的之间的二元论",而且他还提出二者之间是"辩证的相互依存关系"。为此,他重提拉萨尔提出的"不同的道路产生不同的目标"。他认为"不是所有的手段都可以被允

---

① Evgeny Pashukanis, *Law and Marxism*, p. 154.
② Evgeny Pashukanis, *Law and Marxism*, p. 158.
③ Evgeny Pashukanis, *Law and Marxism*, p. 160;关于帕舒卡尼斯的相关研究,见 China Miéville, *Between Equal Rights*, London: Pluto, 2005, pp. 75 – 115。
④ Leon Trotsky, et al., *Their Morals and Ours*, New York: Pathfinder, 1973, pp. 16 – 17.
⑤ Leon Trotsky, et al., *Their Morals and Ours*, p. 48.

许",因为"工人的解放只能通过工人自己来实现",只有那些"团结起革命的无产阶级"的手段才是被允许的。他断言,任何弱化"群众对自身的信念"的手段,例如"代之以对'领袖'的崇拜",都是不允许的。①

不论这本简短的小册子有何缺陷,托洛茨基所证明的显然并非如下论断:马克思主义是这样一种形式的二元论,它把自身当作领导者的意识形态,而这些领导者利用工人阶级作为争夺国家权力的工具。有人认为托洛茨基只不过是对一种后果论形式的照搬照抄,约翰·杜威(John Dewey)就此指出,他实际上隐含着对两种类型的目的的区分:最终目的与那些本身作为达致最终目的的手段的目的。虽然托洛茨基在《他们的道德和我们的道德》中没有明确说明这种区分,但杜威认为这不难做到。如果做到这一点,就可以相当严谨地断言,托洛茨基既持有一种手段与目的相互依存的立场,又回应了那些认为后果论只是假定某种遥遥无期的目的,而实际上对达致这一目的的手段、肉眼可见的短期后果不加反思的人。② 不过,尽管存在这些优点,杜威还是认为托洛茨基立场带来的影响被其教条式的"推论"所削弱:杜威坚信"选择阶级斗争作为一种手段"本身必须"得到证明"。③

卢卡奇认为,马克思主义从无产阶级的立场考察社会,由此能够克服资产阶级思想的二律背反——这一观点显然可以内在地为托洛茨基论证中的上述缺口勾勒出一种解决方案。更具体地说,卢卡奇把列宁关于苏维埃民主的构想延伸为,横跨于现存社会的"是"与社会主义的"应当"之间的潜在桥梁。他认为,自 1905 年俄国革命以来,在阶级斗争加剧时期自发出现的工人理事会或苏维埃,"已经是无产阶级把自己组织成一个阶级的重要武器",来反对旧的国家和资产阶级。④ 与把选民当作

---

① Leon Trotsky, et al., *Their Morals and Ours*, pp. 49 – 51.
② John Dewey, "Means and Ends", in Leon Trotsky, et al., *Their Morals and Ours*, pp. 68 – 69.
③ John Dewey, "Means and Ends", pp. 70 – 71.
④ Georg Lukács, *Lenin: A Study in the Unity of his Thought*, p. 63. 参见[匈]格奥尔格·卢卡奇《列宁——关于列宁思想统一性的研究》,第 80 页。——译者注

"抽象个体"的资产阶级民主制度相反,这些组织结构可以把工人组织成为"具体的人,在社会生产中占有特定的地位"。结果是,资产阶级议会往往会"瓦解"工人阶级,而苏维埃则代表着无产阶级"抵制这种瓦解过程"的统一尝试。① 因此,工人斗争自发形成的这些机构,为批判资本主义社会异化提供了潜在的伦理基础。如果说"无产阶级阶级意识的这种形态就是**党**",并且"这种阶级意识是无产阶级的'伦理学'"②,那么这种伦理立场本身就植根于工人在革命斗争中自发形成的机构,并且通过这些机构来实现自身。

葛兰西在 1919 年和 1920 年——意大利的"红色两年"(biennio rosso)期间也提出过类似论点。众所周知,葛兰西对于俄国革命同政治宿命论最后残余的决裂拍手称赞③,但他没有以直接拥护它作为回应。他开始为意大利革命而战,这场革命将会在组织层面上(organically)植根于反对资本主义的阶级斗争。他在引用马克思《〈政治经济学批判〉序言》时写道:"按照我的观点,历史唯物主义的道德的科学基础要在'社会永远不给自己提出解决它们的条件还没有成熟的任务'这一论断里去寻找。在存在着这些条件的地方,'任务的解决变成责任,而意志则变成自由'。"④从更一般的意义上看,通过对唯心主义哲学家贝内代托·克罗齐著作的批判性阅读,葛兰西指出克罗齐对于 19 世纪 90 年代欧洲修正主义的出现具有关键作用,他试图阐明一种"合乎伦理的政治史",力图把个人能动性置于历史进程的中心,这作为对考茨基机械唯物主义的一种回应是可以理解的。葛兰西认为,真正的马克思主义"不排斥合乎伦理

---

① Georg Lukács, *Lenin: A Study in the Unity of his Thought*, pp. 65 – 66. 参见[匈]格奥尔格·卢卡奇《列宁——关于列宁思想统一性的研究》,第 82—83 页。——译者注
② Georg Lukács, *History and Class Consciousness*, pp. 41 – 42. 参见[匈]卢卡奇《历史与阶级意识》,第 85—86 页。——译者注
③ Antonio Gramsci, *Selections from Political Writings 1910 – 1920*, London: Lawrence and Wishart, 1977, pp. 34 – 37.
④ Antonio Gramsci, *Selections from the Prison Notebooks*, London: Lawrence and Wishart, 1971, pp. 409 – 410. 参见[意]安东尼奥·葛兰西《狱中札记》,曹雷雨、姜丽、张跣译,河南大学出版社 2014 年版,第 506 页。——译者注

的政治史",并且列宁同第二国际马克思主义之间的革命性决裂,恰恰在于断言领导权这一因素对历史进程的根本重要性。①

在1919年和1920年都灵工厂的工人斗争中,葛兰西的《新秩序》(L'Ordine Nuovo)报小组试图解决"无产阶级专政"如何从一个抽象的口号转变为具体的行动目标这一问题。② 关于"如何利用战争释放的巨大社会力量",葛兰西的答案是"社会主义国家可能就存在于被剥削的工人阶级所特有的社会生活机构中"。③ 这些机构就是工厂理事会,它们是从现有的代表机构——工厂内部委员会中产生的。④ 葛兰西在针对早期发行的《新秩序》进行自我批判时写道,这些都是"抽象的",这份报纸读起来不像是属于当地工人的:"作为评论,它本可以在那不勒斯、卡尔塔尼塞塔、布林迪西出版",并成为"庸常的智识主义"的一个例证。⑤ 为克服这一点,葛兰西迅速调整《新秩序》的定位,以便解决当地工人阶级生活的核心问题——"工厂理事会的发展问题"。用葛兰西的话说,新的定位使工人们开始"热爱"《新秩序》。⑥

这一进路孕育于葛兰西批判性地学习俄国革命的计划。他认为,社会主义者应以效法列宁为目标,因为列宁成功地"把共产主义学说与俄国人民的集体意识结合起来"。葛兰西通过把自己的政治活动植根于现实的工人运动,以期在意大利复刻这种成功。⑦ 可见,他把实践与"直接产生于生产过程本身"的工人阶级斗争的机构关联起来,目标就是格温·威廉斯(Gwyn Williams)所说的"把俄国的苏维埃经验译成意大利语"⑧。葛兰西的马克思主义把革命政治植根于现实的工人运动,从而开

---

① Antonio Gramsci, *Further Selections from the Prison Notebooks*, p. 329, pp. 345 – 346, p. 357, 360.
② Antonio Gramsci, *Selections from Political Writings 1910 – 1920*, p. 68.
③ Antonio Gramsci, *Selections from Political Writings 1910 – 1920*, p. 65.
④ John Molyneux, *Marxism and the Party*, p. 146.
⑤ 语出葛兰西,转引自 Gwyn Williams, *Proletarian Order*, London: Pluto, 1975, p. 94。
⑥ 语出葛兰西,转引自 Gwyn Williams, *Proletarian Order*, pp. 94 – 95。
⑦ 语出葛兰西,转引自 Gwyn Williams, *Proletarian Order*, p. 100。
⑧ Gwyn Williams, *Proletarian Order*, p. 102.

始实现一种超越资产阶级思想悖论的伦理学。不过,尽管葛兰西先是正式地对俄国社会民主工党表示拥护,又在其改良派与革命派分裂之后才正式拥护共产党,但威廉斯早就指出,葛兰西的著作中完全没有"任何内容讨论关于党这一机构在组织上处于巅峰之际将如何发挥作用;'国家机器'如何在粗鄙的现实中获得'国家权力'"①。葛兰西早期马克思主义思想的这一空白意味着,他在这些具有决定性意义的岁月里被孤立于争取党的领导权的斗争之外。② 在接下来的几年里,葛兰西通过为争取共产党的领导权进行斗争,并通过反对党内把共产主义贬低为抽象理想的倾向,来努力解决这一问题。然而,他的胜利是在法西斯主义侵略之后才取得的,因而沦为一种有名无实的胜利。

不论关于葛兰西欣然接受"列宁主义"有何具体的事实依据,很多人都认为这一过程削弱了他早期的马克思主义思想强有力的伦理维度。持这一观点的典型代表卡尔·博格斯(Carl Boggs)表明,葛兰西合乎伦理的马克思主义同他的列宁主义之间存在紧张关系,并认为列宁"高度集中的政党概念……同所有自我管理和民主参与的期望都是矛盾的"③。其实,这个悖论是由博格斯自己造成的:因为他既把列宁所理解的政党误以为是斯大林的那种,又把斯大林主义的兴起与革命后俄国社会主义者所面临的薄弱物质条件割裂开来看。而我们将在下文中看到,正是国内的物资匮乏和国外的革命失败促成了斯大林主义;"列宁主义"对列宁政治主张的曲解也正出自斯大林。如果我们越过这种曲解来思考,就可以把葛兰西在1920年后逐渐聚焦于党的重要性,理解为与他的如下认识相对应:"尽管工人的控制权很重要,但它必须辅以资本主义国家的实际解体。"④从葛兰西入狱前最后一本重要著作《里昂提纲》(*The Lyons*

---

① Gwyn Williams, *Proletarian Order*, p. 155.
② Antonio Gramsci, *Selections from Political Writings 1921 - 1926*, London: Lawrence and Wishart, 1978, p. 189.
③ Carl Boggs, *Gramsci's Marxism*, London: Pluto, 1976, p. 86.
④ Donny Gluckstein, *The Western Soviets*, London: Bookmarks, 1985, p. 187.

Theses)中能够明显看出,他强调必须建立一个政党,并不意味着他已忘记《新秩序》时期的坚强决心。因而,他坚信"党组织必须建立在生产的基础上,并由此建立在工场(支部)的基础上"①。具体来说,这些党支部不仅是为反映周围工人的觉悟而设,更是为了真正实现对阶级斗争的领导。这一论点又为《狱中札记》中如下论断提供了依据:虽然政党"不过是阶级的别名,它们不仅是这些阶级机械被动的表达,也反映了这些阶级力图发展、巩固和扩大的活力"②。重要的是,这一领导权概念摆脱了肇始于韦伯的、把领导权同支配权混为一谈的普遍看法。用葛兰西的话说,之所以能够如此,是因为自《新秩序》时期起,领导权在把"自身运用于现实的人"的过程中"不再是抽象的"。可见,"自发性因素没有被忽略,甚至也很少被轻视。在接受教育和引导后,来自外界的污秽被清除,目的是使它符合现代理论[马克思主义]——只不过这是以一种鲜活的、历史上有效的方式实现的"③。莫利纽克斯在评论这一观点时指出,葛兰西由此明确打破了列宁在《怎么办?》中对自发性与自觉性关系的二元化表述。④ 葛兰西同第二国际马克思主义的精英主义残余决裂,但是并没有回到对领导权本身简单粗暴的摒弃。他反而提出,可以把领导者划分为民主的和反民主的两种类型:"成为领导者的一个基本前提是:以总是存在统治者和被统治者为本意? 还是以创造不再需要这种划分的条件为目的?"⑤

  葛兰西坚信,共产党要想摆脱做抽象言辞宣传的倾向,就要转而把自身植根于现实的工人斗争中,与此相似,恩斯特·布洛赫阐述了抽象乌托邦与具体乌托邦之间的区别。布洛赫在第一次世界大战前与卢卡

---

① Antonio Gramsci, *Selections from Political Writings 1921-1926*, p. 362.
② Antonio Gramsci, *Selections from the Prison Notebooks*, p. 227. 参见[意]安东尼奥·葛兰西《狱中札记》,第 288 页。——译者注
③ 语出葛兰西,转引自 John Molyneux, *Marxism and the Party*, p. 156。
④ John Molyneux, *Marxism and the Party*, p. 157.
⑤ Antonio Gramsci, *Selections from the Prison Notebooks*, p. 144; John Molyneux, *Marxism and the Party*, p. 158. 参见[意]安东尼奥·葛兰西《狱中札记》,第 169—170 页。——译者注

奇关系密切,以至于他认为《历史与阶级意识》的部分内容"确实来自于我",而他自己成为马克思主义者之前的论文《乌托邦的精神》(*Spirit of Utopia*,1918)的部分内容也"源于卢卡奇"。① 虽然这可能是真的,但卢卡奇在书中试图把自己对马克思主义的新解同布洛赫的思想拉开距离,同样也是事实。具体来说,卢卡奇倾向于把乌托邦主义斥为一个被历史唯物主义扬弃的抽象范畴。② 布洛赫对此评论道,卢卡奇片面地把乌托邦概念贬斥为一种抽象的、超凡脱俗的夸张表述。③ 而正如韦恩·哈德逊(Wayne Hudson)指出的那样,布洛赫反对这种进路并坚信,"人的意识渗透着一种乌托邦的维度"④。他的论点类似于上文提到的列宁关于幻想的评论,即在抽象形式与具体形式的乌托邦之间加以区分,而最理想状态下的马克思主义是一种具体形式的乌托邦。⑤ 对此,布洛赫在其巨著《希望的原理》中用了很长的篇幅加以阐述——这是一部从1938年开始写作历时十年完成的作品,它首次出版于20世纪50年代中期。虽然这似乎超出了本章所探讨的富有创造力的那一时期,但是布洛赫的作品与卢卡奇、柯尔施的作品密切相关。乔斯·梅基奥尔(Jose Merquior)写道,正是这"三位哲人同第二国际非哲学的无为主义决裂,才使马克思主义得以重拾其唯心主义渊源的人道主义富矿"⑥。奥斯卡·内格特(Oskar Negt)把布洛赫具体描述为"十月革命时期的德国哲学家",尽管马丁·杰伊认为,布洛赫就算在其成熟时期也仍然属于"西方马克思主义早期僵化的残余"⑦。

实质上,布洛赫试图"恢复马克思主义中的乌托邦概念"⑧。据此可

---

① Wayne Hudson, *The Marxist Philosophy of Ernst Bloch*, London: Macmillan, 1982, p. 38.
② Georg Lukács, *History and Class Consciousness*, p. 160, pp. 192 - 193.
③ Wayne Hudson, *The Marxist Philosophy of Ernst Bloch*, pp. 38 - 41.
④ Wayne Hudson, *The Marxist Philosophy of Ernst Bloch*, p. 108.
⑤ Vincent Geoghegan, *Ernst Bloch*, London: Routledge, 1996, p. 148.
⑥ Jose Merquior, *Western Marxism*, London: Paladin, 1986, p. 82.
⑦ Martin Jay, *Marxism and Totality*, p. 176, 195.
⑧ Ruth Levitas, *The Concept of Utopia*, Hemel Hempstead: Philip Allan, 1990, p. 83.

见，早期的道德理论是从"外部"抽象地推行其正义观，而马克思主义则是"内在辩证地"对资本主义社会展开具体批判。这种形式的批判不仅批判现状，而且同时指向"尚未"形成之物——作为对资本主义的具体替代、在资本主义内部正在生成的事物。这种形式的乌托邦主义非但不是不切实际的，反而是现实主义唯一适当的形式："如果现实主义作为未完成的现实，从现实中的这一最具力量的因素中抽象出来，那就不存在名副其实的现实主义了。"① 更具体地说，他坚信，与其把马克思主义与乌托邦主义视为一种简单的并列关系，倒不如把马克思主义理解为通过为乌托邦主义提供新的具体性巩固了自身：马克思主义不仅没有被乌托邦幻想"熄灭火柱"，反而"进一步驱散了我们幻想中的阴霾"。② 布洛赫由此指出，不应把马克思断言工人阶级没有要实现的理想，机械地理解为马克思主义者没有对美好未来的憧憬，其所表明的理想是"有具体倾向性的目标"，而非"被抽象灌输的目标"。③ 这其实非常接近卢卡奇的论断：社会主义的最终目的"在其超越当代社会经济、法律和社会限制的意义上是乌托邦的"，因为马克思主义植根于事物的现实运动，它"把超越性对象变成内在的对象"。就是说，"手段与目标没有背道而驰……相反，手段使目标更切近自我实现"④。

可见，在康德的绝对命令那里"没有现实的实践"，而在马克思这里"所培养的不是一般的和抽象的人性，而是一种**具有针对性的**(addressed)**人性**"⑤。布洛赫反对康德道德观的形式主义，但他同时认为，康德的道德观预见了未来无阶级社会的道德，马克思则超越了当前

---

① Ernst Bloch, *The Principle of Hope*, Vol. II, Oxford: Blackwell, 1986, pp. 619 - 624.
② Ernst Bloch, *The Principle of Hope*, Vol. I, Oxford: Blackwell, 1986, p. 146.
③ Ernst Bloch, *The Principle of Hope*, Vol. I, p. 173, 199.
④ Georg Lukács, *Political Writings 1919 - 1929*, p. 5；关于内在性与超越性之间的区别，见 Joseph McCarney, *Hegel on History*, London: Routledge, 2000, pp. 39 - 48。
⑤ Ernst Bloch, *The Principle of Hope*, Vol. II, p. 872; Ernst Bloch, *The Principle of Hope*, Vol. III, p. 1357.

消极的一面,看到对资本主义的反抗所内含的潜能。① 这一具体的道德观针对的是现实的历史的人,因而超越了康德的道德观。可见,布洛赫改写了康德的绝对命令,要求人们"推翻使人成为被侮辱、被奴役、被遗弃和被蔑视的存在的一切情形"②。正如安德鲁·芬伯格(Andrew Feenberg)所表明的,从这个意义上可以说马克思主义是"宗教乌托邦的世俗化"③,因为正如布洛赫所写道的,它并不满足于"单纯的愿望",而是通过"向其表明可以做些什么"坚持我们"想要"的④。

可悲的是,布洛赫写下的这些话在 20 世纪 30—50 年代成为对斯大林主义的辩护,但这或许可以部分地通过这一时期工人运动遭受巨大挫败得到解释。工人阶级在这一时期无法对资本主义提出具体的替代方案,而布洛赫至少在 1961 年以前是主张代之以斯大林式的官僚制度,作为他的美好社会愿景的核心。

如果说,以 1953 年东德工人阶级的反抗为标志,战后出现以社会主义替代资本主义、斯大林主义的最初迹象,那重新燃起关于美好社会的社会主义憧憬的正是 1956 年发生的事件,特别是当工人抵御苏联坦克时,真正的苏维埃作为工人权力机构短暂地重现于匈牙利。⑤ 正是从这一刻起,新左派才有可能开始把葛兰西关于合乎伦理的马克思主义方案,从斯大林及其追随者对马克思主义的扭曲中剥离出来。

斯大林主义与马克思主义

如上述讨论所证明的那样,佩里·安德森的"第一次世界大战以前

---

① Ernst Bloch, *The Principle of Hope*, Vol. II, p. 874; Ernst Bloch, *The Principle of Hope*, Vol. III, p. 1357.
② Ernst Bloch, *The Principle of Hope*, Vol. III, p. 1358.
③ Andrew Feenberg, *Lukács, Marx and the Sources of Critical Theory*, Oxford: Rowman and Littlefield, 1981, p. 252.
④ Ernst Bloch, *The Principle of Hope*, Vol. III, p. 1354.
⑤ Chris Harman, *Class Struggles in Eastern Europe 1945-1983*, London: Bookmarks, 1988, pp. 63-79, 119-186.

的一代经典马克思主义者实现了理论和实践的有机统一"①这一观点,其实掩盖了一些裂痕。不过,安德森无疑指出了经典马克思主义的一个重要特征,它在斯大林式的误读中是完全没有的。因为如果说,第二国际的正统派把革命派言辞与改良派实践之间的妥协,纳入真正尝试最大限度促进整个工人阶级团结的努力范围之内,尽管这一努力最终是有缺陷的,那么可以说,斯大林主义是作为这样一种粗鄙的企图出现的:把工人运动的失败说成是胜利。斯大林主义者导致第二国际内部的理论与实践陷入明显更严重的制度化分裂,马克思主义在他们的手中沦为苏联官僚主义行为的辩护工具。

1917 年俄国十月革命的成功,是以整个欧洲类似的革命成功为基础的:孤立中的俄国太过落后,以致无法维续社会主义生产关系,但是战争表明俄国经济只是更广泛的国际经济的一部分,国际经济的发达程度足以支撑其向社会主义过渡。为此,列宁于 1918 年 7 月指出:"我们从来没有幻想过,一国的无产阶级和人民的革命力量能够推翻帝国主义,无论他们多么英勇,多么具有组织性和纪律性。只有全世界工人共同努力,才能做到这一点。"②虽然 1917 年之后在俄国以外确实爆发了革命运动,但不幸的是到 1923 年底前,这些运动已经惨遭挫败。此后,苏联在政治上陷入孤立,苏联的官僚机构在内战期间也已发展成为一个独特的社会阶层,而且愈发意识到它们自身在社会中的特殊利益。

当托洛茨基在他的小册子《新方针》(*The New Course*)中批评党和苏维埃国家日益官僚化时,他与领导层之间的冲突就开始了。同时,指向自上而下向工人传授科学知识的铁板一块的政党的"列宁主义"神话也被炮制出来,其短期目标是限制针对新领导层的任何批评,特别是来

---

① Perry Anderson, *Considerations on Western Marxism*, London: Verso, 1976, p. 29. 参见[英]佩里·安德森《西方马克思主义探讨》,高铦、文贯中、魏章玲译,高铦校,人民出版社 1981 年版,第 41 页。——译者注
② 转引自 Duncan Hallas, *The Comintern*, London: Bookmarks, 1985, p. 7。

自托洛茨基的批评。①

可惜这一切刚好发生在卢卡奇出版《历史与阶级意识》之时。尽管共产主义运动内部最早的相关书评一般都是正面的,不过,很快就有苏联哲学家艾布拉姆·德波林(Abram Deborin)和匈牙利共产党内卢卡奇小组的前成员——有莫斯科背景的拉斯洛·鲁达斯(Lazslo Rudas)——发起攻击。在两篇独立的评论中,鲁达斯从机械唯物主义角度出发,先后对卢卡奇和托洛茨基过分强调历史中的主观因素展开批判。在1924年6—7月共产国际第五次代表大会上,季诺维耶夫借助其中的第一篇痛斥卢卡奇和柯尔施的"修正主义"。② 可见,因为一些至少最初只是偶然的原因,卢卡奇的著作成为托洛茨基遭受攻击的一个牺牲品。但是不论《历史与阶级意识》为何引发争论,这一争论都标志着与战后革命浪潮相联的马克思主义的复兴掺杂了太多政治因素。为取代复杂精深的卢卡奇哲学,德波林重新提出经普列汉诺夫曲解的黑格尔主义的一种变体③,鲁达斯则拥护一种粗陋的机械唯物主义④。

正是在这样的背景下,斯大林于1924年提出"一国社会主义"概念。如果说,经典马克思主义希望对工人阶级的现实运动给予理论表达,"一国社会主义"概念则是苏维埃官僚制度的意识形态反映。托洛茨基认为正是通过这一概念,官僚制度才把社会主义的胜利等同于"他们自己的胜利"⑤。对于这一阐释的重要性怎么强调都不为过。虽然1924年标志着苏维埃政治的一个重要分水岭,但迈克尔·赖曼(Michal Reiman)令人信服地指出,关键的转折点是1927—1929年这段时期。因为正是在这个关节点上,在经历过整个20世纪20年代不断深化的结构性危机后,斯大林主义者缔造出一种与社会主义"截然相反"的社会政治制度,

---

① Paul Le Blanc, *Lenin and the Revolutionary Party*, New Jersey: Humanities Press, 1990, pp. 1-13.
② John Rees, "Introduction", p. 25.
③ Fred Halliday, "Introduction", in Karl Korsch, *Marxism and Philosophy*, p. 17.
④ John Rees, "Introduction", p. 23.
⑤ Leon Trotsky, *The Revolution Betrayed*, p. 32.

由此形成斯大林主义的最终形态。① 与列宁和托洛茨基推进的世界革命策略相反,自 20 世纪 20 年代后期开始,斯大林寻求通过国家主导的工业化进程解决俄国历史遗留的落后问题。②

斯大林主义仍然沿用——拙劣模仿的——马克思主义的话语,并以十月革命为依据使苏维埃国家合法化,同时还夺去反对该政权的社会主义者使用历史唯物主义话语的权利。如此一来,斯大林主义就标志着对马克思主义的根本"改造"。正如马尔库塞写道:"在革命时期,十分明显的是,列宁把他的策略成功地建立在工人和农民的现实的阶级利益和渴望的基础上",然而"自 1923 年以后,领导者的决定则日益与无产阶级的利益相分离"。③ 苏联的马克思主义不是工人阶级的行动指南,而是对苏联统治阶级已然采取的行动的证明。④ 类似地,斯拉沃热·齐泽克也认为,把斯大林主义的"辩证唯物主义"视为一个严肃的哲学体系将会错失要点:"它是被仪式性地用来支撑既定权力的正当性的工具。"⑤

从更一般的意义上说,斯大林在阐述一种把唯意志论与机械决定论不连贯地结合在一起的社会理论时,重新呈现出资产阶级思想的二元化特征。历史被认为是一个把生产力从日益退化的生产关系的束缚中解放出来的机械故事。马克思的革命理论随之被简化为关于进化的一般图式:"社会生产力变化并发展着,然后人们的生产关系和经济关系也基

---

① Michal Reiman, *The Birth of Stalinism*, London: I. B. Tauris; Haynes, 1987, p. 119, 122.
② Michael Haynes, *Nikolai Bukharin and the Transition from Capitalism to Socialism*, London: Croom Helm, 1985, p. 110; Tony Cliff, *State Capitalism in Russia*, London: Pluto, 1974.
③ Herbert Marcuse, *Soviet Marxism*, London: Penguin, 1958, p. 124. 参见[美]赫伯特·马尔库塞《苏联的马克思主义——一种批判的分析》,张翼星、万俊人译,黄振定校,中国人民大学出版社 2012 年版,第 84 页。——译者注
④ Herbert Marcuse, *Soviet Marxism*, p. 17, 128; Nigel Harris, *Beliefs in Society*, London: Penguin, 1968, p. 152.
⑤ Slavoj Žižek, "Georg Lukács as the Philosopher of Leninism", in Georg Lukács, *Tailism and the Dialectic: A Defence of History and Class Consciousness*, p. 155. 参见[斯洛文尼亚]齐泽克《作为列宁主义哲学家的格奥尔格·卢卡奇》,孙一洲译,张双利校,载《当代国外马克思主义评论》2017 年第 1 期,第 9 页。——译者注

于这些变化相应地发生变化。"①按照马克思的理解,为自由而斗争是以生产力与生产关系之间日趋激烈的矛盾为背景的②,而斯大林却把人的自由程度的增加归结为生产力的发展。这使得他把苏联的工业化等同于苏联人民的解放。为此,他把马克思批判资本为了积累而积累的倾向,曲解成为对苏联这一过程的证明。在道德理论领域,斯大林主义与在社会以及性的层面上重新出现的保守道德关联在一起。③ 这涉及一种"竞赛性劳动道德",其最高原则是"苏联的爱国主义和对祖国的爱",它完全认可"把劳动认定为个人全部生命的内容本身"。20 世纪"30 年代早期那种僵化而又具惩罚性的极权主义道德的恢复",甚至使"个人道德对生产力发展的从属地位"得以合法化。④

虽然这种理解模式几乎没有为革命实践提供什么理论依据,但是斯大林觉得,即便只是为了证明他自己在苏联扮演的角色的正当性,也必须在他的社会理论中加入关于能动性的说明。为此,他在其机械的历史进化论中增加了对官僚主义活动的理解。在斯大林发表的声明中,党内以及实践中所体现的"理论"成为引导苏联走向解放的机构组织中的幽灵。正如奈杰尔·哈里斯(Nigel Harris)所言,作为一种社会理论,斯大林主义把"群众的决定论、领导的唯意志论"自相矛盾地结合起来。⑤ 当然,斯大林并不认为他的理论就其分析而言毫无价值:关键在于为苏联的国家行为作辩护,而不是解释它们。不过,斯大林主义的兴起所导致的一个重要的认知性后果就是,对马克思思想的一种实证性曲解在共产主义运动中占据霸权,而马克思主义的规范性方面则被掩盖在关于生产力会持续发展的花言巧语下。

---

① Joseph Stalin, *Dialectical and Historical Materialism*, 1938, at http://www.marxists.org/reference/archive/stalin/works/1938/09.htm.
② Paul Blackledge, *Reflection on the Marxist Theory of History*, Ch. 2.
③ Eugene Kamenka, *Marxism and Ethics*, p. 60.
④ Herbert Marcuse, *Soviet Marxism*, p. 191, 204. 参见[美]赫伯特·马尔库塞《苏联的马克思主义——一种批判的分析》,第 133、143 页。——译者注
⑤ Nigel Harris, *Beliefs in Society*, p. 156; Herbert Marcuse, *Soviet Marxism*, p. 121.

结论

尽管列宁、卢卡奇、卢森堡和格罗斯曼等人在理论上促成与第二国际二元论的决裂,而且卢卡奇、帕舒卡尼斯、托洛茨基、布洛赫和葛兰西还指明了这一决裂带来的伦理推论,但是在斯大林主义之前的共产国际内部并没有产生完整的革命伦理学。不过,的确不乏个别人表明得到复兴的一种合乎伦理的马克思主义的政治意义。伊格尔顿认为"美学团体将成为最绝对的工具化的政治行动的结果"①,与此相对,卢卡奇则认为"阶级意识是无产阶级的'伦理学'",因为"党"是"战斗无产阶级伦理学的支柱",其"力量确实是一种道义力量"②。

当然,得出这一结论的前提一方面是,在工人通过阶级斗争反对资本主义社会的原子化和碎片化的过程中蕴含辩证关系,另一方面是,社会主义和革命党的出现促使合作的自由社会的愿景体现为对资本主义的内在批判。尽管如我所述,列宁和卢卡奇的立场都是如此,但悲剧的是,作为产生这一认知性革命基础的革命进程,到了20世纪20年代中期已全线回退,而到了30年代更是在希特勒和斯大林的手中惨遭灾难性溃败。自那时起,"列宁主义"的意识形态在一定程度上不仅仅是对斯大林主义官僚做派的粗鄙辩护,而且退化成为列宁早先所反对的那种领导者与被领导者之间的二元论,或科学与自发性运动之间的二元论。同理,一旦脱离其作为对革命运动的表达所承载的内容,卢卡奇对党的作用的构想就被曲解成对斯大林主义官僚做派的正当性证明。不过,正如我们将在本书第五章中看到的,虽然斯大林主义终结了马克思主义的这次革命性复兴,但是斯大林主义在20世纪50年代所遭遇的危机,又为

---

① Terry Eagleton, *The Ideology of the Aesthetic*, p. 206. 参见[英]特里·伊格尔顿《美学意识形态》,第198页。——译者注

② Georg Lukács, *History and Class Consciousness*, p. 42; cf István Mészáros, *Beyond Capital*, p. 313. 参见[匈]卢卡奇《历史与阶级意识》,第86—87页。——译者注

革命的社会理论和伦理理论的重生敞开大门。与新左派中极左翼有关的那一小群革命者只是受卢卡奇思想影响的少数人,我们在下一章中将要讨论的主导倾向则是更为悲观的、抽象乌托邦式的批判理论学派。

第四章　西方马克思主义的悲剧观：非革命时代的社会主义伦理学

> 一定时代的革命思想的存在是以革命阶级的存在为前提的。①
> ——马克思和恩格斯

> 西方马克思主义的决定性问题已成为革命主体的缺失。②
> ——齐泽克

导言

在对帕斯卡尔和拉辛的著作有杰出研究的《隐蔽的上帝》(The Hidden God, 1964)中，吕西安·戈德曼阐发了一种他追随卢卡奇称之为"悲剧观"的理论。这一概念被他用以描述这样一系列类似的世界观：它们以某些社会群体在某些历史关头的观点为特征，而在这些历史关头没有希望存在的基础，却不得不继续抱有希望。在宗教的语境中，当人们不再信仰上帝却仍然在上帝的眼皮底下行事时，这一悖论就出现了。

---

① Karl Marx and Frederick Engels, *The German Ideology*, p. 60. 参见《马克思恩格斯文集》第 1 卷，第 551 页。——译者注
② Slavoj Žižek, "Beginning Again", in *New Left Review* 2/57, 2009, p. 51.

由此,这些行动者发现自身陷入一种既无法完成神圣委派的任务又不能放弃它们的境地。戈德曼认为,这一观点的变体典型地出现在三个历史关头:索福克勒斯、莎士比亚以及最后帕斯卡尔、拉辛和康德所处的历史关头。他认为,其中的每位作家都表达过一种特定的悲剧观,作为某一特定社会群体的代表,他们经历了"人与社会和人与精神世界之间关系的深刻危机"①。在戈德曼看来,悲剧世界观在这些时期蕴含这样一种信念:我们可以"永不放弃希望",但也不能"把希望寄托在这个世界上"。②帕斯卡尔对他那个时代悲剧观的部分贡献就在于他认为,在这个世界上寻求意义就意味着要对上帝的存在打赌。他这样写道:"你愿意走向信仰,而你不认得路径;你愿意医治自己的不信仰,你在请求救治:**那你就应学习那些像你一样被束缚着、但现在却赌出他们全部财富的人们**③。"

在每一个以悲剧观为特征的历史时刻过后,都出现了新的社会群体的代表,他们试图通过表明"人能够通过自己的思想和行动获得真正的价值"来超越这一危机。这些新的世界观体现在索福克勒斯之后的柏拉图著作中、莎士比亚之后的"欧洲理性主义和经验主义"著作中,以及帕斯卡尔、拉辛、康德之后黑格尔和马克思的著作中。④ 在其中的每一个时期,这些新的社会群体都以新颖的方式同外部现实建立联系,而通过对由此锚定的变革的可能进行打赌,新世界观的视野指向以往处境的界限之外。戈德曼批判性地吸收帕斯卡尔的观点并认为,以辩证的方法理解历史,同悲剧观一样采取了打赌的形式,但它不再针对人的世界以外的力量打赌,而是针对人的世界内在固有的力量打赌:"人的生活便显出以

---

① Lucien Goldmann, *The Hidden God*, London: Routledge, 1964, p. 41. 参见[法]吕西安·戈德曼《隐蔽的上帝》,蔡鸿滨译,百花文艺出版社 1998 年版,第 54 页。——译者注
② Lucien Goldmann, *The Hidden God*, pp. 56 - 57. 参见[法]吕西安·戈德曼《隐蔽的上帝》,第 75 页。——译者注
③ Lucien Goldmann, *The Hidden God*, pp. 285 - 286. 参见[法]吕西安·戈德曼《隐蔽的上帝》,第 421 页。——译者注
④ Lucien Goldmann, *The Hidden God*, p. 46.

其行动的成功与否进行打赌的样子,从而也就显出以是否存在超越个人的力量进行打赌的样子。"从这个角度看,马克思主义不是基于决定论预测人类的社会主义未来,而是对无产阶级革命的潜能进行打赌。① 正因为采取的是这样一种打赌形式,戈德曼认为,20世纪中期工人运动所经历的失败,促使当时一些最为诚恳的思想家认识到存在于"人的希望和人类困境之间的二分"。他们发现自己处于曾经有可能超越悲惨境遇的那些力量似乎不复存在的处境中。②

在这种背景下,对无产阶级的革命潜能进行打赌,在列宁面向"革命现状"③时处于核心——他打赌说每个厨娘都能够参与治理④——他的赌注似乎越来越脱离现实。可见,正如本书上一章已指出的那样,在1923年10月德国革命失败后,曾经存在于共产主义政治观与工人运动之间的密切联系,被斯大林和季诺维耶夫所颠覆,他们在权力斗争中把"列宁主义"变为粗俗的意识形态工具。如果说这一过程是从他们攻击托洛茨基开始的,它在布哈林被逐出苏联党的领导层时则达至顶峰。正如在托洛茨基遭受攻击的背景下,卢卡奇对马克思主义哲学的复兴备受谴责一样,驱逐布哈林也伴随着共产国际内部突然兴起的一种政治极左倾向。这一政治转变的一个后果是,面对希特勒上台以及随后德国工人运动被纳粹击溃,德国共产党陷入瘫痪状态。在这种情形下,真正的革命左派变得原子化和孤立是不足为奇的。

作为革命左派的主要代表,托洛茨基对斯大林主义的批判为日后所

---

① Lucien Goldmann, *The Hidden God*, pp. 300 - 301. 参见[法]吕西安·戈德曼《隐蔽的上帝》,第 445 页。——译者注
② Lucien Goldmann, *The Hidden God*, pp. 60 - 61. 参见[法]吕西安·戈德曼《隐蔽的上帝》,第 80 页。——译者注
③ Georg Lukács, *Lenin: A Study in the Unity of his Thought*, p. 11.
④ Vladimir Lenin, "Can the Bolsheviks Retain State Power?", in Vladimir Lenin, *Collected Works*, Vol. 26, 1964, p. 113. 参见《列宁全集》(第二版)第 32 卷,人民出版社 1985 年版,第 306 页。——译者注

有严肃探讨这一主题的著作奠定了基础。① 如果说 20 世纪 30 年代的革命左派变得有所不同的话,那就是比 1914 年列宁的处境更为孤立。如果说托洛茨基死后,苏联因战胜德国军队而增强了国际左派对斯大林主义的信仰,随后发生的事件则使革命社会主义的真正力量进一步边缘化。斯大林主义政党在战争结束时迎来的民众起义浪潮中所发挥的维稳作用②,与战后的繁荣相结合形成调解作用,致使可能支持革命的工人运动复兴的那种普遍的阶级斗争没能出现。可见,如果说在 20 世纪三四十年代,斯大林化的共产国际作为主观因素,白白浪费了使革命运动重新出现的客观机会,那么战后繁荣则使那些成功经受住过往这 20 年考验的革命小团体,必然面临使其核心信念遭受扭曲的局面。③

在这种情形下,社会主义知识分子变得日渐脱离革命政治也就在意料之中。这一现象的极端例证之一是与法兰克福学派有关的主要思想家的思想发展轨迹④,主要包括马克斯·霍克海默、西奥多·阿多诺和赫伯特·马尔库塞。卢卡奇和柯尔施等人曾齐聚一堂,探讨列宁复兴马克思主义的哲学意义。法兰克福学派就是在这次会议举办一年后的 1924 年,由一位德国商人的儿子——马克思主义者费利克斯·韦尔(Felix Weil)资助形成,最初是希望它成为即将出现的德意志苏维埃共和国这项更大事业的风向标。在德国工人运动阻止希特勒失利后,与这一学派有关的主要人物对社会主义的前景越来越悲观。正是在这一背景下,阿多诺试图构想一种能够满足现代世界要求的新的绝对命令。

与法兰克福学派相关的知识分子在 1917 年后首次被马克思主义所

---

① Paul Blackledge, "Leon Trotsky's Contribution to the Marxist Theory of History", in *Studies in East European Thought*, Vol. 58, No. 1, 2006, pp. 1 - 31; Paul Blackledge, "Results and Prospects: Trotsky and his Critics", in Bill Dunn and Hugo Radice, eds., *Permanent Revolution—Results and Prospects 100 Years On*, London: Pluto Press, 2006, pp. 48 - 60.
② Ian Birchall, *Workers against the Monolith*, London: Pluto, 1974.
③ Perry Anderson, *Considerations on Western Marxism*, pp. 24 - 25.
④ Rolf Wiggershaus, *The Frankfurt School*, Cambridge: Polity, 1994.

吸引,只是在希特勒上台后才逐渐远离马克思主义,而在比邻的法国,很少触及斯大林主义之前的共产主义政治观的让-保罗·萨特,因为抵抗运动的经历而被共产党和马克思主义吸引。这为他毕生关注马克思主义和斯大林主义创造了条件,由此他开启在冷战爆发的不利条件下复兴革命政治和革命伦理的卓有成效的尝试。

如果说,萨特和法兰克福学派的成员们代表着,紧随法西斯主义和斯大林主义的兴起以及战后的繁荣而为阐明反对现代资本主义社会的伦理基础所进行的另类尝试,那么,在20世纪60年代的西方马克思主义中占据主导地位的或许是来自路易·阿尔都塞的声音。众所周知,他驳斥了社会主义的人道主义及其必然导向的合乎伦理的马克思主义。① 然而到了20世纪70年代,不仅阿尔都塞星光黯淡,就连在马克思主义学术圈称霸一方的欧陆思想家也风光不再。自20世纪70年代末开始,马克思主义理论重镇转移到英语世界,随着杰里·科恩的《卡尔·马克思的历史理论:一种辩护》(Karl Marx's Theory of History: A Defence, 1978)出版,出现了一种被称为分析的马克思主义的倾向,并在其后20年成为马克思主义学术界的主导声音。② 正如我们即将看到的,这一群体的政治思想轨迹是从经典马克思主义走向一种空想社会主义的伦理学变体,其主题与平等主义的自由主义有所交叉。不过,如果说这就是该学派的主要轨迹,那么受到这些争论影响的其他人则得出更为激进的结论。其中最重要的人物便是亚历克斯·卡利尼科斯,他试图把这些争论与革命社会主义结合起来。

我的结论是,尽管这些进路无一成功逃脱我们情感主义文化的影响,特别是法兰克福学派对资本主义的内在批判、卡利尼科斯对平等主义的自由主义革命意蕴的推断以及萨特的实践概念中所呈现的进路,但是它们确实提供了指向这样一种超越性的重要资源。

---

① Louis Althusser, *For Marx*, pp. 219-247.
② Perry Anderson, *In the Tracks of Historical Materialism*, London: Verso, 1983, p. 24.

寻求一种反对资本主义的伦理学:法兰克福学派

西奥多·阿多诺的批判理论常被认为不仅是对马克思和马克思主义的批判,也是对社会解放可能性的更具普遍性的观念的批判。针对这一曲解,让-玛丽·文森特(Jean-Marie Vincent)指出,阿多诺的作品实际上是"在工人运动经历历史性失败后,着力寻求合乎需要的获得解放和自由的途径"①。虽然阿多诺深受青年卢卡奇思想的影响,但是正如苏珊·巴克-莫尔斯(Susan Buck-Morss)所说,20世纪20年代社会主义运动在政治上的失败,促使阿多诺拒斥"卢卡奇把无产阶级视为历史主—客体的观念"。使阿多诺感到不满的既有存在于工人阶级实际的经验性意识与卢卡奇和共产党所赋予他们的意识之间的差距,也包括为实现"党的策略"而使真相在共产主义运动内部沦为"被操纵的"对象。在卢卡奇对《历史与阶级意识》最后所捍卫的共产党员身份保持形式上的忠诚,同时对书中许多实质性内容予以否认的那段时期,阿多诺作为一名知识分子于20世纪二三十年代成熟起来的事实,足以使其从根本上质疑卢卡奇对于复兴马克思主义的贡献。② 这无疑也表明,他对保持知识分子作为社会批评家的自主性怀有康德式的关切。③ 卢卡奇在20世纪20年代向斯大林主义屈服,当然不过是社会主义运动在那段受挫的历史时期中的一个小插曲④,正是这些挫败从根本上促成了阿多诺悲观的政治理论。临近生命尽头的他评说道,自己在青年时代经历了一段

---

① Jean-Marie Vincent, "Adorno and Marx", in Jacques Bidet and Eustache Kouvelakis, eds., *Critical Companion to Contemporary Marxism*, Leiden: Brill, 2008, p. 489.
② Susan Buck-Morss, *The Origin of Negative Dialectics*, London: Harvester, 1977, pp. 28–32.
③ Gerard Delanty, "T. W. Adorno as Critical Intellectual", in David Bates, ed., *Marxism, Intellectuals and Politics*, London: Palgrave, 2007, p. 122.
④ Michael Löwy, *Georg Lukács—From Romanticism to Bolshevism*, London: New Left Books, 1979, pp. 193–213.

"似乎离变革真的很近"①的时期。然而,正如其合著者马克斯·霍克海默所言,虽然在"[20]世纪上半叶"可以合理地对无产阶级革命作出预期,并且希望工人阶级对希特勒的一致反应能够阻止纳粹20世纪30年代在德国取胜,似乎并非不切实际,但是在第二次世界大战之后,"无产阶级已经融入社会"②。希特勒的上台似乎否定了与第二国际马克思主义和列宁的革命替代方案关联在一起的历史进步的希望。由此,正如埃斯彭·哈默(Espen Hammer)所认为的那样,阿多诺的马克思主义在法西斯主义兴起的背景下形成,并且对立于他称之为考茨基关于进步所持有的天真的进化论期望,以及列宁、托洛茨基、卢卡奇关于"唯意志论先锋主义"(voluntarist vanguardism)的变体。③

与马克思寄予无产阶级的期望相反,阿多诺和霍克海默在《启蒙辩证法》(1944)中认为,在现代世界中"进步变成了退步",这导致人对自然越发拥有控制力的同时,个性也随之消逝,因为"随着财富的不断增加,大众变得更加易于支配和诱导"④。卢卡奇探讨了资产阶级社会生活各方面的商品化通过"还原为抽象的量"使不同的东西具有可比性,阿多诺和霍克海默在延伸这一论述的同时,拒斥了卢卡奇对于无产阶级立场可能为资本主义制度提供替代方案所寄予的希望,他们认为"社会的现实工作条件迫使劳动者墨守成规"。他们指出,"让劳动者软弱无力的不只是统治者们的策略,而且也是工业社会合乎逻辑的结果"⑤。可见,虽然卢卡奇已同韦伯的"海德堡知识圈"(Heidelberg Circle)浪漫主义的反资本主义思想决裂——他在1918年接受马克思主义之前的十年里曾是其

---

① Theodor Adorno, *History and Freedom*, Cambridge: Polity, 2006, p. 181.
② Max Horkheimer, *Critical Theory: Selected Essays*, New York: Herder and Herder, 1972, pp. v – vi.
③ Espen Hammer, *Adorno and the Political*, London: Routledge, 2006, p. 26.
④ Theodor Adorno and Max Horkheimer, *Dialectics of Enlightenment*, London: Verso, 1979, pp. xiv – xv. 参见[德]马克斯·霍克海默、西奥多·阿道尔诺《启蒙辩证法——哲学断片》,渠敬东、曹卫东译,上海人民出版社2006年版,第4页。——译者注
⑤ Theodor Adorno and Max Horkheimer, *Dialectics of Enlightenment*, p. 7, 37. 参见[德]马克斯·霍克海默、西奥多·阿道尔诺《启蒙辩证法——哲学断片》,第5、29页。——译者注

中一员①,但阿多诺和霍克海默似乎对这一思想轨迹进行了翻转。他们通过一种更多地源于滕尼斯、韦伯和西美尔的思想而不是马克思思想的方式,把现代资产阶级社会的特征描述为行为方式所逐渐浮现的合理化,以及随之而来的社会世界的分裂。②

有趣的是,卢卡奇在后来的一部著作中批评韦伯认为"资本主义的决定性特征始终是:合理化、可计算性"的观点,倒不是因为这些不是现代资产阶级社会的特征,而是因为它们给人以"不必深入研究资本主义的现实经济问题……就能把握资本主义的本质"的印象。③韦伯的进路致使资本主义"现实的社会历史动态模糊不清"④。如本书前一章所述,格罗斯曼在《资本主义制度的积累规律与崩溃》中,试图通过强有力地重新阐释马克思的政治经济学批判来延续卢卡奇对马克思主义的复兴。但是,尽管格罗斯曼的著作于1929年在法兰克福学派的主持下出版,到了40年代初,霍克海默和阿多诺却逐渐与格罗斯曼关于资本主义的经典马克思主义解释撇清关系。⑤通过阐发《历史与阶级意识》韦伯式的一面,与法兰克福学派有关的理论家所阐述的资本主义批判,没能指出可能打破战后资本主义稳定态势的内部矛盾。

赫伯特·马尔库塞的《单向度的人》(1964)也许是由此一般性视角产生的最具影响力的作品。马尔库塞认为,马克思设想以无产阶级挑战资产阶级对生产资料的控制,想要凭借技术实现普遍利益,然而"在发达资本主义社会,技术合理性在生产机构中得到了具体化(尽管对它的使用是不合理的)",这种情况"改变了劳动者的态度和意识,这在对劳工阶

---

① Michael Löwy, *Georg Lukács—From Romanticism to Bolshevism*, pp. 37ff.
② Goran Therborn, "The Frankfurt School", in *New Left Review* ed., *Western Marxism: A Critical Reader*, pp. 92ff; Jay Bernstein, *Adorno: Disenchantment and Ethics*, Cambridge: Cambridge University Press, 2001, p. 7, 30; Alex Callinicos, *Social Theory*, Cambridge: Polity, 2007, p. 255.
③ Georg Lukács, *The Destruction of Reason*, London: Merlin, 1980, p. 607. 参见[匈]卢卡奇《理性的毁灭》,王玖兴等译,山东人民出版社1988年版,第544、545页。——译者注
④ István Mészáros, *Beyond Capital*, p. 333.
⑤ Rick Kuhn, *Henryk Grossman and the Recovery of Marxism*, pp. 182-186.

级与资本主义社会的'社会和文明一体化'的广泛讨论中变得十分明显"。① 如果说"对可以预见的未来而言,发达工业社会能够遏制质变"这一论断的逻辑表明了马尔库塞该书的主要论题,那么同时他也力求找到那些"能够打破这种遏制并推翻这一社会"的趋势。② 该书的结论是,"在保守的公众基础下面是生活在底层的流浪汉和局外人,不同种族、不同肤色的被剥削者和被迫害者,失业者和不能就业者"③,这些人的斗争恰恰可能成为一个更美好世界的基础,但是这一观点没有在文本中得到证明。在回答何以判断这样一个世界是否优于现状的问题时,马尔库塞从一般的意义上提出,可以依据"它自己的各种历史的替代性选择"来衡量现代社会,更具体地说,可以根据"人类生活是值得过的"以及在这个社会中存在"改善人类生活的"机会这些标准来判断。他认为,"批判的分析必须"在"经验基础"上"证明这些判断的客观有效性"④。

不过,虽然马尔库塞坚决反对全球资本主义,但他相信全球资本主义已经演变成他追随鲁道夫·希法亭称之为"有组织的资本主义"的一种形式⑤,这使他接受 20 世纪 60 年代广为流传的一个论点:"经济萧条是可以控制的,冲突也可能走向平稳。"⑥这一观点更突显出在他书中占主导地位的悲观论调。可见,虽然马尔库塞同马克思一样对资本主义展开"内在批判"(即最终由法兰克福学派从黑格尔《逻辑学》中得出的一种

---

① Herbert Marcuse, *One-Dimensional Man*, London: Sphere, 1968, p. 34, 39. 参见[美]赫伯特·马尔库塞《单向度的人:发达工业社会意识形态研究》,刘继译,上海译文出版社 2014 年版,第 21,27 页。——译者注

② Herbert Marcuse, *One-Dimensional Man*, p. 13. 参见[美]赫伯特·马尔库塞《单向度的人:发达工业社会意识形态研究》,第 6 页。——译者注

③ Herbert Marcuse, *One-Dimensional Man*, p. 200. 参见[美]赫伯特·马尔库塞《单向度的人:发达工业社会意识形态研究》,第 215 页。——译者注

④ Herbert Marcuse, *One-Dimensional Man*, p. 10. 参见[美]赫伯特·马尔库塞《单向度的人:发达工业社会意识形态研究》,第 2 页。——译者注

⑤ Douglas Kellner, *Herbert Marcuse and the Crisis of Marxism*, London: Macmillan, 1984, p. 233; M. C. Howard and J. E. King, *A History of Marxist Economics: Vol. I*, Princeton: Princeton University Press, 1989, pp. 270-276.

⑥ Lawrence Wilde, *Ethical Marxism and its Radical Critics*, p. 66.

方法)①,但他倾向于追随阿多诺认为,现存的条件似乎没有为批判资本主义提供什么基础,反之马克思则认为,"现存的条件……包含着批评观点的基础"②。

在评论列宁因呼吁理论与实践相统一而招致斯大林式贬损时,阿多诺就明显流露出这种悲观情绪。阿多诺认为在现代世界,"任何一次重要的实践都已经穷尽思想,它在自身中业已包含不幸和充满灾难的趋向:人们在这时实质上必定是在进行反对自己的思维活动,也就是说,是在反对自己的直接和实在的利益"。因而,"只有当理论贯通无碍的时候,一般的正确实践活动才是可能的"③。他在《否定辩证法》(1966)中指出:"理论与实践的统一要求,不断地将理论贬低为(实践的)女仆,消除了理论本身对这个统一做出的贡献。"④为此,阿多诺反对斯大林式的对理论的贬低,但他深知,道德哲学要成为合格的行动指南,就必须植根于实践的具体性。可见,尽管他"受惠于康德的道德哲学",但是与康德相反,他坚信道德原则必须"与一系列独特的历史和社会条件关联在一起"⑤。例如,他在《道德哲学的问题》(*Problems of Moral Philosophy*)一书中提到,法比安·冯·施拉布伦多夫(Fabian von Schlabrendorff)——1944年密谋刺杀希特勒的一位参与者——的行为。阿多诺在批评伦理学研究的理性主义进路时写道,除非把施拉布伦多夫了解希特勒的所作所为,也知道这一密谋很可能失败,并且明白失败的

---

① Joseph McCarney, *Social Theory and the Crisis of Marxism*, London: Verso, 1990, p.18; Douglas Kellner, *Herbert Marcuse and the Crisis of Marxism*, p.118.
② Sean Sayers, *Marxism and Human Nature*, p.9.参见[英]肖恩·塞耶斯《马克思主义与人性》,冯颜利译,东方出版社2008年版,第11—12页。——译者注
③ Theodor Adorno, *Problems of Moral Philosophy*, Cambridge: Polity, 2000, pp.5-6.参见[德]T. W. 阿多诺《道德哲学的问题》,谢地坤、王彤译,谢地坤校,人民出版社2007年版,第6页。——译者注
④ Theodor Adorno, *Negative Dialectics*, p.143; Theodor Adorno, *Problems of Moral Philosophy*, p.4.参见[德]阿多尔诺《否定辩证法》,王凤才译,商务印书馆2019年版,第163页。——译者注
⑤ Gerhard Schweppenhäuser, "Adorno's Negative Moral Philosophy", in Tom Huhn, ed., *The Cambridge Companion to Adorno*, Cambridge: Cambridge University Press, 2004, p.344.

后果对他本人及其家庭都是不堪设想的这些情况联系起来看,否则人们无法充分理解他的行为,但是他的行为仍然包含无可挽回的"自发性"和"非理性"因素。他写道,施拉布伦多夫曾告诉他,"当时的情况是如此让人不堪忍受,以至于人们不可能再继续跟随下去。我完全不在乎以后会发生什么;至于采用什么样的计策,对我也是完全无所谓的"。正是针对这种明事理却又无可救药的自发性"反抗"行为的苦楚,阿多诺提出他的道德理论分析。①

阿多诺阐发了现代世界中的实践会助长虚假意识这一思想,并指出我们作为"虚假(wrong)世界的公民",被我们关于世界的经验"伤害"得如此深重,以至于发现"一个真实的(right)世界也许是不能容忍的"。②他认为,我们由于生活在"社会化的社会"而无法遵循那些"只有在一个解放了的社会中才是现实"③的道德戒律。因此,赞同康德的绝对命令首先意味着,我们是社会化所阻止我们成为的、具有自主性的存在。④ 正如阿多诺在《伦理随想录》(Minima Moralia, 1951)中所精辟表达的那样,"不可能真实地去过虚假的生活"⑤。

不过,虽然这一分析表明不可能构想出一些使我们有望过上道德生活的积极格言,但是阿多诺坚信希特勒强加给人类一条新的绝对命令:"如此安排他们的思维和行动,为的是奥斯维辛不再重现、不再发生任何类似的事情。"阿多诺在谈到他为何谴责这种行为时提出某种基本的合乎人性的立场——一种"坦率的唯物论动机",由此可见,即使我们无法

---

① Theodor Adorno, *Problems of Moral Philosophy*, pp. 6 – 11. 参见[德]T. W. 阿多诺《道德哲学的问题》,第9页。——译者注
② Theodor Adorno, *Negative Dialectics*, p. 352. 参见[德]阿多尔诺《否定辩证法》,第400页。——译者注
③ Theodor Adorno, *Negative Dialectics*, p. 299; Theodor Adorno, *History and Freedom*, p. 203. 参见[德]阿多尔诺《否定辩证法》,第337页。——译者注
④ Jay Bernstein, *Adorno: Disenchantment and Ethics*, p. 24.
⑤ Theodor Adorno, *Minima Moralia*, London: Verso, 1974, p. 39; Theodor Adorno, *Problems of Moral Philosophy*, p. 1.

认识到良善社会的本质,也至少可以反抗这种"不可忍受的肉体痛苦"。①这一观点被哈默描述为阿多诺的"反抗伦理",并被杰伊·伯恩斯坦描述为阿多诺的"伦理现代主义"。②

可见,虽然阿多诺拒斥经典马克思主义把对资本主义的伦理批判建基于工人阶级实践的尝试,但他确实试图为具有批判性的政治学设定某种——尽管是最低限度的——基础。遗憾的是,正如约瑟夫·麦卡尼(Joseph McCarney)所论证的那样,阿多诺对内在批判的诠释被证明无法"强行得出不利于事物现有状态的结论"。因为,虽然那些最容易接受内在批判所表达的论点的人,就是那些对于占据主导地位的意识形态持"最少保留意见"的人,导致这种意识形态被恰如其分地概括为"资产阶级自我批判的一种方法",但资产阶级拥有非道德的理由来维系他们现行实践的这一事实本身就意味着,他们能够通过简单地拒斥判断现状所依据的原则来回应内在批判。③ 阿多诺对现代世界中社会的堕落现状的分析,与他对于这一进程中的人类产物能够制止大屠杀重演所怀有的希望之间的鸿沟,没有得到成功化解。事实上,阿多诺的某些说法表明这个问题是无法克服的。例如,在由演讲稿汇集而成的《历史与自由》(*History and Freedom*)一书中他就认为,那些在奥斯维辛和其他死亡集中营犯下暴行的人是"不自由的",因而正如他们自己所说的那样,他们"只是在执行命令":"如果奥斯维辛能够发生,那首先很可能是因为不存在现实的自由,任何自由都无法被视为业已存在的现实。"④在批评马尔库塞《单向度的人》中类似论点的逻辑时,麦金太尔质问道如果真如书中论点所言,那"它被写出来究竟"是如何可能的,以及何以能够找到表

---

① Theodor Adorno, *Negative Dialectics*, p. 365, cf 285. 参见[德]阿多尔诺《否定辩证法》,第417页。——译者注
② Espen Hammer, *Adorno and the Political*, p. 102; Jay Bernstein, *Adorno: Disenchantment and Ethics*, p. xii.
③ Joseph McCarney, *Social Theory and the Crisis of Marxism*, p. 21.
④ Theodor Adorno, *History and Freedom*, p. 202.

示同情的读者?①

分析的马克思主义

如果说在20世纪60年代末70年代初,阶级斗争的形势好转造就了政治层面和意识形态的一段发酵期,这不仅为马尔库塞的作品,也在更普遍的意义上为社会主义文献确保了广泛的读者群,那么工人运动随后遭受的挫败则为新自由主义敞开大门。恰逢左派对社会主义进步的可能性逐渐变得更为悲观时,以日益严重的社会不平等为特征的新自由主义的资本主义助长了普遍的社会不公平感。在这种情境下,左派接受对资本主义愈发抽象的道德批判,就成为再自然不过的事。在这一趋势中,分析的马克思主义是最为突出的马克思主义变体。根据威尔·金里卡(Will Kymlicka)的说法,认为马克思主义已随苏联共产主义的崩溃而消亡这一广为流传的看法,充其量只是部分正确的。因为在经典马克思主义消亡的同时,20世纪最后20年见证了"分析的马克思主义"的某种"重生"。鉴于马克思关于资本主义崩溃和社会主义胜利的必然性的假设已被证伪,人们抛弃经典马克思主义为资本主义动态结构提供科学说明的尝试,转而支持在社会主义分析哲学家中兴起的一场把马克思主义重塑为一种规范性政治理论的运动。② 这一思想轨迹包含一个似乎无可指摘的逻辑:如果马克思被理解为典型的经济决定论者和机械唯物主义者,蔑视道德理论所着力阐发的激励个人行动的价值观念,那些把马克思的解释模型斥为对人的行动理解不够充分的社会主义者,则有理由走向重新致力于规范理论。

不过,如果说分析的马克思主义的出现明显是同杰里·科恩、约翰·埃尔斯特(John Elster)、安德鲁·莱文(Andrew Levine)、菲利普·范·

---

① Alasdair MacIntyre, *Marcuse*, p. 62.
② Will Kymlicka, *Contemporary Political Philosophy*, pp. 167 – 168; Tom Mayer, *Analytical Marxism*, London: Sage, 1994, pp. 20 – 22, 314 – 316.

帕里斯(Philippe van Parijs)、亚当·普氏沃斯基(Adam Przeworski)、约翰·罗默(John Roemer)和埃里克·奥林·赖特(Erik Olin Wright)等人的著作联系在一起①,并且与马克思主义总体上重新致力于伦理理论同时发生,那么对所谓"正统的历史唯物主义"作出最精巧辩护的科恩的《卡尔·马克思的历史理论:一种辩护》的出版则预示了它的出现。分析的马克思主义的转向发生在 20 世纪 70 年代中期阿尔都塞式的马克思主义崩溃的背景下。艾伦·卡林(Alan Carling)指出,正是在英国最重要的阿尔都塞主义者保罗·赫斯特(Paul Hirst)和巴里·亨德斯(Barry Hindess)宣称他们"对系统的社会思想,特别是对马克思主义理论彻底绝望"之时,科恩为马克思的历史理论作出强有力的分析性辩护。② 一种替代方案随着阿尔都塞的方案似乎失去动力而顺势出现,并在学术界的左翼内部对其霸权地位发起挑战。③

分析的马克思主义者接受阿尔都塞"把黑格尔的思维方式从马克思主义理论中驱逐出去"④,却又颠覆了阿尔都塞把伦理和道德关切逐出马克思主义的企图。他们之所以对社会主义方案的规范性部分感兴趣,至少有两个根源。首先是自 20 世纪 60 年代起,英语世界的哲学家开始重新探讨道德问题。⑤ 其次是从 20 世纪 70 年代起,一批马克思主义者通过探究"马克思著作中的规范性要素",开始试图以种种方式"把马克思从阿尔都塞式的解读中'解救出来'"。⑥ 这场争论的一个结果是,虽然阿

---

① Erik Olin Wright, "What is Analytical Marxism", in Terrell Carver and Paul Thomas, eds., *Rational Choice Marxism*, London: Macmillan, 1995, p. 13; Christopher Bertram, "Analytical Marxism", in Jacques Bidet and Eustache Kouvelakis, eds., *Critical Companion to Contemporary Marxism*, Leiden: Brill, 2008, p. 124.
② Alan Carling, "Rational Choice Marxism", in Terrell Carver and Paul Thomas, eds., *Rational Choice Marxism*, p. 31.
③ Andrew Levine, *A Future for Marxism?*, London: Pluto, 2003, pp. 122 – 145.
④ Alex Callinicos, ed., *Analytical Marxism*, Oxford: Oxford University Press, 1989, p. 3.
⑤ Marshall Cohen, et al., "Introduction", in Marshall Cohen, et al. eds., *Marx, Justice, History*, Princeton: Princeton University Press, 1980, p. vii.
⑥ Lawrence Wilde, *Ethical Marxism and its Radical Critics*, pp. 4 – 5.

尔都塞学派曾一度使马克思的科学方法同道德话语无法落地的命题形成鲜明对比,但是到了20世纪80年代初,学术界的马克思主义者普遍接受这样一种观点:马克思主义确实包含伦理维度,而且这是件好事。然而同时被广泛认可的是,马克思的伦理学充其量只是隐性的,因此马克思主义者有责任克服亚历克斯·卡利尼科斯后来称为的马克思主义的"伦理缺失"①。诺曼·杰拉斯的《关于马克思和正义的争论》("The Controversy about Marx and Justice")可以说是20世纪80年代关于马克思主义与伦理学之争的开创性文本,正如上文探讨马克思时所注意到的那样,他在文中指出"马克思确实认为资本主义是非正义的,但他自己不认为他是这么想的"②。虽然有人说,只要社会主义被认为是历史不可避免的终极目的,这一缺漏就不成问题,但是一旦取消这种确定性,这个问题就可能产生显而易见的影响:必须为社会主义进行斗争。为此,左派必须对资本主义展开有力的规范性批判,并为社会主义提供令人信服的道德依据。

杰里·科恩肯定会接受这个总命题,或许他也可以说是金里卡指出的那条总的思想轨迹最重要的代表。在《卡尔·马克思的历史理论:一种辩护》出版后,科恩的研究日益转向对规范性理论问题的关注。他把自己的视角转向解释为,是对经典马克思主义重大理论问题和世界资本主义制度变化的直接回应。科恩认为,经典马克思主义的核心问题在于对他称之为"政治实践的分娩式概念"的欣然接受。正如本书导论中所指出的,科恩认为在这种理解模式中,由于社会只是向自身提出它能够解决的问题,革命政治就这样被简化为助产行为:社会主义者的作用不是仔细考量他们想要实现的"理想",而是更显平淡无奇地"助产现实中发展出来的形式"。他评论道,由于"具有不可避免性"的结构及否认理

---

① Alex Callinicos, *Resources of Critique*, p. 220.
② Norman Geras, "The Controversy about Marx and Justice", p. 245; G. A. Cohen, "Review of *Karl Marx* by Allen Wood", in *Mind*, Vol. 92, No. 367, 1983, p. 444. 参见李惠斌、李义天编《马克思与正义理论》,第177页。——译者注

想在历史中的作用,这一政治概念是"明显错误的"。①

在阐发这一点时,科恩讲述了1964年与他的"姑父诺曼"的一次谈话。科恩的姑父当时住在捷克斯洛伐克,是斯大林主义期刊《世界马克思主义评论》(*World Marxist Review*)的编辑,科恩询问姑父对马克思主义与道德之间关系的看法,得到的答复使他深感震惊。诺曼(相当说教式地!)认为,道德"是意识形态上的虚词假意;与资本主义和社会主义之间的斗争毫无干系"。可惜,科恩在这一答复中看到的不是一个斯大林主义官员的老生常谈,而是对"经典马克思主义"观点的"忠实"表达。② 因此,他把自己从辩护马克思的历史理论到阐述社会主义道德的转向,描述为与经典马克思主义的决裂:"在一定程度上,马克思主义依然生生不息……它将自己表现为一套价值观以及实现这些价值观的一套规划。"就马克思主义仍然是一个生机勃勃的传统而言,它已经从解释性理论转变为道德理论,从而成为马克思所说的"空想社会主义"的一种变体。③

正如本书第二章中所指出的,马克思主义关于资本主义生产方式的解释性说明的核心,就在于他对劳动价值论的理解。约翰·威克斯(John Weeks)对这一理论的重述和辩护颇具影响力。他指出,马克思的劳动价值论"不是关于资本主义的分析中的一个方面,而是使所有其他分析得以展开的理论核心",它是"解锁资本主义内在本质的钥匙"。④ 与认为劳动价值论在经典马克思主义中处于核心地位的立场相对,分析的马克思主义者几乎一致承认,20世纪70年代新李嘉图学派的攻击对这

---

① G. A. Cohen, *If You're an Egalitarian, How Come You're So Rich?*, p. 43, 50, 54; p. 75, 105.
② G. A. Cohen, *Self-Ownership, Freedom and Equality*, Cambridge: Cambridge University Press, 1995, p. 133.
③ G. A. Cohen, *If You're an Egalitarian, How Come You're So Rich?*, pp. 101–103. 参见[英]G. A. 柯亨《如果你是平等主义者,为何如此富有?》,第130、132页。——译者注
④ John Weeks, *Capital and Exploitation*, p. 4, 6; cf Karl Marx, *Capital*, Vol. 3, p. 957.

一理论带来巨大冲击。① 由此,分析的马克思主义者在讨论现代资本主义社会的不正义问题时,抛弃了马克思的剥削理论。② 约翰·罗默指出:"传统的剥削概念应当……被抛弃,代之以直接依据生产资料中的财产分配不公得到表达的剥削定义。"③在评论这种把剥削还原为不平等的做法时,迈克尔·勒博维茨(Michael Lebowitz)认为这一理论动向的一个显著意义在于如下推论:"如果财产赋权(property endowment)本身原初的不平等不是不正义的",那不平等就不是不正义的。④ 勒博维茨指出这正是约翰·埃尔斯特提出的观点:剥削通常被判定为不正义,是因为它在历史上"几乎总有一个源于暴力、胁迫或不平等机会的完全肮脏的起源"。勒博维茨追问,"但要是存在一条原始积累的'净途'呢?"⑤

科恩在20世纪70年代中期到90年代中期的20年间写就一系列论文,汇集成为《自我所有、自由和平等》(*Self-Ownership, Freedom and Equality*, 1995)一书,为上述问题提供了答案。他在其中指出,即使假定最初的资源分配是正义的,资本主义也会产生不正义的不平等。罗伯特·诺齐克等右翼自由意志论者为传统自由意志主义的论断——对平等的要求导致对自由的压制——展开道德辩护,相反科恩指出,虽然可以想象自由与平等之间可能存在冲突,但是"平等和右翼自由意志论者**所谓**的自由之间不存在冲突",而自由意志论的资本主义的真正本质在于它"使一大阶级的自由受到侵犯"。⑥ 这一论点为科恩消极反对资本主义提供了依据,同时他也倾向于否定马克思积极的替代方案。他指出:

---

① Marcus Roberts, *Analytical Marxism*, London: Verso, 1996, p. 155.
② Marcus Roberts, *Analytical Marxism*, p. 157.
③ John Roemer, "Introduction", in John Roemer, ed., *Analytical Marxism*, Cambridge: Cambridge University Press, 2006, p. 6; John Roemer, "Should Marxists be interested in exploitation?", in John Roemer, ed., *Analytical Marxism*, pp. 262 - 263.
④ Michael Lebowitz, "Is 'Analytical Marxism' Marxism?", in *Science and Society*, Vol. 52, No. 2, 1988, p. 210.
⑤ Michael Lebowitz, *Following Marx*, Leiden: Brill, 2009, p. 59.
⑥ G. A. Cohen, *Self-Ownership, Freedom and Equality*, p. 36, 111. 参见[英]G. A. 柯亨《自我所有、自由和平等》,李朝晖译,东方出版社2008年版,第44、129页。——译者注

"经典马克思主义者认为,经济平等既是历史发展所不可避免的,也是道德上正确的。"而且,他们相信是两种"不可压制的历史趋势"——"有组织的工人阶级的兴起"和"生产力的发展"——共同作用,确保了这种必然性。① 而与这些预测相矛盾的是,经济增长的过程最终导致"无产阶级正处在解体过程中"以及潜在的灾难性的环境危机。这使得人们无法再认可马克思关于人类未来的乐观主义。他认为,比起马克思的设想,"社会主义者在构想未来时因此必须降低调子,必须一改它时兴时的作风,多从道德的角度来维护自己"。②

在评论这些论点和罗默所阐明的类似论点时,马库斯·罗伯茨(Marcus Roberts)指出通过把剥削概念从马克思的政治经济学批判中剥离出来,分析的马克思主义者明确把"道德辩护与共同努力认同能够推动社会变革的阶级能动性"分离开来。③ 可见,尽管科恩仍然是对资本主义坚定的批判者,但是当他把对历史唯物主义的评判同他对苏联解体的判断相结合时,就对社会主义的可能性产生悲观的预测。④ 科恩的这一思想轨迹连同他对道德辩护的转向,都典型地属于分析的马克思主义者从马克思的方案转向平等的"自由主义正义理论"变体。⑤ 因而,科恩才在2009年出版的一本简短的小册子中写道,他的社会主义愿景是"所有心怀善意的人都会欣然接受的"⑥。诸如此类的言论促使克里斯·伯特伦(Chris Bertram)断言:"现在不可能分得清谁是社会主义者,谁是平等主义的自由主义者等,这些意识形态阵营已然走向融合并且互

---

① G. A. Cohen, *Self-Ownership, Freedom and Equality*, p. 6. 参见[英]G. A. 柯亨《自我所有、自由和平等》,第7、8页。——译者注
② G. A. Cohen, *Self-Ownership, Freedom and Equality*, p. 9. 参见[英]G. A. 柯亨《自我所有、自由和平等》,第10页。——译者注
③ Marcus Roberts, *Analytical Marxism*, p. 179.
④ G. A. Cohen, *Self-Ownership, Freedom and Equality*, pp. 245 – 265; G. A. Cohen, *Karl Marx's Theory of History: A Defence*, Oxford: Oxford University Press, 2000, pp. 389 – 395.
⑤ Marcus Roberts, *Analytical Marxism*, p. 203.
⑥ G. A. Cohen, *Why Not Socialism?*, Princeton: Princeton University Press, 2009, p. 51.

有渗透。"①

饶有趣味的是,作为当代对于马克思主义的理论倾向和政治倾向最杰出的捍卫者之一,亚历克斯·卡利尼科斯却不可能说出这样的话。他积极响应了分析的马克思主义者致力于平等主义的自由主义这种做法,而他对科恩的批判与其说是针对科恩思想的规范性方面,不如说是针对科恩对马克思历史理论的解释。卡里尼科斯认为,科恩提出的马克思主义作为解释性社会科学与作为道德学说之间的二分是错误的,没有充分理由表明为何不应如其所是地"鱼和熊掌兼得"。② 这一论断的依据在于,卡利尼科斯拒绝把经典马克思主义与分娩式的政治概念混为一谈。他指出,虽然马克思的一些语段可以按照科恩提出的思路加以解读,但是还有许多其他语段不必如此,而且事实上,马克思或任何其他经典马克思主义者都没有明确表达过关于马克思历史理论的"典型的"分娩式解读,它只是由科恩本人在《卡尔·马克思的历史理论:一种辩护》一书中所阐明。③

在科恩的《卡尔·马克思的历史理论:一种辩护》中,历史唯物主义以两个关键命题为特征。其一,"生产力趋向发展贯穿整个历史(发展命题)";其二,"一个社会生产关系的性质是由其生产力发展水平解释的(首要性命题)"。④ 他运用功能主义模型来解释历史的转变过程,而这一模型反过来又是由他的如下假设所支撑的:人作为能动者会发现,随时间推移而不断发展这些生产力,是合乎理性的。"人……多少是有理性的。人的历史境遇是一种匮乏的境遇。人具有的那种一定程度的才智

---

① Christopher Bertram,"Analytical Marxism", p. 137; cf Andrew Levine, *A Future for Marxism?*, p. 123.
② Alex Callinicos,"Having Your Cake and Eating it", in *Historical Materialism* 9, 2001, p. 170; Alex Callinicos, *Resources of Critique*, p. 220.
③ Alex Callinicos,"Having Your Cake and Eating it", p. 174.
④ G. A. Cohen, *Karl Marx's Theory of History: A Defence*, p. 134. 参见[英]G. A. 科恩《卡尔·马克思的历史理论:一种辩护》,段忠桥译,高等教育出版社 2008 年版,第 163 页。——译者注

使他们能够改善其境遇。"①因此,科恩承诺接受赖特等人称之为包含人类理性的"跨历史"模型②。这一模型不仅规避了马克思对特定生产方式的具体驱动力的探索③,还因为指出从资本主义到社会主义的过渡具有功能论上的必然性,而与他的政治激进主义不一致,尽管科恩自己有其相反的论证④。

卡利尼科斯对分析的马克思主义的批判,强有力地驳斥了科恩在重新阐释历史唯物主义时所蕴含的必然主义的结构。他甚至认为,这对历史唯物主义而言"几乎是一种归谬"⑤。不过,也正是因为卡利尼科斯认识到有必要对历史唯物主义予以解释,使其如马克思所希望的那样有实力作为社会主义实践的指南,他才追随分析的马克思主义者致力于平等主义的自由主义:"在此我的目的不是弱化马克思主义的批判,而是使其更为有效。"⑥实质上,他认为黑格尔对于内在批判方法的积极主张是有限度的,因其有赖于黑格尔关于"决定性的否定的思辨概念",这意味着对于超越性需要一种更为积极的思考进路。⑦ 正是从这个角度出发,卡利尼科斯建议在马克思主义与平等主义的自由主义之间进行对话,由此前者才会获得必要的资源以摆脱马克思对于道德言辞闪烁的拒斥态度带来的诸多局限,后者也会认识到其道德判断的革命意蕴。⑧

这一对话的基础是被共享的平等概念,正如安德鲁·莱文所指出的,这是罗尔斯式自由主义与分析的马克思主义之间"主要的联系所

---

① G. A. Cohen, *Karl Marx's Theory of History: A Defence*, p. 152. 参见[英]G. A. 科恩《卡尔·马克思的历史理论:一种辩护》,第182页。——译者注
② Erik Olin Wright, et al., *Reconstructing Marxism*, p. 24.
③ Alex Callinicos, *Making History*, p. 83.
④ G. A. Cohen, *History, Labour and Freedom*, Oxford: Oxford University Press, 1988, pp. 51 – 82.
⑤ Alex Callinicos, *Making History*, p. 69.
⑥ Alex Callinicos, *Resources of Critique*, p. 221.
⑦ Alex Callinicos, *Resources of Critique*, p. 1, 243, 296.
⑧ Alex Callinicos, *Resources of Critique*, p. 221.

在"①。卡利尼科斯认为,通过关注"是什么的平等"②,规范理论中的平等之争突出地呈现为,诺齐克等自由意志主义者把平等限定于个人自由的平等,而平等主义的自由主义者则针对资源、能力和有利条件等方面平等的相对优势展开论辩,以此作为对自由意志主义的一种合理替代。卡利尼科斯在他《批判的资源》(Resources of Critique,2006)中评说这场争论时认为,平等主义的自由主义在不同情形下都会被迫采用关于人类福祉的客观理解模式,这与自由主义认为必须允许个人"追求他们自己关于善的观念""截然相反"③。虽然福祉概念在词源上终归是亚里士多德式的,但卡利尼科斯接受詹姆斯·格里芬(James Griffin)为福祉概念对当代社会的意义所作的"填补性(padded out)功利主义的"辩护。就格里芬而言,他旨在通过"知情欲望"(informed desire)概念——意指个人在"他们意识到其目标的真实本质"时将会拥有的欲望——避免功利主义通常把善与所欲之物混为一谈。④ 当然,这样一种关于善的客观理解模型有赖于"人性的因果论",据此不仅可以确立起一般意义上的需要,还能作为一种普遍的、跨历史的正义原则。⑤ 可见,卡利尼科斯在为古典革命政治辩护时所致力于的这种伦理学理论,不仅借鉴了马克思对资本主义的批判,还借鉴了康德关于平等和自主性的讨论,以及对亚里士多德式幸福概念的后果论解释。

由此,卡利尼科斯依据他所谓的马克思心照不宣诉诸的"普遍的"和"跨历史的正义原则"⑥——需要原则,驳斥了马克思形式上的关于规范性概念的敌对态度。根据这一标准,每个人都应按照自己的需要获得一

---

① Andrew Levine, *A Future for Marxism?*, p. 140.
② Amartya Sen, *Choice, Welfare and Measurement*, Harvard: Harvard University Press, 1982, pp. 353 - 369.
③ Alex Callinicos, *Resources of Critique*, pp. 223 - 227.
④ James Griffin, *Well-Being*, Oxford: Oxford University Press, 1986, pp. 11 - 16; Alex Callinicos, *Resources of Critique*, pp. 227 - 229.
⑤ Alex Callinicos, *Equality*, p. 28.
⑥ Alex Callinicos, *Equality*, p. 28.

份社会产品。他认为,这一原则所意味的关于人类福祉的某种客观的理解模型可以用来衡量现存社会。① 事实上,为使平等主义的自由主义者的著述免受来自马克思主义的一种常见的批评——过于抽象,卡利尼科斯援引阿多诺对塞缪尔·贝克特(Samuel Beckett)和阿诺德·勋伯格(Arnold Schoenberg)著作的分析,为平等主义的自由主义者辩护。他认为类似地,正是由于平等主义的自由主义者"赤裸裸的抽象",才使其得以揭露"晚期资本主义世界的残酷和不正义"。② 他在其他地方还阐发了诺贝尔托·博比奥(Noberto Bobbio)的这一观点:"最常用以区分左派和右派的标准,是社会中现实的人对于平等理想的态度。"卡利尼科斯对此作出延伸:他首先把平等概念的出现定位于资产阶级革命时期,然后加入平等主义的自由主义对现代社会的批判,最后通过解释现存的不平等模式与"资本主义经济结构"之间的联系,得出在他看来这一系列工作的革命意蕴。③

萨特的革命伦理

尽管卡利尼科斯成功指出平等主义的自由主义道德论断的革命政治意蕴,但这些论断与法兰克福学派的一样仍然招致批评,被认为只是众声喧哗的当代道德中的一种声音。战后的马克思主义者中拼尽全力冲破这种虚无主义文化的限制,却没能成功克服其局限的,或许当属萨特。

与法兰克福学派和分析的马克思主义有关的社会主义者,在把自身同经典马克思主义拉开距离的同时转向道德理论,萨特则因为触及一般性的资产阶级道德悖论和更具体的压迫问题,而为马克思所吸引。④ 故

---

① Alex Callinicos, *Equality*, p. 63.
② Alex Callinicos, *Resources of Critique*, p. 222.
③ Alex Callinicos, *Equality*, pp. 15–16.
④ Ian Birchall, *Sartre against Stalinism*, Oxford: Berghahn, 2004, pp. 80–84.

此,萨特在战后不久发表的反犹主义研究报告中,把争取个人真实性的斗争与反犹主义者的种族主义进行对比,认为前者涉及为人道而斗争,后者则包含"对人类状况的一种担忧"①。有趣的是,与阿多诺把现代人定性为本质上是不自由的相反,对萨特来说,反犹主义是自由选择的结果。② 的确,他"以行动界定人"的存在主义本体论使他拥护一种"行动和承诺的道德"。③ 梅萨罗斯写道,自由于萨特而言是"人的生存最基本的维度,即满腔热情地努力实现人的存在本身"④。从表面上看,这一观点使萨特的思想同马克思的社会理论产生根本分歧。在《存在与虚无》(1943)一书中,萨特把马克思描述为"当马克思肯定对象先于主体时,他提出过严肃性的最初教条"⑤。用尼尔·利维(Neil Levy)的话说,按照萨特的观点,"严肃性的"是指"把更多的现实而非人的能动性归于世界,并认为在世界中发现的价值和意义,只是作为世界自在存在的一部分,独立于我们的选择而存在"⑥。因此对于早期的萨特来说,马克思主义是"背信弃义"的一个例子——试图为我们的行为推卸责任。⑦ 与任何这样的策略形成对照,萨特坚信人因为拥有不可剥夺的自由,而要为自己的行为完全负责。这一准康德式的论点⑧植根于他的二元本体论,根据这种本体论,客观世界——存在、自在——只能从一个身处其中的有意识的人类行动者——自为——的角度来认识,这个行动者必然要把价值强加于世界。可见,虽然马克思曾断言存在决定意识,但萨特反驳道,意识

---

① Jean-Paul Sartre, *Anti-Semite and Jew*, Schocken Books, 1995, p. 54.
② Jean-Paul Sartre, *Anti-Semite and Jew*, p. 17.
③ 语出萨特,转引自 István Mészáros, *The Work of Sartre*, London: Harvester, 1979, p. 156。
④ István Mészáros, *The Work of Sartre*, pp. 160 – 161, p. 14.
⑤ Jean-Paul Sartre, *Being and Nothingness*, New York: Philosophical Library, 1958, p. 580. 参见[法]萨特《存在与虚无》,陈宣良等译,生活·读书·新知三联书店 1997 年版,第 703 页。——译者注
⑥ Neil Levy, *Sartre*, Oxford: Oneworld, 2002, p. 120.
⑦ Neil Levy, *Sartre*, p. 75, 121.
⑧ David Jopling, "Sartre's Moral Psychology", in Christina Howells, ed., *The Cambridge Companion to Sartre*, Cambridge: Cambridge University Press, 1992, p. 105; István Mészáros, *The Work of Sartre*, p. 169.

把意义强加于世界,因而决定着存在。更具体地说,无论我们在世界上身处哪种情形,都可以在那种情形下对于采取怎样的行动作出选择。萨特在《存在与虚无》一书中指出,当我们"心甘情愿、从容不迫地担起选择的重负"时,便是在"真正地"行动。①

尽管这一论点与对马克思思想的粗陋理解相悖,但是鉴于列宁所认为的"更接近于聪明的[辩证的]唯物主义"的,不是"形而上学的、不发展的、僵死的、粗陋的、不动的"唯物主义,而是辩证的唯心主义,我们可以预见,如果有机会严肃认真地对待马克思的思想,存在主义与真正的马克思主义之间的密切联系可能也会变得鲜明。提供这一机会的首先是萨特战时抵抗运动的经历,然后是他对社会主义政治思想的关注。② 萨特在战前就已对马克思有所研究,因此,一旦他的经历使其看到斯大林主义与马克思思想之间的差距,他也就能够理解这一差距:"我对马克思一读再读,但那不算什么:你实际上只是开始在世界范围内理解一些东西。理解马克思主义,首先意味着理解阶级斗争——这是我在1945年后才认识到的。"③这一点在战后的法国得到印证,当时的法国见证了一场普遍而"激烈的思想骚动",它带有特定的革命性优势。伯查尔评论说,加缪的论文《反抗者》(*Combat*)的副标题概括了这一时期的普遍情绪:"对革命的抵抗"④。

萨特的思想转变在他逝世后出版的《伦理学笔记》(*Notebooks for an Ethics*, 1947)中显而易见。他通过这些笔记意在实现其《存在与虚无》最后一句话中的著名承诺:他将在未来的一部著作中致力于阐发其本体论的伦理内涵。⑤ 与他早期著作中隐含的康德主义相反,他在这些

---

① Neil Levy, *Sartre*, p. 66.
② Ian Birchall, *Sartre against Stalinism*.
③ 语出萨特,转引自 Andrew Dobson, *Jean-Paul Sartre and the Politics of Reason*, Cambridge: Cambridge University Press, 1993, p. 9。
④ Ian Birchall, "Review of Michel Surya's *La Révolution rêvée*", in *Historical Materialism*, Vol. 15, No. 2, 2007, p. 194.
⑤ Jean-Paul Sartre, *Being and Nothingness*, p. 628.

笔记中提出:"伦理学必须是历史的:它必须在历史中发现并理解普遍性。"① 有趣的是,在讨论托洛茨基的《他们的道德和我们的道德》时,萨特既赞扬这本"简短的书"的"影响力",又批评托洛茨基使用的是"资产阶级的标准"。他明确质问道,资产阶级民主主义者会从托洛茨基对一个人毕生献身于"被压迫者"事业的赞扬中提出怎样的异议。在萨特看来,尽管托洛茨基认为马克思主义坚持手段与目的的辩证统一,但在实践中,托洛茨基并没有为阶级斗争作为实现社会主义目的的手段提供伦理证明,并且他因为以"绝对的目的"作为活动的目标,而暗中退回到康德主义的一种形式。② 这种康德主义在1947年法国的托洛茨基主义所处的现实中也很容易看到。法国共产党(PCF)在工人阶级内部占据领导地位,而在全球层面上,任何政治活动家提出的根本问题都是,他们与华盛顿和莫斯科之间的冲突处于何种关系。在此局面下,萨特认为"托洛茨基主义者使自身丧失了阻止战争,或依附于两个阵营中的任何一个的可能性。他们以一种似乎与事实无关的势在必行的名义,拒绝**现实主义的政治观点**"。具有些许讽刺意味的是,基于《存在与虚无》的本体论看,他批判了这种观点的"**理想主义**"。尽管这种理想主义的态度可能是"值得称赞的",但它因为脱离现实的工人运动,而成为一种"**道德的和抽象的**"观点。③ 萨特由此推论,尽管托洛茨基试图构想一种社会主义伦理学勇气可嘉,但他未能超越典型的资产阶级道德立场。

萨特评论说,与托洛茨基的抽象道德观相反,列宁对手段与目的的辩证法具有更直观的认识。例如,他在《共产主义运动中的"左派"幼稚病》中认识到(萨特认为这种认识方式使人联想到斯宾诺莎的工具在用于锻造的过程中也在锻造自身),无产阶级为完成粉碎资本主义的消极任务而建立起必要的组织,同时也把自身重新锻造为资本主义的积极替

---

① Jean-Paul Sartre, *Notebooks for an Ethics*, Chicago: University of Chicago Press, 1992, p.6.
② Jean-Paul Sartre, *Notebooks for an Ethics*, pp.159-161.
③ Jean-Paul Sartre, *Notebooks for an Ethics*, p.163.

代者:"无产阶级把自身转化为自己的目的。"可见,由于"这种消极性变为内在的积极性",马克思主义伦理学超越了资产阶级道德理论中"以积极性为目标的抽象意志转变为绝对的消极性"的局限。与资产阶级道德形成对比,无产阶级在组织起来"**反对**压迫阶级时,有意识地变成自身的目的。它把自身的事业融入人类事业之中"。①

如果说萨特是批判托洛茨基唯心主义的,则他在其他地方还认为,斯大林主义者已经把马克思主义降低为一种粗陋形式的唯物主义。与他在《存在与虚无》中对马克思的不屑一顾相反,仅仅三年后他就指出,应把马克思与那些庸俗的马克思主义者区别开来,后者没能把他们的战略宣言建基于对具体历史过程的细致研究上,而往往是把柏拉图式的抽象理想强加于现实。这就是他的《唯物主义与革命》("Materialism and Revolution",1946)的主旨,其中他对马克思与马克思的追随者作出区分:相较于斯大林主义者,"马克思的客体性概念要深刻和丰富得多"。他指出,自己在文中对马克思主义的批判"不是针对"马克思,而针对的是"新斯大林主义的马克思主义"②。③

对萨特来说,在斯大林主义的马克思主义中,唯物论式的夸夸其谈旨在取消其中的革命意向,因为唯物论倾向于把"人的主体性清除"出历史。这一点很重要,因为如果革命者由超越性所界定,是对其身处的"处境的超越",那么革命政治就要求革命者对其在社会中的"处境"逐渐形成一种总体性理解。由此,"革命思维就是在某一处境中进行思考;就被压迫者共同反抗压迫而言,它是被压迫者的思想;它无法从外部得到重构"。因此,革命思想首先是站在革命活动家的立场上思考问题,而不能

---

① Jean-Paul Sartre, *Notebooks for an Ethics*, pp. 166 - 167.
② Jean-Paul Sartre, "Materialism and Revolution", in Jean-Paul Sartre, *Literary and Philosophical Essays*, London: Rider, 1955, p. 188, 185.
③ 这部分内容是基于布莱克里奇《反思马克思主义历史理论》(*Reflection on the Marxist Theory of History*)第 154 — 161 页中有关萨特对马克思主义历史理论的贡献的探讨所形成的。

等同于斯大林沉思式的唯物主义。①

萨特认为,他以活动家为中心的政治进路与马克思试图克服唯物主义和唯心主义之间的对立有很多共性,但是共产党内部的知识分子在回到粗陋的唯物主义的同时,也使马克思在革命理论上的突破退回到他在《关于费尔巴哈的提纲》中已然打破的立场的变体中。② 与斯大林主义的唯物主义相反,萨特坚信"革命思维的优越性就在于它首先清楚地表明了它的能动性"③。他认为革命者的作用就在于证明,任何"集体秩序"都不是上帝抑或历史的必然产物,指向相反情形的价值观也不是普遍真理,它们其实都是现状的反映,并且趋于维持现状,反之,任何社会都可能被超越:"具有革命性的哲学家首先必须解释清楚的是,这种包含超越性的运动的可能性所在。"④关于自由的思想是这一事业的核心,因为只有通过自由意志的行动,革命者才能"超越"其处境。⑤

尽管这些论点同《存在与虚无》的本体论之间存在张力,但是萨特与马克思主义的相遇,并没有使他同自己早期的现象学发生根本决裂。这在一定程度上是因为,尽管他在马克思与斯大林主义之间有所区分,但他仍然认为,斯大林主义借助法国共产党这一中介,成为工人运动及马克思主义在现代法国的现实实践中的表现。如果说这一立场在《共产主义者与和平》(The Communists and Peace,1952—1954)一书中得到最明确的表述,那也可以说他在20世纪40年代的著作里就已隐含这一立场。例如,其中他认为,以此可以充分回击亨利·列斐伏尔(Henri Lefebvre)所重申的观点——马克思的论断已经超越唯物主义与唯心主义之间的对立——从而否定法国共产党的罗杰·加罗迪(Roger Garaudy)所阐述的对唯心主义的粗陋批判。⑥

---

① Jean-Paul Sartre,"Materialism and Revolution",p. 188,pp. 210 - 212,p. 237.
② Jean-Paul Sartre,"Materialism and Revolution",p. 203.
③ Jean-Paul Sartre,"Materialism and Revolution",p. 213.
④ Jean-Paul Sartre,"Materialism and Revolution",pp. 219 - 220.
⑤ Jean-Paul Sartre,"Materialism and Revolution",p. 220,pp. 228 - 229.
⑥ Jean-Paul Sartre,"Materialism and Revolution",p. 203.

马尔库塞在探讨《唯物主义与革命》时,突出强调了理论上的这种模棱两可。马尔库塞认为,萨特的存在主义提出两个"明显矛盾的方面":一方面它指出"面对现实奴役时,人的自由所具有的先验稳定性",另一方面它又提出一种"意味着否定这一整个思想体系的革命理论"。① 马尔库塞反对萨特认为"人的存在的结构本身就是自由,即使是最不利的条件,也无法彻底击溃它"的论断,并指出,尽管意识的这个方面是"自由之所以可能的先决条件之一——但它并不是自由本身"②。马尔库塞注意到,萨特通过把自由的这两个方面融为一体,使其思想得以免受"人在经验事实中所遭受的磨难"③。

可见,如果说萨特早期的自由概念"至多是一种意识的自由,而不是一个特定处境中的人的具体自由"④,在《唯物主义与革命》出版后,他则逐渐走向直面作为行动的客观背景的现实。马尔库塞评论说,在《存在与虚无》出版后的 20 年里,萨特"纯粹的本体论和现象学概念在真实的历史涌入时退却了"⑤。这一过程得益于萨特的政治参与。不幸的是,尽管革命思想在紧随战后的数百万法国工人卷入罢工浪潮时非常活跃,但是在这场运动平息后时隔 20 年,直至 1968 年的事件发生才再次唤起革命的希望。⑥ 20 世纪 40 年代末,在萨特试图建立一个既独立于共产主义者和社会民主党人,又能把他们团结起来的社会主义组织——革命民主同盟(RDR)时,法国左派面临的困难变得显而易见。伊恩·伯查尔指出,这一计划失败的部分原因是,在缺少具有革命性的工人运动的情况下,萨特无法明确提出一个积极的政治目标,为冷战中的东西方世界提供一种替代方案:"革命民主同盟反对华盛顿和莫斯科,反对法国共产党

---

① Herbert Marcuse, "Sartre's Existentialism", in Herbert Marcuse, *Studies in Critical Philosophy*, London: New Left Books, 1972, p. 162.
② Herbert Marcuse, "Sartre's Existentialism", p. 162, 183.
③ Herbert Marcuse, "Sartre's Existentialism", pp. 176 - 177.
④ Thomas Anderson, *Sartre's Two Ethics*, Open Court: Chicago, 1993, p. 24.
⑤ Herbert Marcuse, "Sartre's Existentialism", p. 189.
⑥ Ian Birchall, *Workers against the Monolith*, pp. 62 - 66.

和法国社会党(SFIO);那它的目标是什么?"①随后,萨特贯穿于20世纪40年代的激进主义破解了在没有革命运动的情况下,如何阐明革命政治纲领的难题。

为回应托洛茨基主义的失败,以及自己关于共产主义和社会民主主义的革命性替代方案的失利,萨特在《共产主义者与和平》一书中试图辩护一种与法国共产党并行不悖的策略。为此,他进一步批判了当代托洛茨基主义把"理想的"阶级斗争与法国民众"现实的"斗争相提并论。② 与这一进路相对,萨特坚称"我不关心什么是心之所向,也不关心政党自身同不朽的无产阶级之间所保持的理想关系;我寻求的是理解法国眼下正在发生的事"③。具体来说,他认为无产阶级需要政党,以便使其形成一个阶级:"正是政党要求民众在它的领导下团结起来,形成一个阶级。"④他甚至指出:"没有共产党,法国的无产阶级就不会拥有经验性历史。"⑤可见,像托洛茨基派那样批评共产党官僚化,是不合时宜的:"随后你们会说到'共产主义者的背叛'?住口吧!这种'官僚化'是科学管理时期所必需的。"⑥法国共产党的政治主张只是反映出法国工人的实际需要和强烈愿望,而不是托洛茨基主义赋予他们的需要和愿望。

虽然这一论点旨在通过规避正统托洛茨基主义不切实际的抽象概念,来表明实事求是的革命政治,但它冒着为法国共产党的政治主张辩解的风险。如果托洛茨基派和斯大林派都可能因其在普遍化的"硫酸浴"中溶解真实历史的这种方法论之罪而遭受谴责⑦,那么至少斯大林派可以声称他们的计划在一定程度上拥有现实的政治支持,而托洛茨基派

---

① Ian Birchall, *Sartre against Stalinism*, p. 104.
② Jean-Paul Sartre, *The Communists and Peace*, New York: George Braziller, 1968, pp. 105 - 106.
③ Jean-Paul Sartre, *The Communists and Peace*, p. 120.
④ Jean-Paul Sartre, *The Communists and Peace*, pp. 128 - 129.
⑤ Jean-Paul Sartre, *The Communists and Peace*, p. 134.
⑥ Jean-Paul Sartre, *The Communists and Peace*, p. 213.
⑦ Jean-Paul Sartre, *Search for a Method*, New York: Vintage Books, 1963, p. 44.

则受制于宗派主义的狂热。如果这一现实表明，萨特在20世纪50年代早期同法国共产党达成和解，那他认为革命思想只有以科学分析自由个人改变具体处境的"方案"作为目标才能有所进展的这一论点，就意味着他永远不可能完全致力于斯大林主义的方案。① 其实在1956年苏联入侵匈牙利之后，反斯大林主义的政治内涵就在他对革命实践的理解中变得鲜明起来。因此，尽管萨特在20世纪50年代初对冷战作出回应，转向采纳一种与法国共产党同向而行的知识分子立场，但赫鲁晓夫入侵匈牙利以及法国共产党支持这一行动的消息，则迫使他重新思考这一立场。这一反思最重要的结果就是促使他同法国共产党走向决裂，他声称法国共产党为苏联的干涉行径作辩护是"骇人听闻的"。他把苏联对匈牙利的进攻描述为"假借一种纯粹抽象的概念使具体的群众斗争［被］淹没在血泊中"②的时刻。

作为对这些事件的部分回应，在接下来的十年中，萨特继续通过推进他对自由的历史性限定条件的理解来深化他的实践概念。虽然这一思想轨迹使他更接近马克思，但他与马克思的思想之间仍然保有一种重要的张力。因为萨特在试图肯定"历史事件的特殊性"的同时，也把两个跨历史性概念——**匮乏和实践惰性**——引入他历史理论的核心，它们似乎不仅意味着托洛茨基主义是一种不切实际的乌托邦，而且意味着社会主义本身也是一个无法实现的目标。萨特在《辩证理性批判》（*Critique of Dialectical Reason*，1960）中提出，匮乏是"我们历史的根本性关系"。这一出发点对他的马克思主义观产生巨大影响。他认为，由于匮乏"使每一个处于多样性之中的人成为他人的致命威胁"，因而匮乏的存在就意味着个人之间团结互惠的关系必定是短暂的。③ 因此，虽然社会的原

---

① Jean-Paul Sartre, *Search for a Method*, p. 91; Jean-Paul Sartre, "Materialism and Revolution", p. 220; Jean-Paul Sartre, *Critique of Dialectical Reason*, Vol. I, London: Verso, 1976, p. 36.
② Jean-Paul Sartre, *The Spectre of Stalin*, London: Hamish Hamilton, 1969, p. 87, 104.
③ Jean-Paul Sartre, *Critique of Dialectical Reason*, Vol. I, p. 735.

子化可能受到革命斗争的挑战,但是由此产生的"融合而成的群体",只能寄希望于在被"制度化"之前短暂地繁衍自身。① 一旦被"制度化",这些群体就会分崩离析,取而代之的是个人之间重新出现的对立关系。萨特把这种关系称为"序列性"(seriality),并认为这一条件是形成国家的基础。据此,他把马克思主义关于无产阶级专政的概念斥为"荒谬的",因为无产阶级不可能推行集体统治。② 这种非历史的匮乏概念的悲观内涵被他的实践惰性概念所强化。萨特通过实践惰性这一概念意在解释"异化的实践与发挥作用的惰性(worked inertia)之间的对等性"③。用马克·波斯特(Mark Poster)的话说,实践惰性是"吸收了人类过去的行动和意义的现状"④。因此,它远不只是人类创造的周遭世界:它是一种异化的环境,是我们实践的产物,其"出乎意料的后果"不断"挫败"和"击溃"着我们的意图。在其逝世后出版的、尚未完成的《辩证理性批判》第二卷中,萨特遵循上述论断逻辑认为,斯大林主义或者至少是非常类似的事物,在后革命时期俄国的实际状况下是"不可避免的"⑤。

这些结论表明,萨特的作品从《存在与虚无》到《辩证理性批判》具有一定的连续性。在这两部著作中,自由似乎是人注定要获得的,而不是我们可以通过斗争所争取和强化的。尽管萨特在1956年后否定了斯大林主义,但他认为类似的事物不仅是俄国革命的必然结果,而且是任何革命的必然结果,这似乎与他本人致力于反斯大林主义的社会主义背道而驰。

不过,在《辩证理性批判》的其他地方,萨特提出一种与众不同的、更具历史性的关于匮乏的运思方式。例如他写道:"人是暴力的……直到

---

① Mark Poster, *Sartre's Marxism*, London: Pluto, 1979, pp. 81 – 111.
② Jean-Paul Sartre, *Critique of Dialectical Reason*, Vol. I, p. 662.
③ Jean-Paul Sartre, *Critique of Dialectical Reason*, Vol. I, p. 67.
④ Mark Poster, *Sartre's Marxism*, p. 60.
⑤ Ronald Aronson, *Jean Paul Sartre*, London: Verso, 1980, p. 280; William McBride, *Sartre's Political Theory*, Bloomington: Indiana University, 1991, p. 8.

消除匮乏。"①托马斯·安德森(Thomas Anderson)在评论这种暧昧不清的态度时指出,萨特通过把匮乏的概念历史化,提出一种"比书中提到的大多数对人类历史的理解饱含更多希望的解读"②。有趣的是,似乎正是萨特思想中的这种乐观因素,支撑他在20世纪60年代试图提出另一种伦理学,这一尝试超越了他自己早期在《伦理学笔记》中所描述的抽象理想主义。③

他在《辩证理性批判》关于伦理学的问题的简评中,表达了他认为革命实践需要伦理要素的看法。他认为,道德价值"与实践惰性领域的存在联系在一起,换句话说,与作为对其否定之否定的地狱联系在一起"。虽然这些价值是作为对剥削和压迫的反映产生的,但是只要在某一制度或另一制度中得以实现,它们随后就会助长剥削和压迫,即使这些制度是由"被压迫阶级构建的"。他指出,马克思主义的力量就在于抓住了道德的这一面——作为意识形态上层建筑的一部分,道德的作用就在于推动剥削和压迫制度的再现。然而萨特认为,虽然就此而言,经济基础—上层建筑的隐喻有助于对现存道德范畴展开批判,但遗憾的是,它也使自身对于道德法庭陷入一种短视的拒斥态度。④

正是为了克服马克思主义的这一缺陷,萨特在20世纪60年代开始致力于他的另一种伦理学。他在1964年于罗马的葛兰西学院所作的一次演讲(其中一部分作为《决定论与自由》得到发表),和1965年于康奈尔大学打算作的另一系列演讲(因萨特抗议美国卷入越南战争而被取

---

① Jean-Paul Sartre, *Critique of Dialectical Reason*, Vol. Ⅰ, p. 736.
② Thomas Anderson, *Sartre's Two Ethics*, p. 109.
③ Thomas Anderson, *Sartre's Two Ethics*, p. 111.
④ Jean-Paul Sartre, *Critique of Dialectical Reason*, Vol. Ⅰ, pp. 247-250; cf pp. 132ff.

消)中,提出一种超越马克思主义局限和他自己早期思想局限的伦理学。①

萨特在罗马的演讲记录中开篇就说:"社会主义重新发现其伦理结构——或更确切地说是揭开其面纱——的历史时刻已经到来。"②为此,萨特首先拒斥"一切通过律令获得实现的伦理学",他认为其中包括康德和尼采所做的工作。③他指出,这样的伦理学代表着实践惰性——早期人类实践的异化后果——对新的实践的支配。在罗伯特·斯通(Robert Stone)和伊丽莎白·鲍曼(Elizabeth Bowman)看来,与马克思不同的是,萨特对历史的定性"不是阶级斗争……而是在始终充满创造性的实践与始终以重复形式出现的实践惰性之间的斗争"④。具体而言萨特认为,处于人类实践核心地位的是需要,因为我们要生存就必须满足它们。因此,实践源于"根据需要所谋划的未来"⑤。然而,只要人们处于孤立和序列化的状态中,就仍然被困于实践惰性的异化制度中。相反,只有在以革命团体的形式聚集在一起时,他们的实践才能变成自主的,因为只有

---

① Thomas Anderson, *Sartre's Two Ethics*, Ch. 7; Robert Stone and Elizabeth Bowman, "Sartre's Morality and History: A First Look at the Notes for the Unpublished 1965 Cornell Lectures", in Ronald Aronson and Adrian van den Hoven, eds., *Sartre Alive*, Detroit: Wayne State University Press, 1991, pp. 53 – 82; Robert Stone and Elizabeth Bowman, "Dialectical Ethics: A First Look at Sartre's Unpublished 1964 Rome Lecture Notes", in *Social Text* 13/14, 1986, pp. 195 – 215.
② Thomas Anderson, *Sartre's Two Ethics*, p. 112; Robert Stone and Elizabeth Bowman, "Dialectical Ethics: A First Look at Sartre's Unpublished 1964 Rome Lecture Notes", p. 196.
③ Robert Stone and Elizabeth Bowman, "Dialectical Ethics: A First Look at Sartre's Unpublished 1964 Rome Lecture Notes", p. 197; Jean-Paul Sartre, "Determinism and Freedom", in Michel Contat and Michel Rybalka, eds., *The Writings of Jean-Paul Sartre*, Vol. 2: *Selected Prose*, Evaston: Northwestern University Press, 1974, p. 241.
④ Robert Stone and Elizabeth Bowman, "Dialectical Ethics: A First Look at Sartre's Unpublished 1964 Rome Lecture Notes", p. 200.
⑤ Robert Stone and Elizabeth Bowman, "Dialectical Ethics: A First Look at Sartre's Unpublished 1964 Rome Lecture Notes", p. 207.

在这样的团体中,他们才能"让世界满足人们的需要"①。可见,虽然萨特追随康德坚信一个人要变得道德就必须成为自主的行动者,但他与康德相对,认为我们只有在革命实践中行动的群体中团结起来才能做到这一点。正如威廉·麦克布莱德(William McBride)所说的,萨特该文中的伦理目标包含对"自主性与需求满足"的综合——"这首先让人联想……到康德式伦理学以及萨特长期以来对自由的强调,其次是马克思主义把人类理解为物质性实存的至关重要性。"②这不是与马克思唯一的相似之处,因为萨特还认为,资产阶级因其从资本主义制度中获益,而努力使这个异化的世界得到再生:他们是"资本主义制度的产物,但他们持续不断地维护它并使其永久化——不是出于惰性而是出于选择"。相较于此,无产阶级作为一个阶级至少有两种命运:作为制度的被动客体,抑或超越性主体。"一种是表现为制度内咄咄逼人的、备受制约的状态:找工作、养家糊口、节约开支等。另一种则凭借对这一制度的排斥以及促使一种不同制度的产生,表现为纯粹的、具有总体性的未来。"③用安德森的话说,在"被压迫的无产阶级为了在其中生存下去而养活着这种制度……的同时,他们在更深层次上对此提出异议"④。具体就无产阶级的实践挑战资本主义而言,它的目标是以一种不适用于资产阶级的方式实现自主。萨特追随马克思指出,工人们在或多或少有意识地反对资本主义的斗争中,把目标指向"超越这一制度的纯粹的未来"⑤。通过这个例子,萨特旨在说明他把道德论与唯物论结合起来的努力。虽然那些唯物论者剥夺了人的自觉意志,但是萨特先行矮化了人的行为的物质因素:"能动者把自身的行为规定为一种综合的统一体",即外因与内在"命令

---

① 语出萨特,转引自 Robert Stone and Elizabeth Bowman, "Dialectical Ethics: A First Look at Sartre's Unpublished 1964 Rome Lecture Notes", p. 210。
② William McBride, *Sartre's Political Theory*, p. 179.
③ Jean-Paul Sartre, "Determinism and Freedom", p. 251.
④ Thomas Anderson, *Sartre's Two Ethics*, p. 116.
⑤ Jean-Paul Sartre, "Determinism and Freedom", p. 251.

或价值"的统一体。① 可见,萨特旨在阐发恩格斯认为人们"是在先前环境的基础上"创造历史的这一论断。②

这些论点总体上是为了概述对唯物主义与唯心主义的辩证综合,这一综合强化了萨特试图为《唯物主义与革命》中的如下论断所提供的证明:"'我们同样也是人'的宣言是任何革命的底线。"③因此,尽管萨特在20世纪40年代坚信,切实的行动"需要即刻承认所有人类事业最终的无偿性,同时又全神贯注地致力于自己自由选择的事业"④,但是到了20世纪60年代早期,他又在无产阶级反对资本的斗争中站在无产阶级一边,指向人道主义证明。不幸的是,正如斯通和鲍曼所指出的,萨特对这些问题的探讨"抽象到令人失望"⑤,尤其是他尝试对能动性所作的论述。安德森注意到,萨特通过假定实践面向未来和满足需要的特性进而追问,人们如何依据未来一种不同的社会所具有的道德来评判现存社会的道德规范。⑥ 正如我们所见,萨特在1947年给出这一问题的答案,他认为无产阶级的实践同时作为社会主义道德的手段和目的,但他没有探讨无产阶级如何从对现存资本主义社会感到不满的革命状态,走向建立未来社会主义社会的更为积极的目标。例如,尽管萨特断言伦理体系代表着"构成一个阶级、一种社会环境或整个社会所具有的共性的命令、价值和价值判断的总体",但他并没有阐发这些主题,因此它们的内涵依旧模糊不清。此外,萨特在转向讨论他理论的实际影响时,还强化了他已陷入僵局的那种感觉。因而在1969年的一次采访中,他认为工人阶级需要一个革命政党来充分实现其反资本主义的实践潜能,尽管他也指出这将"更多地基于'异化'而非'需要'",但他承认自己无法设想"如何解决

---

① Jean-Paul Sartre, "Determinism and Freedom", p. 244.
② Jean-Paul Sartre, "Determinism and Freedom", p. 250.
③ Jean-Paul Sartre, "Materialism and Revolution", p. 217, 219.
④ William McBride, *Sartre's Political Theory*, p. 63.
⑤ Robert Stone and Elizabeth Bowman, "Dialectical Ethics: A First Look at Sartre's Unpublished 1964 Rome Lecture Notes", p. 211.
⑥ Thomas Anderson, *Sartre's Two Ethics*, p. 113.

任何稳定型结构所面临的问题"。①

结论

　　法兰克福学派的主要成员在拒斥卢卡奇站在无产阶级的立场上对资本主义展开的内在批判后,一方面是留下一种没能超出资产阶级思想范围的内在批判模式,另一方面这又迫使他们试图抓住一种完全抽象的概念化的绝对命令作为消极的思想之舵,由此,他们旨在避免另一次奥斯维辛,即便他们认为社会主义本身已不再可行。这种悲观主义体现在分析的马克思主义者的结论中,尽管其中也有其他重大分歧。科恩与在他之前的阿多诺一样,不得不从平等主义的自由主义赤裸裸的抽象概念所呈现的视角反对资本主义,即使他对马克思关于工人阶级的预言的批判意味着,他认为对资本主义的替代方案希望渺茫。卡利尼科斯并不赞同关于现代工人阶级的这种悲观分析,因为虽然他承认内在批判的局限性,但他确实也看到了追随科恩致力于平等主义的自由主义的意义所在。他的努力所蕴含的力量显而易见:首先,它包括有力反击科恩关于马克思历史理论的近乎误解性的"分娩式"改造;其次,它指明了平等主义的自由主义大多所具有的反资本主义内涵;再次,它意识到马克思主义者需要明确并连贯地阐明其对资本主义的批判所包含的道德方面。遗憾的是,如果他意在运用格里芬的"知情欲望"概念作为规避道德相对主义问题的一种机制,则尚不清楚他如何才能避免简单地把这个问题推回到同样争论不休的关于人性的论述。有趣的是,卡利尼科斯提出了解决这一问题的方法,他所依据的是卢卡奇对如下立场的捍卫,即无产阶级是理解社会作为总体这一真理的基础。② 然而,他没有通过历史上出现的欲望概念把工人斗争的立场与他所偏好的人性概念联系起来,由此导致他的论证恰好暴露于它意欲逃避的指控之下:被指责为相对主义。

---

① Jean-Paul Sartre, "Masses, Spontaneity, Party", in *Socialist Register*, 1970, p. 242, 245.
② Alex Callinicos, *Resources of Critique*, pp. 247–252.

与上述种种进路形成鲜明对比,萨特至少在某些地方,通过分析工人斗争何以同时作为替代资本主义的合乎伦理的手段和目的,进而指向卢卡奇思想中黑格尔式的伦理学。不过,萨特尽管拥有这些独具影响力的洞见,却从未完全使他对这一思想的理解脱离自由主义理论的具体阐述,因而对于可供长期有效地替代序列性的社会主义方案,他也就没能提供具有历史性和结构性的连贯说明,而马克思则对匮乏概念进行了有效的历史化处理①。

可见,尽管卡利尼科斯的观点为历史乐观主义提供了基础,但他对现代道德话语中情感主义因素的规避并不是那么明显,而萨特则超越了这种情感主义文化,即使他没能为社会主义替代方案提供一种融贯的理解模型。如果说,马克思主义面对的问题是要把这两种视角下得出的见解综合起来,那么我在本书下一章将会论证,这样一种综合在20世纪五六十年代的麦金太尔那里得以呈现出来。

---

① David Harvey, *Justice, Nature and the Geography of Difference*, pp. 139 – 149.

第五章 麦金太尔对一种合乎伦理的马克思主义的贡献

> 在我写作这篇文章的整个过程中,有两个形象始终萦绕于心。它们似乎为知识分子展示了不同的道路。一个是 J. M. 凯恩斯的形象,另一个是托洛茨基的形象。显然二者都是拥有人格魅力、天赋异禀的人。一个是既定秩序的知识分子守护者,为使社会保持他所认为的经济平衡提供新的操控政策和理论,并在此过程中赚取个人财富。另一个则是在沙皇和斯大林的统治下被俄国驱逐的革命者,他毕其一生都在捍卫合乎人性的活动,为人们自觉且合理的努力所蕴含的力量提供辩护。最后我想到的是爵位加身的凯恩斯,和头骨里插着冰镐的托洛茨基。这就是我们社会中的知识分子所面临的一对人生选择。①
>
> ——麦金太尔

麦金太尔在他的巨著《德性之后》中写道,"有关人的好的生活的暂时性结论:人的好的生活是在寻求好的生活之中度过的生活",以及我们必须致力于"地方形式的共同体的建构,在这种共同体中,文明、知识分

---

① Alasdair MacIntyre, "Breaking the Chains of Reason", in Paul Blackledge and Neil Davidson, eds., *Alasdair MacIntyre's Engagement with Marxism: Essays and Articles 1953 – 1974*, p. 166.

子和道德生活能够度过已经降临的新的黑暗时代而维持下来"。① 如果这一结论的"悲观主义"正如麦金太尔所正确认为的那样"与马克思主义传统相悖",为什么还要在本书中探讨麦金太尔的思想?简单地说是因为他在写就《德性之后》一书前,曾对马克思主义的伦理学理论作出重要贡献,由此超越了本书第四章讨论过的那些著述者的局限,并走向实现由第三章论及的著述者所开启的对马克思主义的复兴。本章旨在把他对马克思主义的这一贡献②从"后人浓重的傲慢态度"中解救出来。

如本书导论所述,阿尔都塞否认马克思主义是人道主义的一种形式,并批判社会主义的人道主义者用资产阶级唯心主义的道德理论玷污马克思主义的唯物主义。或者说他认为,社会主义的人道主义者"转向伦理学"的逻辑,是从马克思主义向自由主义的倒退。如果像佩里·安德森所指出的那样,20世纪60年代有大量证据表明,曾作为马克思主义者的那些人(ex-Marxists)在同马克思主义决裂前,受到过社会主义的人道主义氛围影响③,那么,尽管近来分析的马克思主义与平等主义的自由主义走向融合的趋势似乎证实上述猜测,但断言这一轨迹必然是由对斯大林主义的人道主义批判所带来的,则仍显得过于简单。爱德华·汤普森无疑是对的,他写道,无论如何,"1956年是充满希望的一年"④。我们还可以补充说,这是复兴马克思主义的希望之一。为避免对社会主义的人道主义不加批判抑或过于轻视,借克里斯·哈曼的话说,1956年这一

---

① Alasdair MacIntyre, *After Virtue*, p. 219, 263. 参见 [美] A. 麦金太尔《德性之后》,第277、330页。——译者注
② 许多关于英国新左派的学术文献都有一个缺陷,即往往片面强调一些重要知识分子借由新左派来告别马克思主义的种种方式。(例如,见 Lin Chun, *The British New Left*, Edinburgh: Edinburgh University Press, 1993, p. 191; Mike Kenny, *The First New Left*, London: Lawrence and Wishart, 1995, pp. 200 - 206; Geoff Foote, *The Labour Party's Political Thought*, London: MacMillan, 1997, p. 296.) 有趣的是,这些研究在渴望把新左派描绘成对马克思主义的背离时,都淡化了阿拉斯代尔·麦金太尔对社会主义的人道主义之争的重要贡献。
③ Perry Anderson, *Arguments within English Marxism*, p. 108.
④ Edward Thompson, "An Open Letter to Leszek Kolakowski", in Edward Thompson, *The Poverty of Theory and Other Essays*, London: Merlin, 1978, p. 304.

代的社会主义的人道主义最好被理解为一个"知识分子的驿站"①；它标志着一个分岔路口，一代激进分子由此趋向更为连贯一致的、即使偶尔不太令人愉悦的政治结论。如果说有很多人走上冷战的自由主义之路，那么就占少数的左派而言，社会主义的人道主义则是越过斯大林主义的泥沼，指向马克思对资本主义的人道主义批判。在1956年后的十年里，麦金太尔实现了这一转折，为复兴马克思主义作出重要贡献。他延伸了新左派对斯大林主义的批判，认为马克思的实践观为克服机械唯物主义所特有的科学与道德的二分提供了一个立足点。这一贡献不仅对关联于本书第三章所论及的同第二国际马克思主义形成革命性决裂的马克思主义复兴具有补充作用，而且针对把马克思视为一个虚无主义者，认为他对道德话语的拒斥反映出他不完善的社会转型模式的看法，也构成最有力的反驳材料。

新左派的社会主义的人道主义

1956年的四起事件共同为冷战双方的左派创造出一个政治空间。其一是在2月，苏联领导人赫鲁晓夫在苏共二十大发表所谓的"秘密讲话"，详述斯大林在1953年去世前犯下的罪行。其二是在夏秋之季，波兰和匈牙利出现迅速蔓延的两极分化和激进化态势，并在10月和11月兴起的工人革命运动中达至高潮：自20世纪20年代以来首次出现工人理事会，作为对官僚独裁统治可能的替代形式。② 其三是在11月，苏联军队介入，镇压匈牙利革命。其四是就在同一周末，英国和法国的军队

---

① Chris Harman, "Philosophy and Revolution", in *International Socialism* 2/21, 1983, p. 61.
② Geoff Eley, *Forging Democracy*, Oxford: Oxford University Press, 2002, p. 334; Andy Anderson, *Hungary'56*, London: Solidarity, 1964, pp. 66–72; Bill Lomax, "The Workers Councils of Greater Budapest", in *The Socialist Register*, 1976, pp. 89–110; Cyril Lionel Robert James, "Letter 10th February 1957", in Anna Grimshaw, ed., *The CLR James Reader*, Oxford: Blackwell, 1992, p. 265; Peter Fryer, *Hungarian Tragedy*, London: Index Books, 1997; Chris Harman, *Class Struggles in Eastern Europe 1945–1983*, pp. 88–186.

为夺取苏伊士运河,与以色列联合入侵埃及。

作为对这些事件的反应,在共产党内持不同政见者的群体中出现一个新的左派,与学生激进分子、左派劳工和规模极小的革命左派成员并肩作战。① 虽然新左派既没有固定的政治立场,也没有商定的议程,但它的目标是使社会主义在英国成为一股生机勃勃的力量。新左派分子在一些刊物上阐述了这一要旨,包括由牛津学生编辑的《大学与左派评论》(Universities and Left Review),以及约克郡历史学家和(前)共产主义活动家——爱德华·汤普森和约翰·萨维尔(John Saville)——编辑的《理性者》(The Reasoner)和《新理性者》(The New Reasoner)。《理性者》和《新理性者》最初是共产党内部持不同政见者的刊物,后来在其编辑们拒绝党的领导所提出的停刊要求后,便成为一份关于社会主义理论和实践的独立刊物,并因其作为英国社会主义的人道主义最重要的代言而名声大噪。正是在这份期刊上,爱德华·汤普森关于针对斯大林主义的社会主义人道主义替代方案展开一场重要争论,旨在把马克思主义从斯大林主义那种机械的劣质变种中拯救出来。

在随着斯大林逝世后的苏联事态发展而形成的国际环境中,汤普森或许是最杰出的英国代表。社会主义的人道主义的核心就在于,呼吁通过回归青年马克思的人道主义价值来"修正"马克思列宁主义。② 波兰学者莱泽克·科拉科夫斯基是阐明这一立场变化最具影响力的人物之一。他在《责任与历史》("Responsibility and History",1956—1958)中提出,道德犯罪就是道德犯罪,无论斯大林是否称之为不可避免的:"任何人都

---

① Peter Sedgwick, "The Two New Lefts", in David Widgery, ed., *The Left in Britain: 1956 - 1968*, London: Penguin, 1976, p.143; Paul Blackledge, "Reform, Revolution and the Question of Organisation in the First New Left", in *Contemporary Politics*, Vol.10, No.1, 2004, pp.21 - 36; Paul Blackledge, "The New Left's Renewal of Marxism", in *International Socialism* 2/112, 2006, pp.125 - 153; Paul Blackledge, "Morality and Revolution: Ethical Debates in the British New Left", in *Critique*, Vol.35, No.2, 2007, pp.203 - 220.
② James Satterwhite, *Varieties of Marxist Humanism: Philosophical Revisionism in Postwar Eastern Europe*, Pittsburgh: University of Pittsburgh Press, 1992, pp.3 - 11.

不能以其在理智上确信这么做必然胜利为由,免除支持犯罪的道德责任。"①在阐发这一观点时,他指出,社会主义者必须保留"道德责任"的概念,他还进一步认为,社会主义者必须把这一概念从那种使马克思主义沦为"历史的工具"且反过来又成为"作恶的借口"的解释中解放出来。②与斯大林主义对马克思主义的这种曲解相反,科拉科夫斯基坚信"社会参与就是道德参与",且道德参与以我们"自由选择的权力"为前提。③

英国新左派同马克思人道主义相结合的第一个主要的理论贡献,就是汤普森的《社会主义的人道主义:致非利士人书》("Socialist Humanism: An Epistle to the Philistines", 1957)。这篇发表在《新理性者》创刊号上的文章,不论是就分析斯大林主义而言,还是更一般地对于马克思主义道德理论来说,都是一个卓越且独到的贡献。正如凯特·索珀指出的那样,汤普森该文的核心是在历史唯物主义中重新确认"道德自主性和历史能动性的力量"④。汤普森写道,斯大林主义是一种意识形态,其典型的做法就包括把抽象的观念强加于现实。而且,这种意识形态代表着"在特定历史背景下向官僚主义堕落的革命精英"的世界观。斯大林主义的官僚机构采取行动,阻止为社会主义展开斗争,由此使支持社会主义斗争的人类反抗演化为,把对斯大林主义的反抗也囊括其中。从否定性意义上说,这一反抗针对的是意识形态和不人道。从肯定性意义上说,它包含着在马克思所理解的社会意义上"向人的回归"。因此,它属于一种社会主义的人道主义:之所以是人道主义的,因为它"再次把现实的男人和女人置于社会主义理论和理想的核心地位";之所以是社会主义的,因为它"重新确认了共产主义的革命观"。⑤

汤普森一开始就指出,地表范围的四分之一都处于一种新型社会的

---

① Leszek Kolakowski, *Marxism and Beyond*, London: Paladin, 1971, p. 132.
② Leszek Kolakowski, *Marxism and Beyond*, p. 149, 157.
③ Leszek Kolakowski, *Marxism and Beyond*, pp. 159 – 160.
④ Kate Soper, *Troubled Pleasures*, London: Verso, 1990, p. 89.
⑤ Edward Thompson, "Socialist Humanism", in *The New Reasoner* 1, 1957, pp. 107 – 109.

控制之下,尽管它有许多令人憎恶的特征,但它代表着同资本主义的实质性决裂:"苏联的生产工具是社会化的。官僚机构不是一个阶级,而是寄生于这种社会之上。尽管它具有寄生性,但是第一次社会主义革命所释放的人的巨大能量,使社会财富成倍增长,并极大拓展了人们的文化视野。"① 与这种把苏联制度视为既是社会主义的,又在道德上讨人不快的描述相对,汤普森在其他地方指出"共产主义的'目的'不是'政治'目的,而是人的目的"②。这一说法表明,在苏联的社会试验中所包含的人的目的,至少在一定程度上与对这些目的有所实现的非人道手段之间存在鸿沟。因此,尽管汤普森暗示可以用多重手段实现共产主义的目的,但他意识到这些手段在道德上不是等价的。他认为,就苏联的情形来说,或许最好是把斯大林主义制度的缺陷理解为,由布尔什维克不够完善的马克思主义模型所造成。他们接受对马克思经济基础—上层建筑比喻的机械理解,意识活动形式中的能动性由此被简化为结构,只能通过铁板一块的政党得以重现,政党在此已成为真正的社会主义意识的守护者。随后,布尔什维克"有失道德地"用虚假(cardboard)抽象的行动取代现实个人的行动;这些抽象概念变成"以'民主集中制'的僵化形式体现于制度形式中"。③ 可见,汤普森对斯大林主义的道德批判不仅呼吁对马克思的历史理论进行更为灵活的解释,而且带有对列宁主义政治组织形式的拒斥态度。

尽管汤普森重新确认了作为社会主义事业核心的道德能动性,但是他的论点易于遭受一些内容各异却又相互关联的责难。第一,一个民主集中式的组织所体现的机械版的马克思主义,能否充分解释斯大林主义的兴起?第二,在斯大林模式中,社会主义与共产主义如有联系,则是怎样的一种联系?如果后者作为人的"目的",该如何看待斯大林主义者至少在某种程度上用以实现这一目的的令人憎恶的手段?第三,如果说经

---

① Edward Thompson,"Socialist Humanism",p. 105,138.
② Edward Thompson,"Socialist Humanism",p. 125.
③ Edward Thompson,"Socialist Humanism",p. 121.

第五章　麦金太尔对一种合乎伦理的马克思主义的贡献

济基础—上层建筑的比喻促成了斯大林主义的出现,那么马克思主义不就会因为这一败笔而遭到强烈谴责?最后,难道汤普森对经济基础—上层建筑比喻的拒斥没有招致批评?他被指责在表明一种政治唯意志论的同时,非但没有纠正机械宿命论的错误,反而只是对它们加以倒置。

汤普森对这些问题的含蓄回应表明,他并没有像他想象的那样有违同时代的常识。由此可见,传统后果论伦理学包含着斯大林主义者为其行为所作的一小部分有价值的道德辩护,同时它还认为,善的目的可能出自恶的手段;而关于苏联制度的形成史,占主导的自由主义立场和斯大林主义立场至少一致认为,列宁主义是通向斯大林主义的。在默认接受这两种立场的过程中,汤普森对斯大林主义的道德批判招致一些人的内在批判,他们认识到汤普森的人道主义论断——社会主义代表着历史上(自我)造就的人的潜能的实现,与他的这一观点——认为斯大林主义制度可能以一种尽管是扭曲的形式代表着同资本主义逐渐决裂——之间存在矛盾。这或多或少就是哈里·汉森(Harry Hanson)在此后一期《新理性者》中提出的批判形式。

汉森认为:"共产主义在现代世界不是无产阶级的信条。它首先是由革命精英操持的一种技术,为的是以最快速度推动不发达国家的经济发展……[这]是一个非常痛苦的过程。"①他坚信,尽管有汤普森的一切雄辩及其无可非议的真挚态度,但其对斯大林主义的批判仍然是站不住脚的。因为汤普森的批判与斯大林主义,并在更一般的意义上与马克思主义一样,都包含一种后果论的道德框架,虽然他对手段与目的的相互依存关系有过精妙讨论,但也往往是使前者从属于后者,这就导致由此为批判斯大林主义的不道德所提供的基础不能令人满意。虽然对汤普森的这种负面评论具有一定的说服力,但是汉森自己对斯大林主义所作的正面评论也不尽如人意。他辩称在苏联的情况下,除了斯大林主义之外别无选择——强制的工业化在民主国家不可能获得成功——但他无

---

① Harry Hanson, "An Open Letter", in *The New Reasoner* 2, Autumn 1957, p. 88.

法接受斯大林的具体措施。由此可见,他的道德观与当代条件下任何实际的政治站位(anchorage)是割裂的:就这些表述的消极意义而言,他的道德观是抽象的和空想的。①

如果说,汉森对汤普森的道德后果论展开批判,却没有提供一个可行的替代方案,那么查尔斯·泰勒(Charles Taylor)则认为,汤普森试图从斯大林主义对马克思理论的歪曲中,恢复一个充满活力的马克思,却回避了马克思主义本身内在的深层次问题。因为,马克思不屑于对资本主义进行抽象的道德批判,这虽然是可以理解的,而且他也把无产阶级的美德与资产阶级的道德相提并论,但这些态度和做法很容易滑向为已然演变成斯大林主义的那种革命精英主义作辩护。在泰勒看来,政党可以把自身想象成无产阶级美德的化身,来对抗无产阶级真实存在的缺陷。②

除去这些理论问题之外,汤普森关于社会主义能动性的理解模式,也为新左派的政治取向提供了启示。在新左派文集《走出冷漠》(*Out of Apathy*,1960)的引言中,他谈到当时关键的政治问题在于大众的冷漠。他把冷漠定义为寻求"对公共罪恶的私人性解决方案",并解释说,冷漠之所以在当代普遍存在,主要是因为选民缺乏现实的政治备选方案。③在阐发这一主题时,他指出要解决冷漠问题,首先应向选民提供一个现实、可行的政治替代方案,以取代1954年《经济学人》(*Economist*)称之为的"巴茨克尔主义"——工党议长休·盖茨克尔(Hugh Gaitskell)与托利党议长拉布·巴特勒(Rab Butler)达成的政策共识。具体地说,汤普森的目标是争取工党对新左派社会主义愿景的支持。为此,他在20世纪

---

① Harry Hanson, "An Open Letter", pp. 79 - 91; cf Leszek Kolakowski, *Marxism and Beyond*, p. 161.
② Charles Taylor, "Marxism and Humanism", in *The New Reasoner* 2, Autumn 1957, pp. 92 - 98; Charles Taylor, "Socialism and Intellectuals", in *Universities and Left Review* 2, 1957, pp. 18 - 19.
③ Edward Thompson, "At the Point of Decay", in Edward Thompson, ed., *Out of Apathy*, London: Stevens and Sons, 1960, p. 5, 8.

第五章 麦金太尔对一种合乎伦理的马克思主义的贡献

60年代提出,把工党转变为一个社会主义政党不仅是可能的,而且这种可能性正在得到实现,正如他所写:"工党不再提供另一种治理现存社会的方式,而是开始追寻另一种社会。"①他认为新左派应该发挥的作用是推进这一过程,同时他仍然意识到,如果他对工党转型的这种更为乐观的看法受挫,"就将必须创建新的组织"②。

如此看来,这一论点的问题显而易见。和大多数新左派一样,汤普森低估了工党内部的右翼力量,同时高估了当代英国工人阶级对激进社会主义思想的接受程度。③ 这些弱点意味着新左派没有能力应对挫败。当他们在1961年的工党大会上败北时,新左派的反应是突如其来的士气低落。④

在此背景下,新左派内部较为悲观的声音日渐显现。相比于汤普森在20世纪50年代末对新左派前景的分析中所表现出的政治乐观主义,斯图尔特·霍尔(Stuart Hall)认为,工人阶级发生了更深层次的结构性转变,这种转变破坏了旧有的阶级忠诚,取而代之的是对支离破碎的生活方式的一种新的认识。⑤ 霍尔预言了他在20世纪80年代写入《当今的马克思主义》(*Marxism Today*)中的大部分内容⑥,他认为在英国,"社会生活模式的重大转变"已经发生,以至于过去形成社会主义阶级意识的那些因素不再占据主导地位。相较于19世纪的资本主义,社会经济结构的变化意味着,20世纪50年代的工人"更多地认为自己是消费者而不是生产者"。而19世纪以工人作为集体生产者的生产方式,近来也已分裂成为许多相互冲突的生活方式。霍尔认为,这些五花八门的生活方

---

① Edward Thompson,"At the Point of Decay",p. 19.
② Edward Thompson,"At the Point of Decay",p. 29.
③ Paul Blackledge,"The New Left's Renewal of Marxism".
④ Raymond Williams,*Politics and Letters*,London:Verso,1979,p. 365.
⑤ Stuart Hall,"A Sense of Classlessness",in *Universities and Left Review* 5,1958,p. 27.
⑥ Colin Sparks,"Stuart Hall,Cultural Studies and Marxism",in D. Morley and K. Chen,eds.,*Stuart Hall:Critical Dialogues in Cultural Studies*,London:Routledge,1996,p. 78.

式意味着,英国仍然是一个资本主义国家,但同时工人阶级陷入"新的、更为微妙的奴役形式"①。可以看到,冷漠或需要的东西私有化在这种情况下是普遍存在的。

霍尔的文章在此后一期的《大学与左派评论》上引发两条强有力的回应。拉斐尔·塞缪尔(Raphael Samuel)认为,霍尔神话化了19世纪工人阶级的状况,并由此制造出一种稻草人形象,与现代工人状况形成对比:"工人阶级的共同体是在压力下形成的,这种压力与今天备受关注的压力颇为相似。"②如果塞缪尔指出的是,霍尔对过去的误解导致他对现状作出错误分析,汤普森则有力地论证道,霍尔对工人现状的理解模型过于静态化。汤普森预料到他此后会对雷蒙德·威廉斯(Raymond Williams)提出批评,认为最好不要把文化理解为静止的"生活方式",而应理解为积极的"斗争方式"。③

尽管这些反驳非常有力,但是仍然没有触及这一点:20世纪50年代和60年代初,英国的阶级斗争尚未在工人阶级中形成广泛的社会主义意识。为此,在1961—1962年第一代新左派瓦解后,围绕在佩里·安德森周围的第二代英国新左派,试图以英国工人阶级的社团主义(corporatism)解释这一情形。安德森透过葛兰西有关"欧洲共产主义"原型的解读,阐发了新左派思想中更为理想化的核心思想,他认为英国工人阶级生活所特有的,是"一种不可动摇的社团阶级意识,且几乎不存在占据霸权的意识形态"④。

关于霍尔对工人阶级消费主义的静态分析模型的弱点,如果说汤普

---

① Stuart Hall, "A Sense of Classlessness", pp. 26 - 32.
② Raphael Samuel, "Class and Classlessness", in *Universities and Left Review* 1/6, 1959, p. 44.
③ Edward Thompson, "Commitment in Politics", in *Universities and Left Review* 6, 1959, p. 52; Edward Thompson, "The Long Revolution", in *New Left Review* 1, 1961, p. 9; cf Stuart Hall, "The Big Swipe", in *Universities and Left Review* 7, 1959, pp. 50 - 52.
④ Perry Anderson, *English Questions*, London: Verso, 1992, p. 33; Paul Blackledge, *Perry Anderson, Marxism and the New Left*, London: Merlin, 2004, Ch. 2.

森的评论无疑是有道理的,那么正如他所充分阐明的那样,这一批评则尤其适用于安德森的论点。① 不过,尽管汤普森先后对霍尔和安德森关于当代工人阶级生活的印象派解释提出有力批评,但他也没有提供一个可行的备选方案,来替代他们关于当代冷漠态度的深层次根源的论述。因此可以说,尽管霍尔和安德森对英国阶级结构的理解模型没能超越现存的冷漠,即对20世纪60年代末和70年代初英国工人阶级普遍兴起的激进主义漠不关心的态度②,但是汤普森的论述同样无法解释这种冷漠本身。这就需要一种堪当此任的社会主义的人道主义来加以解决。

超越汤普森式的马克思主义:麦金太尔的马克思主义伦理学

《道德荒野笔记》("Notes from the Moral Widerness")是麦金太尔对20世纪50年代新左派论战的重要贡献,它既是对汤普森总体观点的批判性辩护,也是对科拉科夫斯基和汉森多少有所明确的康德主义的反驳。麦金太尔认为:"由之前的共产主义者转变为对共产主义的道德批判者的,大多是性情中人……他们以道德原则的名义批判斯大林主义的罪行,但他们诉诸道德原则的做法又因其明显的随意性而何其脆弱。"③不应由此把麦金太尔视为斯大林主义的辩护者。他认同科拉科夫斯基并认为,斯大林的西方支持者在机械的历史进步论中抛弃了社会主义的道德内核。至于斯大林的历史理论,尽管麦金太尔承认,冷战双方有很多人认为它属于真正意义上的马克思主义,但他无法认可,这一理论被解读成马克思青年或成熟时期著述所内含的内容是符合实情的。④ 麦金

---

① Edward Thompson, "The Peculiarities of the English", in Edward Thompson, *The Poverty of Theory and Other Essays*.
② John Kelly, *Trade Unions and Socialist Politics*, London: Verso, 1988; John Kelly, "Reply to Jack Robertson", in *International Socialism* 2/42, 1988, pp. 137 – 141; Chris Harman, *The Fire Last Time: 1968 and After*, London: Bookmarks, 1998.
③ Alasdair MacIntyre, "Notes from the Moral Wilderness", p. 46.
④ Alasdair MacIntyre, "Notes from the Moral Wilderness", p. 51.

太尔坚信,若要从马克思关于这一主题的只言片语中恢复和重建马克思主义政治理论的道德内核,就必须同时对马克思的历史理论进行类似的重建,以取代关于历史唯物主义的正统理解。

麦金太尔认为,斯大林主义者通过历史进步的目的论视野,把"道德上正确的事物与事实上会成为历史发展结果的事物"等同起来,由此导致"'应然'的原则被'实然'的历史所吞噬"。① 要想把道德原则重新纳入马克思主义,仅仅在斯大林的历史发展理论中加入类似于康德伦理学的内容是不够的,因为斯大林的历史理论取消了道德选择。同样错误的做法是,从某种假定为更高级的立场出发把历史事件斥为不道德的,因为"没有一套[人们]可以诉诸的通用的、公共的标准"。事实上,任何诸如此类的策略往往都会被现有的道德传统吸引,而这些传统通常是演化成了为某些特定的占主导地位的阶级利益服务,由此会"给既定秩序的捍卫者以可乘之机"。② 出于这些原因,冷战中支持东方和西方的辩护都不足以实现其辩护者所宣称的目标:提供一种能够得到合理证明的行动指南。麦金太尔坚信,"第三种道德立场"不仅是必要的,而且能通过"在何为马克思主义的问题上,以更正确的观点取代错误却流行的观点"加以建构。③

麦金太尔认为,斯大林主义者因为曲解了马克思主义理论中的经济基础—上层建筑比喻的作用,才断言历史进程是可预测的,社会主义的胜利不可避免。而马克思在运用这一比喻时所暗示的,既不是机械的关系,也不是因果关系。毋宁说,他是用黑格尔式的概念表明这样一个过程,社会经济基础通过这一过程提供的是"上层建筑产生于其中的一种结构、使人类围绕它得以紧密相联的一系列关系,以及使其他一切都从中发展而来的人类关系的核心"。有人断言马克思相信,政治的上层建筑必然会随经济基础的变化发生重组,麦金太尔反而坚信"创造基础的

---

① Alasdair MacIntyre, "Notes from the Moral Wilderness", p. 47.
② Alasdair MacIntyre, "Notes from the Moral Wilderness", p. 50.
③ Alasdair MacIntyre, "Notes from the Moral Wilderness", p. 52.

同时就是在创造上层建筑。这不是两个活动,而是一个"。可见,斯大林机械唯物论的历史进步模式——根据这一模式,政治发展是随经济原因自动跟进的——与马克思的理解模式相差甚远。因为在马克思看来,"向社会主义过渡的关键特征不在于经济基础的变化,而在于经济基础与上层建筑关系的革命性变革"。①

人类普遍的自由本质所采取的具体形式,始终是通过我们同自然实际的密切关系来满足我们的需要。正是由于这种实践具有历史维度,我们本质的发展往往同我们的需要和劳动生产率的变化处于一种辩证关系。而且由于劳动是一种有目的的活动,因此这些变化是通过我们对变化中的欲望进行排序得以呈现的。可见,劳动必然具有伦理维度,并且它因为在人类历史中起着联系普遍与特殊的关键性中介作用,而为批判抽象的普遍主义伦理学和简单的历史主义伦理学提供了有力的基础。从生产的具体历史形式中抽象而来的普遍道德,与从人类的普遍本质中抽象而来的历史主义道德所共有的,是一种不充分的、片面的人类历史模型。这一特点削弱了这些理论用以指导人类实践的相互冲突的主张。对于人类行为所形成的实践,抽象的普遍主义和历史的相对主义都无法提供令人满意的理解,因而都不能作为对伦理生活的解释。因此,正如麦金太尔在批判斯大林主义和斯大林的自由主义批评者时所指出的那样,我们应该寻找一种伦理学"理论,在它看来历史上出现的事物为我们的标准提供的是基础,而没有使历史进程具有道德的至高无上性,或把历史进步视为自动生成的"②。

为此,麦金太尔认为,马克思主义者应该通过把伦理学与人的欲望联系起来,从而具体地效仿亚里士多德并在更一般的意义上效仿古希腊人:"通过表明个人行为和社会实践如何与典型的人的欲望、需要等联系起来,使它们作为人的行为得到理解。"③因此,他提议把道德同需要和欲

---

① Alasdair MacIntyre, "Notes from the Moral Wilderness", p. 55.
② Alasdair MacIntyre, "Notes from the Moral Wilderness", p. 57.
③ Alasdair MacIntyre, "Notes from the Moral Wilderness", p. 58.

望联系起来,这与康德的理解方式完全不同。因为在康德那里,"道德的'应当'完全脱离于欲望的'是'",麦金太尔则认为,以这种方式使伦理学脱离旨在满足需要和欲望的活动,"会使它作为人的行为的一种形式变得难以理解"。① 故此,麦金太尔试图把道德与人的欲望和需要联系起来,在不忽视其生物学基础的前提下,从根本上使人性得以历史化。② 马克思历史理论的力量正如其所说,植根于他对人的本质的历史化:因为他既拒绝追随霍布斯,陷入对人的需要和欲望的一种阴郁的思考模式,也拒绝追随狄德罗,陷入自然状态与当代社会结构乌托邦式的对立中。相反,马克思领会到蕴含在霍布斯洞见中的有限的历史真相,但与之并行的不是抽象的乌托邦,而是斗争中的工人现实的集体运动,通过这种运动,他们认识到团结是人的一种基本欲望。

在麦金太尔看来,当马克思指出"只有通过阶级斗争的历史,才能理解人性的形成过程。每个时代都呈现出对人的潜能的一种发展,这种潜能是某种社会生活形式所特有的,而且具体地受制于该社会的阶级结构",他就同时把握到这一问题深刻的历史内涵和社会内涵。特别是在先进的资本主义条件下,"生产的发展使得重新占有自己的本性[对人而言]成为可能"。从如下两个方面看确实如此:首先,劳动生产率的提高使我们都有可能过上更富足的生活,无论是在道德的还是物质的层面上;其次,资本主义孕育出无产阶级作为一种能动性力量,它争取自由的斗争开始彰显出一种新型的民主精神,个人由此认识到他们的需要和欲望可以通过集体获得最充分的满足,而且认识到他们实际上也的确需要并欲求团结。③ 为此,客观上随生产力的发展而产生的无产阶级,能够开始与资本展开斗争,以配合无产阶级客观结构内在固有的潜能,为解决当代道德问题创造条件:它开始象征着能够克服"我们的道德概

---

① Alasdair MacIntyre, "Notes from the Moral Wilderness", p. 58.
② Alasdair MacIntyre, "Notes from the Moral Wilderness", p. 63.
③ Alasdair MacIntyre, "Notes from the Moral Wilderness", p. 64.

念与欲望概念之间裂痕"的实践。① 通过这样的行动,无产阶级成员开始认识到,团结不仅仅是他们为满足自身需要而斗争的一种有用的手段,事实上也是他们自然而然的欲望。② 社会主义者首要的目标就是争取多数人支持他们的观点,他们的政治实践就植根于这些新的需要和欲望之中。

由此,麦金太尔把道德的历史理解为"这样一个历史过程,即人们不再把道德规范视为对欲望的压抑,而是视作人们自己所设定和认可的事物"。这一过程在无产阶级反对异化和反对认识世界的物化方式的社会主义斗争中达至顶峰。相反,"伦理学和功利主义的自主性都属于资本主义的意识层面;二者都是异化的形式,而不是道德指南"。③ 因此,一旦政治左派摆脱社会主义必然胜利的神话,不再把社会主义具体接受为某种无限期的目的,也不再由此证明以社会主义名义采取的任何行动都是正当的,社会主义者就会真正理解阶级斗争历史中手段与目的之间相互渗透的关系,就会反对斯大林主义者把马克思主义的道德观理解为"对道德绝对性的断言",也"反对针对斯大林主义的自由主义批评者理解为对欲望和历史的断言"。④

在延伸汤普森对马克思的人道主义式的新阐释时,麦金太尔提出要与斯大林主义彻底决裂,由此超越了汤普森的立场。因为汤普森坚信"十月革命及其在东欧和中国革命中的余波,已在财产关系方面引发根本性变革,并极大增强了这些社会实际上在知识、文化和民主方面实现进步的内在潜能",麦金太尔则认为,马克思的作为无产阶级自我解放的社会主义模式,"标志着与费边主义和所有其他'自上而下的社会主义'

---

① Alasdair MacIntyre, "Notes from the Moral Wilderness", p. 63.
② Alasdair MacIntyre, "Notes from the Moral Wilderness", p. 66.
③ Alasdair MacIntyre, "Notes from the Moral Wilderness", p. 68.
④ Alasdair MacIntyre, "Notes from the Moral Wilderness", p. 66.

学说的明确对立"。① 麦金太尔拒绝承认斯大林主义国家有资格称为是社会主义的,因而也无法接受新左派普遍流行的臆断:东欧在苏联的坦克之下实现向社会主义的和平过渡。由此可见,他受到托洛茨基主义的影响——在某种程度上汤普森也是如此,他当时受到托洛茨基把苏联的社会形态描述为堕落的工人国家的影响,至少艾萨克·多伊彻(Issac Deutscher)提出过这一概念。② 然而,麦金太尔敌不过托洛茨基主义强烈的吸引力,并于1959年加入托洛茨基主义的社会主义工人同盟(SLL)。

关于汤普森对民主集中制组织特有的"虚假的抽象概念"总体上持否斥态度,麦金太尔的回应不仅捍卫了列宁之于现代世界的意义,而且成为他把社会主义工人同盟从其持有抽象的和不民主的观点的领导层那里争取过来的一份努力。③ 在《打破理性的枷锁》("Breaking the Chains of Reason")中麦金太尔坚信,自由无法通过告诉大众去做精英希望他们做的事情来实现,而只能通过帮助"他们达成他们想达成的来赢得。这里的目标不是幸福,也不是满足,而是自由。自由必须既是手段也是目的。手段与目的之间的机械二分就人的操控性而言是完全适宜的,但是对于人的解放则不然"④。

在《自由与革命》("Freedom and Revolution")中他进一步指出:"以牺牲组织为代价实现自身自由的做法不能够理解,只有在**某种**组织的形式中才能体现人的自由。"此外,由于资本主义对自由的阉割,实现自由就意味着人自身参与某种挑战资本主义生产关系的组织:"谈论自由也就是在谈论革命。"⑤就此,他在论证中引入一个关键的过渡性从句:虽然

---

① Edward Thompson, "Agency and Choice", in *The New Reasoner* 5, 1958, p. 93; Alasdair MacIntyre, "Marx", in Paul Blackledge and Neil Davidson, eds., *Alasdair MacIntyre's Engagement with Marxism: Essays and Articles 1953–1974*, p. 297.
② Edward Thompson, "Socialist Humanism", p. 102.
③ John Callaghan, *British Trotskyism: Theory and Practice*, Oxford: Blackwell, 1984, p. 78.
④ Alasdair MacIntyre, "Breaking the Chains of Reason", p. 163.
⑤ Alasdair MacIntyre, "Freedom and Revolution", in Paul Blackledge and Neil Davidson, eds., *Alasdair MacIntyre's Engagement with Marxism: Essays and Articles 1953–1974*, p. 130.

工人阶级反对资本的斗争自发地产生了解放运动,但是这些斗争凭借一己之力,并不足以使社会主义由可能转变为现实。假如马克思认为自由不能自上而下地给予工人阶级,那又何以可能在那种前景黯淡的物质条件中实现自由?麦金太尔的回答是,社会主义者必须加入革命党,革命党的目标应该是以一种帮助无产阶级实现自由的方式行事:"通往自由的道路必须借助这样一种组织,它不是直接致力于构筑自由,而是推动工人阶级去构筑自由。这种必要性就意味着必须要有先锋党的存在。"① 麦金太尔指出,那些拒绝建党计划的社会主义者陷入"一种错误的观念中,以为人作为孤立的个体就可以摆脱现状对人的塑造和不易察觉的奴役"。他坚信:"个人竭力作为个体去生活、拥有完全属于自己的头脑,实际上却会使自己的思想越发可能沦为对社会主导思想的被动反映;而意识到自己对他人有所依赖的个人,走上的则是一条可以导向真正独立的道路。"他的结论是,既然资本主义国家仍然存在,改良主义的官僚机构也还在工人阶级内部占据霸权地位,那么"通往社会主义的道路与通往民主集中制的道路就是……不可分割的"。② 更具体地说,麦金太尔认为,因为"我们社会"中的人们在"生产环节"中"开始为了自己去行动和思考",把他们的活动导向工人斗争就成为社会主义者的责任。新左派却因为没有将其活动集中在这些斗争上,而往往"耗散了社会主义的能量,一事无成"。③

遗憾的是,社会主义工人同盟的领导层在政治实践中采纳一种二元的、由学院派主导的进路。麦金太尔就此推断:"唯一能希望通过理论工作帮助工人阶级的知识分子,是那些愿意置身于工人阶级运动并从中学

---

① Alasdair MacIntyre, "Freedom and Revolution", p. 132.
② Alasdair MacIntyre, "Freedom and Revolution", p. 133; Alasdair MacIntyre, "Communism and British Intellectuals", in Paul Blackledge and Neil Davidson, eds., *Alasdair MacIntyre's Engagement with Marxism: Essays and Articles 1953 – 1974*, pp. 115 – 123.
③ Alasdair MacIntyre, "The 'New Left'", in Paul Blackledge and Neil Davidson, eds., *Alasdair MacIntyre's Engagement with Marxism: Essays and Articles 1953 – 1974*, p. 89.

有所获的人,是根据自身体验和工人阶级经验时刻修正自己观念的人。"①

这种社会主义的领导模式与汤普森认为民主集中制组织所特有的自上而下强迫接受"虚假的抽象概念"截然不同。麦金太尔的意思是说至少就此而言,汤普森的看法太过抽象。凭借从共产党和(正如麦金太尔所逐渐意识到的)社会主义工人同盟无疑存在缺陷的领导风格概括得出的结论,汤普森就草率断定这些都是民主集中制组织的必要特征。不过,汤普森关于社会主义工人同盟的看法是正确的这一事实,迫使麦金太尔与"正统"托洛茨基主义的堕落产生交锋,也正是这一过程使他成为"国际社会主义"(IS)集团的同道中人。

由托尼·克利夫(Tony Cliff)和迈克尔·基德隆(Michael Kidron)领导的"国际社会主义"集团,是在战后危机和"正统"托洛茨基主义随后陷入堕落时崭露头角的众多团体之一。托洛茨基预言,这场战争会随着斯大林主义的崩溃、资本主义最终的危机以及工人革命运动如雨后春笋般的发展而达至顶峰。如果"正统"托洛茨基主义对这些被证伪的观点保持教条式的忠诚,那么国际上存在的那部分更具活力的托洛茨基主义就会质问,是否可以把托洛茨基的预言剔除出历史唯物主义的核心部分。② 重要的是,其中的一些集团把马克思认为通过工人阶级的自我解放将会实现社会主义的论断作为工具,以此批驳托洛茨基关于苏联已成为"堕落的工人国家"的观点。这些非"正统"托洛茨基派批评托洛茨基既低估了苏联快速的自我修复能力,又把工人权力与中央集权经济所特有的司法关系混为一谈。除此之外,这些集团非常一致地认为,斯大林主义国家(像它们在西方的竞争者一样,尽管有过之而无不及)属于国家

---

① Alasdair MacIntyre, "What is Marxist Theory For?", in Paul Blackledge and Neil Davidson, eds., *Alasdair MacIntyre's Engagement with Marxism: Essays and Articles 1953 – 1974*, p. 100.
② Duncan Hallas, *Trotsky's Marxism*, London: Pluto, 1979, Ch. 5; Alex Callinicos, *Trotskyism*, Open University Press, 1990, pp. 25 – 26, 55 – 89.

资本主义的形式,东西方国家资本主义经济体之间的军备竞赛是通过永久的军火经济稳定战后世界体系的。① 除了"国际社会主义"集团,由拉亚·杜纳耶夫斯卡娅(Raya Dunayevskaya)和 C. L. R. 詹姆斯(C. L. R. James)领导的美国约翰逊-福雷斯特倾向(Johnson-Forrest Tendency),以及由科尼利厄斯·卡斯托里亚迪斯(Cornelius Castoriadis)编辑的法国刊物《社会主义或野蛮》(*Socialisme ou Barbarie*),都阐发了关于苏联国家资本主义的种种分析。② 有趣的是,通过把马克思关于无产阶级自我解放的观念置于他们对"正统"托洛茨基主义批判的核心,这三个团体都从批判"正统"托洛茨基主义,导向质疑列宁在《怎么办?》中反复提到的论断:社会主义必须从"外部"灌输给工人阶级。③

如果说这一过程导致约翰逊-福雷斯特倾向和《社会主义或野蛮》拒斥列宁主义,"国际社会主义"集团的立场则更显微妙。在与麦金太尔讨论列宁几乎同时发表的两篇文章中,克利夫认为"对于先进工业国的马克思主义者来说,列宁最初(在 1902—1904 年出版的著作中)的立场并不比罗莎·卢森堡的立场更能起到指导作用,尽管她在自发性问题上言过其实"④。不过,克利夫坚信,建立革命党的必要性源自"工人的不同阶层、团体的文化和意识水平不平衡"。他反对粗陋形式的列宁主义,并认为革命的社会主义政党的职能正是参与工人的日常斗争,目的是总结

---

① Michael Kidron, "Reform and Revolution", in *International Socialism* 1/7, 1961, pp. 15 - 21; Michael Kidron, *Western Capitalism Since the War*, London: Weidenfeld & Nicolson, 1968.

② Marcel Van der Linden, "Socialisme ou Barbarie: A French Revolutionary Group (1949 - 65)", in *Left History* 5.1, 1997.

③ Tony Cliff, "Rosa Luxemburg", in Tony Cliff, *International Struggles and the Marxist Tradition*, London: Bookmarks, 2001, pp. 59 - 116; Tony Cliff, "Trotsky on Substitutionism", in Tony Cliff, *International Struggles and the Marxist Tradition*, pp. 117 - 132; Cyril Lionel Robert James, "Lenin and the Vanguard Party", in Anna Grimshaw, ed., *The CLR James Reader*, pp. 327 - 330; Raya Dunayevskaya, *Marxism and Freedom*; Cornelius Castoriadis, "Proletariat and Organisation, 1", in David Ames Curtis, *Cornelius Castoriadis: Political and Social Writings* II, Minneapolis: University of Minnesota Press, 1988, pp. 193 - 222.

④ Tony Cliff, "Rosa Luxemburg", p. 113.

这些斗争的经验教训,从而赢得大多数工人对社会主义思想的支持。①作为对这一观点的延伸,克利夫坚信革命的领导方式不应同共产党或社会主义工人同盟自上而下的做法混为一谈。

> 人们可以想象三种领导方式,由于没有更好的名称,我们可以称之为教师型、工头型和斗争中的同伴型。小型派别表现出的第一种类型是"黑板式社会主义"(blackboard socialism)……以说教的方式代替参加斗争。第二种是以工头与工人或军官与士兵的关系,作为所有官僚改革派和斯大林主义政党的特征:领导层参加党团会议,决定他们将会告诉工人做些什么,而没有工人的积极参与。这两种领导类型的特点是,指令其实只有一个走向:领导对群众进行独白。第三种类似于罢工委员会与罢工工人之间,或者车间主管同他的伙伴们之间的领导关系。革命党必须同党外的工人进行对话。如此一来,这个党就不应该凭空发明策略,而应从群众运动中学习经验,继而加以提炼概括,并视此为第一要务。②

鉴于这与《打破理性的枷锁》和《自由与革命》中提出的论点大体一致,麦金太尔在同社会主义工人同盟决裂的同时决定加入"国际社会主义"集团也就不足为奇。在"国际社会主义"集团的论述中,共产党和"正统"托洛茨基主义的问题不在于二者共有的民主集中制结构——事实上,这两个团体都不是像布尔什维克那样组织起来的。③ 相反,它们的缺点主要在于,都没有对战后的现实作出充分的评估。其中存在两方面不同的原因:对于共产党人来说是因为党的路线源于莫斯科,而且主要是为了服务于苏联的外交政策动向。④ 抑或是因为对 1938 年以来托洛茨基的伪

---

① Tony Cliff, "Trotsky on Substitutionism", p. 126.
② Tony Cliff, "Trotsky on Substitutionism", p. 129.
③ Tony Cliff, "Trotsky on Substitutionism", p. 122.
④ Duncan Hallas, *The Comintern*; cf Fernando Claudin, *The Communist Movement*, London: Penguin, 1975.

造观点的具体接受,产生了"正统"托洛茨基主义的宗派主义。①

尽管麦金太尔在20世纪60年代认同这一论点的精髓要义,但不到十年他就离开"国际社会主义"集团并指出,克利夫认为马克思主义者可以逃脱自上而下的领导模式,这是错误的。② 有趣的是,麦金太尔观点转变的根源可以追溯至他担任《国际社会主义》联合主编的那段时期。正如我在其他地方已表明的那样,20世纪60年代初,麦金太尔通过在《国际社会主义》与联合主编迈克尔·基德隆、劳工史学家亨利·柯林斯进行交流,证实了他的论断:社会主义者应着眼于工人在生产环节的斗争。③ 麦金太尔在回应柯林斯对激进左派改良主义做法的辩护时指出,由于工人是在生产环节才对异化感受最为强烈,因此这一阶段最有可能促成对资本主义和改良主义的反叛。但无论这一论点有何优长之处,它都不符合20世纪60年代初英国工人阶级的斗争经验,即往往并非明确反对资本主义和改良主义,而更多是平淡无奇地要求提高工资。

如果说这一事实表明麦金太尔最终与马克思主义决裂的原因所在④,基德隆与柯林斯的辩论所作的贡献则说明,麦金太尔关于当代阶级斗争具体形态的评论存在两个问题。基德隆指出,即使工人在生产环节的斗争似乎局限于为工资而战,把这些斗争视为功利主义逻辑单纯的局部表现而不予考虑,也是有失偏颇的。因为它们使改良主义的重心从工党和工会运动的领导层下沉至车间,并暗中挑战了管理者的管理权,由

---

① Duncan Hallas, "Building the Leadership", in *International Socialism* 1/40, 1969, pp. 25–32.
② Alasdair MacIntyre, "Ideology, Social Science and Revolution", pp. 340–342; Alasdair MacIntyre, *Marxism and Christianity*, pp. 99–101.
③ Paul Blackledge, "Alasdair MacIntyre: Marxism and Politics", in *Studies in Marxism* 11, 2007, pp. 95–116; Henry Collins, "The Case for Left Reformism", in *International Socialism* 1/6, 1961, pp. 15–19; Michael Kidron, "Reform and Revolution", pp. 15–21; Alasdair MacIntyre, "Rejoinder to Left Reformism", in Paul Blackledge and Neil Davidson, eds., *Alasdair MacIntyre's Engagement with Marxism: Essays and Articles 1953–1974*, pp. 187–196.
④ Paul Blackledge, "Freedom, Desire and Revolution: Alasdair MacIntyre's Early Marxist Ethics", in *History of Political Thought*, Vol. xxvi, No. 4, 2005, pp. 696–720.

此创造出一个永远无法完全纳入资本主义世界观的空间。基德隆认为，正是通过参与和促成这些斗争，革命者才能迈出尝试性的第一步，为他们的思想赢得大众支持。

然而，只有克服汤普森指出的冷漠，这些斗争中固有的潜能才可以得到实现。到了20世纪60年代中期，麦金太尔就已得出结论：这是不可能的，因为西方统治阶级通过使用凯恩斯主义的需求管理技术，克服了那些会导致经济危机并且可能把工人阶级的各种局部斗争统一成为更普遍的社会主义运动的倾向。① 相反，基德隆则认为，尽管麦金太尔正确地看到经济扩张在当代的政治后果，但是他低估了战后繁荣的矛盾性质，并由此高估了凯恩斯主义者管理经济的能力。基德隆预言经济最终会走向全面危机，届时也将更有可能向社会主义迈进。② 如果说这一观点表明，基德隆既承认安德森和霍尔对劳工状况的悲观分析中所表达的部分真相，又不屈从于他们的悲观主义，那么它也就超越了汤普森幼稚的政治唯意志论局限。

麦金太尔拒斥这些论点，他首先是从一种关于在社会基础内发挥作用的、为广泛的阶级斗争创造条件的各种倾向的解释中，把他对马克思主义的解读剥离出来，其次又否定了社会主义更切近阶级斗争的那些方面所蕴含的潜能。为此，他不再把自己的欲望概念与20世纪60年代英国工人阶级经验的最重要特征之一——争取更高工资的斗争——勾连在一起。如果说，他在短期内是试图通过越发凸显唯意志论性质的政治言辞来破局（square this circle），那么随着十年时间流逝，他得出结论：工人为提高工资而进行局部斗争的这种碎片式欲望，与工人对社会主义的合乎道德的欲望——在青年麦金太尔看来，它实际表现为工人的团

---

① Alasdair MacIntyre, "Marx", pp. 291-298.
② Michael Kidron, "Reform and Revolution", pp. 15-21; Michael Kidron, *Western Capitalism Since the War*.

结——几乎没什么联系，或者说毫不相干。① 麦金太尔据此断定，他在20世纪50年代就开始阐述的欲望概念，正如任何康德式的"应当"一样抽象。是故，他开始对能动性力量的形式展开探索，这些形式可以做到他当时所认为的工人阶级作为一个阶级无力为之的事情：通过实际彰显出的知情欲望所内含的社会观和伦理观，来合乎道德地反对资本主义和国家。②

超越悲观主义

若真如此，麦金太尔成熟期对工人阶级斗争精神（militancy）的分析，则会成为对马克思主义自下而上的社会主义事业的非难。与此相对，基德隆的进路既解释了当代普遍存在的冷漠的本质，同时又指向对克利夫指出的社会主义的政治领导，与斗争中的工人的现实运动之间关系的对话模式的一种深化。基德隆是一位政治经济学家，没有使用这些哲学术语表达他的论点，在他的理解模式中，欲望至少不言而喻地属于有争议的意识形态领域，是对阶级斗争的反映。在这一解释模式下，最好不要把资本主义内部的工人集体斗争理解为青年麦金太尔所说的仅仅是社会主义者反对异化的一种自发的爆发力，抑或理解为他后来所认为的是对异化的一种无可救药的表现形式。相反，基德隆指出，这些斗争开辟出一片天地，有望通过知情欲望的概念开启对超越资本主义的探讨，并为此展开斗争。

有趣的是，要更好地理解麦金太尔在其成熟期作品中屡次提及阶级斗争问题时所引证的例子，或许得通过基德隆的论述而不是他自己更悲

---

① Paul Blackledge, "Freedom, Desire and Revolution: Alasdair MacIntyre's Early Marxist Ethics", pp. 696 – 720.
② Alasdair MacIntyre, "The Theses on Feuerbach: A Road Not Taken", pp. 223 – 234; Alasdair MacIntyre, "Where We Were, Where We Are, Where We Need to Be", in Paul Blackledge and Kelvin Knight, eds., *Virtue and Politics*, London: University of Notre Dame Press, 2011.

观的表述。

如果说《德性之后》的结论使人想起阿多诺和霍克海默的《启蒙辩证法》、马尔库塞的《单向度的人》所包含的悲观主义,那么麦金太尔呼吁构建和捍卫地方性抵抗的共同体,则超越了在他们结论中尽显无疑的苍白无力感。近年来,在评论自己的后马克思主义与法兰克福学派的后马克思主义之间的区别时,麦金太尔写道:

> 对于阿多诺,我倾向于引用约翰逊博士的朋友奥利弗·爱德华兹的话来回应,他说他也曾试图成为一个哲学家,但"愉悦感总是闯入脑海",这一回应也许俗不可耐,却是恰如其分的。在诸如我们自身所处的这样一种社会秩序中,阿多诺的一些核心论断仍然成立,那么还有什么理由让人感到愉悦? 这些理由想必源于对这世上许多地方、许多人的日常生活中的匮乏、挫败和罪恶的不断反抗,以及很多关于这些匮乏、挫败和罪恶的绝佳思考,包括阿多诺和格斯的思考。向善、正确地生活、正确地思考就是对斗争的参与,得到完善的生活就是在冲突中并且通过冲突使关键部分得以完善的一种生活,以此可以作为对阿多诺的回应。①

麦金太尔继而把一些"普通成员形成的(rank and file)工会运动"发起的抵抗纳入为争取过上好的生活所进行的斗争之中。他在《依赖性的理性动物》(*Dependent Rational Animals*)中有一个类似的说法:19世纪和20世纪的威尔士采矿共同体应该被归入那些地方性共同体,它们在对市场的抵制过程中继续着自己的实际行动,并凭借"工会斗争"的其他"德性"得以维续。② 遗憾的是,至少可以说,这些关于威尔士采矿共同体的评论只是试探性的。他在寥寥数语中写道,这些共同体受到"采掘现场

---

① Alasdair MacIntyre, "Outside Ethics", 2006, at http://ndpr.nd.edu/review.cfm? id = 5922.
② Alasdair MacIntyre, *Dependent Rational Animals*, London: Duckworth, 1999, p. 143; Alasdair MacIntyre, *Ethics and Politics*, p. 180.

的工作伦理、对合唱和橄榄球的激情,以及工会在首先反对煤矿所有者、之后反对国家的斗争中表现出的德性"的引导①。

虽然对威尔士采矿共同体的实证研究,与麦金太尔关于这些共同体的总体评论——认为它们是对资本主义进行合乎道德的抵抗的焦点所在——是相符的,但这种抵抗的实际内容往往对他的悲观主义构成挑战,这种悲观主义蕴含在他对资本主义条件下工人阶级生活的更具一般性的分析中。而在对南威尔士矿工联合会(SWMF)的经典论述《联合会》(*The Fed*,1980)中,哈维尔·弗朗西斯(Hywel Francis)和戴维·史密斯(David Smith)指出工会斗争与这些地方性共同体赖以产生的依托之间的密切联系。他们认为,这类"共同体"原本只是"劳动人民的集合","主要"经由工会才得以形成如此这般。他们断言:"献身于矿工事业总体上是阶级意识的一种形式,它本身又转化为一种共同体意识。"②书中还包括活跃在现代全球经济中的激进分子所应该吸收的经验。因为作者表明了南威尔士矿工联合会内部的社会主义积极分子如何领导斗争,并由此克服来自不列颠群岛各地以及欧洲许多地区的劳动力内部的分裂:葡萄牙人、德国人、法国人、比利时人和西班牙人,与操着各种地方方言和口音的说英语和威尔士语的人,一同聚集在工会里。③ 在这些完全不同的成员形成共同体的过程中,那些积极分子起着核心作用。而且,在矿工工会和地方性共同体内部都有发出重要的革命呼声。弗朗西斯和史密斯就此指出,南威尔士是"大不列颠共产党在英国……具有坚实根基的少数区域之一"④。并且,南威尔士的共产党吸收了当地强大的马克思主义和辛迪加主义传统,强调工会的官方领导层是不可信的,应尽可能地由普通工人掌管工会,这一观点在1912年出版的小册子《矿工

---

① Alasdair MacIntyre, *Dependent Rational Animals*, p. 143. 参见[美]阿拉斯戴尔·麦金太尔《依赖性的理性动物》,刘玮译,译林出版社2013年版,第118页。——译者注
② Hywel Francis and David Smith, *The Fed*, London: Lawrence & Wishart, 1980, p. 55.
③ Hywel Francis and David Smith, *The Fed*, p. 11, 34.
④ Hywel Francis and David Smith, *The Fed*, p. 28.

的下一步》(The Miners' Next Step)中很常见。① 用一位评论者的话说,20世纪20年代前在各式各样的革命团体中组织起来的具有斗争精神的人(militants),以及此后共产党所扮演的角色,都是作为"富有感染力的少数赋予南威尔士劳工运动力量、国际主义和底色",尽管有(作为一种左翼变体的)劳工主义在山谷中占据霸权地位。② 这些积极分子的阶级斗争的思想意识意味着,这些共同体是在与共同体意识形态的对立中创建起来的,具有斗争精神的这些人还认为,共同体意识形态遮蔽了工人之需对资本之需的屈从关系。作为对共同体思想的替代,具有斗争精神的人们提出以工人团结起来反对矿主和国家作为战斗口号。③ 这些具有斗争精神的人绝非狭隘的地方主义者,而是在为争取对工人团结作出一种国际主义的解读进行斗争。有人可能认为,他们作为葛兰西式的有机知识分子,是在通过"无产阶级国际主义"的思想意识把工人团结在一起,反对矿主和国家对其分而治之的企图。④ 如果说这种思想意识通过地方和民族的阶级斗争得到表达,那么它同时也是第二国际、第三国际有组织的具有斗争精神的人们所争取的。虽然矿坑中的工会斗争不会自动形成更广泛的采矿共同体,但正如麦金太尔成熟期对马克思主义的批判似乎表明的那样,这两个过程之间也不存在无法弥合的鸿沟。在现实斗争中,当地的积极分子发挥主导作用,对于建立共同体的欲望进行培养并作出要求,这种共同体就是麦金太尔所认为的培育德性的共同体。此外,这些共同体中有很多都自豪地接受敌对媒体对其的贬称"小莫斯科",以此彰显它们的国际主义。⑤

这个例子表明,支持形成反抗资本主义的地方性共同体的工会斗

---

① Ralph Darlington, *Syndicalism and the Transition to Communism*, Aldershot: Ashgate, 2008, pp. 219 - 232.
② Chris Williams, *Capitalism, Community and Conflict: The South Wales Coalfields 1898 - 1947*, Cardiff: University of Wales Press, 1998, p. 58.
③ Hywel Francis and David Smith, *The Fed*, p. 16.
④ Hywel Francis and David Smith, *The Fed*, p. 31, 351, Ch. 10.
⑤ Hywel Francis and David Smith, *The Fed*, p. 53.

争,也在威尔士工人阶级中促使并推进了一种国际主义和社会主义阶级意识的出现,这种意识超越了局部的和功利主义的为工资而斗争的局限。约翰·凯利(John Kelly)在更一般的层面上指出,这一过程并不是南威尔士山谷所特有的。他通过分析贯穿于20世纪的英国阶级斗争史,阐明了产业工人的斗争精神与社会主义阶级意识的产生之间的联系。在详细比较过1915—1922年、1968—1974年和1977—1979年的罢工潮之后,他得出结论:虽然从经济主义的斗争精神到阶级意识不存在简单的因果关系,但是前者与后者之间具有某种联系。①

这些例子表明,工人通过工业的斗争精神所进行的自我活动,在特定的危急时刻形成一种趋势,即或多或少的确是有少数工人意识到他们对共同体的需要。更具体地说,这种需要往往被感知为一种团结起来的欲望,以反对资本和国家的原子化分裂势力。而这一欲望表明,针对麦金太尔年轻时关于社会主义社会基础的分析,基德隆在其附文中的如下观点是正确的:为工资而战(wage militancy)与资产阶级霸权之间存在一种对立关系,而且它在(可预测的)危机时期可能会被强化。此外,南威尔士煤田的例子表明,在阶级斗争的日常经验与共同体的形成之间,最重要的中介性因素之一就是政党中组织在一起的、发挥主导作用的当地积极分子(其中的很多人把自己视为革命社会主义者),而团结的诸美德在这里的共同体中得到珍视并得以重现。麦金太尔对19世纪和20世纪威尔士采矿共同体的评论(含蓄地)表明,革命者不必像管理者那样实施领导,事实上,他们(作为革命者)只有在不这样做时才是成功的。与韦伯把领导权与支配、操控混为一谈形成鲜明对比,这些例证意味着,能够自下而上地为现实的运动发声,才是成功的、进步的革命领导权的

---

① John Kelly, *Trade Unions and Socialist Politics*, p. 127; John Kelly, "Reply to Jack Robertson", pp. 137 - 141; Jack Robertson, "Socialists and the Unions", in *International Socialism* 2/41, 1988, pp. 97 - 112.

关键所在。①

结论

正如我在其他地方论述过的那样,麦金太尔在 20 世纪五六十年代对于复兴革命的马克思主义的努力最终陷入困境,属于知识分子的一个微不足道的悲剧。② 不过,与阿尔都塞相反,他在这一时期表明,对斯大林主义的人道主义批判逻辑不一定就会导向对马克思主义的拒斥,而可能发展成为重新致力于真正的革命社会主义。由此,麦金太尔驳斥了把马克思视为虚无主义者,认为他接受历史进步的宿命论的这种荒诞看法。对于把民主集中制同共产党的斯大林主义或社会主义工人同盟的宗派主义混为一谈,他也提出异议。相反,他认为人道主义的实践概念是马克思的科学和伦理学研究的基础,而且正是通过实践概念,责任和欲望才有可能综合起来。列宁的政治主张非但不是对自下而上的社会主义思想的否定,而且实际上源于这一思想:社会主义领导者只有在普罗大众同资本主义异化的这一或那一方面作斗争时发声,并且帮助他们形成自我教育的欲望,才有可能是成功的社会主义领导者。共产党和社会主义工人同盟的关键问题不在于其(名义上)所捍卫的组织形式,而在于其所坚持的抽象看法。正因为这些看法在组织层面上不符合工人阶级斗争的需要和欲望,这些组织才必然沦为对列宁主义武断、扭曲的呈现。20 世纪 50 年代和 60 年代初,麦金太尔认为解决这个问题的办法不是放弃创建社会主义政党的想法,而是要确保这样一个组织的政治主张植根于工人阶级反对资本主义的、实际的日常斗争的需要和欲望。他后来对马克思主义的政治观持拒斥态度,是源于他相信这一计划因为工人

---

① Colin Barker, et al., "Leadership Matters", in Colin Barker, et al. eds., *Leadership and Social Movements*, Manchester: Manchester University Press, 2001, pp. 7 - 8.
② Paul Blackledge, "Freedom, Desire and Revolution: Alasdair MacIntyre's Early Marxist Ethics", pp. 696 - 720.

阶级斗争已然囿于资产阶级工具主义的限定范围内而不再可行。这就凸显出这样一个事实：对于马克思主义的信念仍然在于赌定通过找到对我们生活于其中的野蛮世界的一种制度性替代方案，工人斗争能够得到推广并超越它们的地方性因素，同时这一赌注也是一种行动号召。如果说再后来麦金太尔指出反对资本主义的团结美德在一些普通成员形成的工会运动助推下得以重现，由此弱化了(mediated)他认为工人集体斗争必然受限于资产阶级工具主义的论断，那么这一推论也表明，社会主义的前景并不像他曾想象的那样黯淡。尽管这些斗争有其自身的弱点，但是就其指向对资本主义的政治性替代方案而言，我认为青年麦金太尔的政治观点仍然有其突出地位。他年轻时还相信凯恩斯主义者有能力摆脱资本主义易于发生危机的倾向，而在这一信念早已被证伪的背景下，我们应该致力于这些斗争以便巩固它们，并希望它们能够实现其克服异化制度的潜能。

结语　从伦理学到政治学

> **历史什么事情**也没有做,它"不拥有**任何**惊人的丰富性",它"没有进行**任何**战斗"! 其实,正是人,现实的、活生生的人在创造这一切,拥有这一切并且进行战斗。并不是"历史"把人当做手段来达到**自己**——仿佛历史是一个独具魅力的人——的目的。历史**不过是**追求着自己目的的人的活动而已。①
>
> ——马克思和恩格斯

马克思不是虚无主义者,也不是道德论者。在《关于费尔巴哈的提纲》中他认为,由于现代道德理论(唯心主义)从市民社会的立场展开论述,因而它无法想象超越这一立场及其利己的个人主义特性的生活,除非作为一种无力的抽象命令。因此,唯心主义同唯物主义一样,都无法充分把握"感性的人的活动、实践"的丰富性。马克思认为,他的"新唯物主义"能够超越这些思想的局限,为个人能动性提供一个正当的基础,因为它以"社会的人类"为立足点,这主要表现为工人阶级反对异化的集体

---

① Karl Marx and Frederick Engels, "The Holy Family", p. 93. 参见《马克思恩格斯文集》第1卷,第295页。——译者注

斗争。①

　　历史形成的这种实践,是把马克思的政治学、他对资本主义的科学分析、对人类历史的理解和他的伦理学关联起来的关键所在。很多人之所以在马克思关于伦理道德的评论中发现难以化解的矛盾,问题就在于,他们的批判往往有赖于假定马克思坚持对科学作实证主义的理解,这就必然会把价值判断排除在外。② 但事实绝非如此。正如上文所述,马克思不是实证主义者,恩格斯也不是,尽管针对恩格斯的许多批评者叫嚣着相反的论点。③ 约翰·奥尼尔(John O'Neill)认为,常被反复讲述的马克思主义从早期鼓舞人心的人道主义沦为教条的科学主义的故事(恩格斯在其中扮演丑角),不仅是对恩格斯科学观的严重曲解,而且极大歪曲了后来的经典马克思主义者在这个问题上所作的贡献。与实证主义形成鲜明对比,科学社会主义因为自觉地植根于人类实践而必然蕴含伦理维度。奥尼尔对比了科学社会主义的这种人道主义观念,与阿尔都塞等人的奥尼尔称之为"科学主义的"马克思主义,正是后者"提出社会主义不依赖伦理承诺的理由"④。如果正如本书第二章和第三章指出的那样,这一"科学"框架是"站不住脚的",那它也就与马克思及后来的经典马克思主义者所阐述的进路没什么关联。

　　经典的马克思主义不仅以存在工人反对资本主义的斗争为前提,还打赌这些斗争可能会统一为推翻资本主义的运动。由于马克思对认知主体与认知对象之间因物化所致的分离(the reified separation between knowers and known)提出挑战,因而这一赌注蕴含客观预测与主观行动号召的辩证统一:他会赞同詹姆斯·康诺利(James Connolly)的观点,认

---

① István Mészáros, "Marxism and Human Rights", p. 105.
② G. A. Cohen, *Karl Marx's Theory of History: A Defence*, p. 46.
③ John O'Neill, "Engels without Dogmatism", in Chris Arthur, ed., *Engels Today*, London: Macmillan, 1996, pp. 47-66.
④ John O'Neill, "Engels without Dogmatism", p. 64.

为"唯一名副其实的先知,是开创其所宣称的未来的那些人"①。这一思考进路是合乎道德的,它因为植根于历史上出现的需要和欲望,从而克服了道德说教的无能为力。马克思主义的核心在于从工作日斗争的存在概括得出,资本主义本质上是一种异化的制度,而不是现代市场经济的主流观点所说的对人的自由的具体体现。具体来看,通过市场调节消费,必然会遮蔽我们之为人的社会性方面,以及我们同自然的关系的生产性本质。这种调节也巩固了某种形式的个人理性,这种理性因其没有任何共同利益的概念而形成社会的非理性。② 这些非理性——可以想想当代的环境危机和经济危机——从市民社会的现代道德(自由主义)立场看,成为被自然化的、更广泛的社会约束的例证。工人斗争为这些问题指明潜在的解决方案,而且这个解决方案也具有普遍意义。③ 因为工人运动代表一种历史上的具体尝试,不论在某些特定时刻遭到过怎样的压制,它都是为了重新获得对我们与自然的普遍而密切的生产性关系的集体民主控制,这也是我们避免经济和环境灾难的最大希望所在。④ 斯拉沃热·齐泽克近来强调,这一观点即便是在左翼圈子中也遭到蔑视,他还正确地指出,福山的"历史终结"论在知识界已然备受奚落,与此相悖的是"如今大多数人都是福山主义者"的事实。⑤ 这些心照不宣地持福山式观点的人忽略了,社会主义是自由主义必要的"他者"。因为,尽管自由主义对自身的历史特殊性一无所知,但现代自由主义的自由和平等概念是在劳动日益商品化的背景下产生的,而社会主义正是"自由的"雇佣劳动反抗这一非人化过程的政治表现。可见,自由的雇佣劳动既是自由主义的自由和平等思想的基础,也是对这些概念在自由主义意识形态中发挥作用时所表现出的形式主义的内在批判。作为克服这种意识形

---

① James Connolly, "The Reconquest of Ireland", in Michael O'Riordan, ed., *James Connolly Collected Works*, Vol. Ⅰ, Dublin: New Books, 1987, p. 263.
② Maureen Ramsay, *What's Wrong with Liberalism?*, p. 14.
③ Chris Harman, *Zombie Capitalism*, London: Bookmarks, 2009, Part 4.
④ Jonathan Neale, *Stop Global Warming: Change the World*, London: Bookmarks, 2008.
⑤ Slavoj Žižek, "Beginning Again", p. 53.

态局限的具体方法,工人的团结在现代的背景下得到实现,同时为重新占有我们(普遍)的本性提供可能。

现代自由主义的核心是形式上的自由和平等概念,它们有碍于自由主义接受人的本质的概念,然而,受压制者借由一种把本质化约为利己主义的倾向实现复归:只要我们是利己主义的,就可以成为任何想成为的人!如果说这种自相矛盾的做法反映出自由主义软弱无力的社会观,这种利己主义行为模式则无法令人满意地解释工人斗争的存在:因为这些斗争通过表明人性和自由的丰富内涵,指向的是人的个性不可还原的社会性、文化性(因而也是历史性)。① 正是这种彰显历史性的对人的本质的理解模式,构成马克思对资本主义的伦理批判的具体内容。无论人的本性还包含什么,工人集体斗争所表现出的团结都说明这样一个事实:在比单纯的利己性原子集合更深层次的意义上,共同体既成为现实的人的一种需要,也是具体的历史能动者的一种可能实现的欲望。这一点还表明,人的自由不仅可以被构想为市民社会范围内的(道德)自由,而且可能更深刻地被构想为克服这种状况的需要和欲望。②

可见,在现代道德理论——主要是康德主义——通过抽象地呼吁以义务对抗欲望来应对利己主义时,19世纪的工人斗争已开始同异化的利己主义展开具体的、强有力的系统性对抗,通过把工人阶级的团结作为通向社会主义的桥梁,表明义务同欲望的内在融合性。这就是为什么马克思说共产主义者不进行道德说教,因为共产主义是"事物现实的运动"所表达的意思。这一观点既不是对共产主义历史必然性的断言,也并非(在很强的公然自相矛盾的意义上)标志着马克思主义的"伦理学缺失",而仅仅是说明,他与康德在立场上存在根本区别。欲望与义务在康德那里的冲突反映出利己的个人主义的悲剧性质,而马克思设想的对市民社

---

① Steven Rose, et al., *Not in Our Genes*, London: Penguin, 1984; Richard Lewontin and Richard Levin, *Biology Under the Influence*, New York: Monthly Review, 2007; Steven Rose, *Lifelines*, London: Penguin, 1997.
② Slavoj Žižek, *On Belief*, London: Routledge, 2001, p. 121.

会的替代方案,则因其植根于工人自下而上的现实运动,而触及具体、明确的利害关系。因此,最好把马克思的政治学理解为是对克服了唯物主义与唯心主义对立的实践的一种表达,而不是完全反对道德。工人阶级的团结指向对联合体的一种需要和欲望,故而,最初表现为阶级的团结、最终表现为人类团结的社会责任,得以不再是一种抽象的道德命令。因为马克思主义的**革命**政治植根于自下而上产生的带有新型联合方式的新的阶级,所以它不能被还原为那种自上而下的**暴动**政治,即仅仅以不同的形式再现传统的政治等级制度。不过,如果说马克思(在较弱的意义上)存在"伦理学缺失",那么这也并非因为他试图回避其思想中必然蕴含的规范性方面,而是源于马克思并没有明确指出露丝·李斯特(Ruth Lister)视为马克思思想之"根本"的,且至少隐性地对马克思的实践具有引导作用的具体的乌托邦,与马克思之前的空想社会主义者的抽象模型之间的差异所在。①

由于工人阶级的团结是自由作为自我决定所采取的具体形式,且必须同时作为社会主义斗争的手段和目的予以争取,因此,工人阶级作为普遍解放的潜在推动者出现,不应与工人必然会在这项任务中取得成功的论断混为一谈。正如本书第二章所述,与对马克思某些著作的实证性解读相反,马克思在其历史理论中并没有作出必然主义的断言。应当说,他把握到两个明显的历史趋势:一是劳动生产率会随着人们集体地、有目的地寻求满足需要而提高的趋势;二是因管控由此产生的社会剩余而发生冲突的趋势。为此,《共产党宣言》有名言道:

> 至今一切社会的历史都是阶级斗争的历史。自由民和奴隶、贵族和平民、领主和农奴、行会师傅和帮工,一句话,压迫者和被压迫者,始终处于相互对立的地位,进行不断的、有时隐蔽有时公开的斗

---

① Ruth Levitas, "Educated Hope: Ernst Bloch on Abstract and Concrete Utopia", in Jamie Daniel and Tom Moylan, *Not Yet*, London: Verso, 1997, p. 79; Ruth Levitas, *The Concept of Utopia*, p. 58.

争,而每一次斗争的结局都是整个社会受到革命改造或者斗争的各阶级同归于尽。①

认为马克思和恩格斯否认存在非阶级形式的斗争,是对这段话的曲解。反之,他们的观点是,每一种生产方式的本质都是由为掌控我们与自然的生产性中介而进行的根本斗争所规定的,这种斗争影响和塑造着其他一切社会冲突。② 鉴于上述引文所持结论的开放性,断言马克思和恩格斯坚持一种机械的、还原论的社会变革模式,也是荒谬之谈。③ 迈克尔·洛伊指出:"马克思把'所谓客观的历史编纂学'定性为'反动的',因为它把'历史形成的关系与活动割裂开来',并表明活动的条件反而'是由这种自我活动产生的'。"④对于马克思而言,只有在生产力发展水平可能设定的结果范围内,同时其所涉及的主要社会行动者的特性由生产关系的性质塑造而成,社会斗争的结果才是确定的。毋庸赘言,作为一种消极论断,这绝不意味着在很强的波普尔式的意义上可以预言历史进程。

的确,马克思对资本主义分工进行细致分析的要义,整体上并非想以此为基础预言资产阶级与无产阶级之间斗争的必然结果。相反,他是在尝试探讨对工人阶级起作用的碎片化与一元化的经济过程之间的矛盾,目的是通过介入这一过程帮助无产阶级从一个四分五裂的群体转变为独立的政治行动者。马克思确实预言工人运动迟早会被迫面对国家权力,这在1859年的《〈政治经济学批判〉序言》中显而易见。⑤ 正是就阶级斗争这两个方面实际的影响而言,列宁对马克思主义作出重要贡献。

由于马克思主义指出的是特定生产方式下的社会斗争的一般形态和底色,而没有提供在宿命论意义上预言这些斗争结果的"历史铁律",

---

① 参见《马克思恩格斯文集》第2卷,第31页。——译者注
② Colin Barker and Gareth Dale, "Protest Waves in Western Europe: A Critique of 'New Social Movement' Theory", in *Critical Sociology* 24, 1/2, 1999, pp. 65–104.
③ Alex Callinicos, *Theories and Narratives*, Cambridge: Polity, 1995, pp. 160ff.
④ Michael Löwy, *The Theory of Revolution in the Young Marx*, p. 111.
⑤ Karl Marx, *A Contribution to the Critique of Political Economy*, p. 20.

因此最好将其理解为革命实践的理论。如果说,马克思主义的科学表明了在任何特定的关键时刻都会开放的可能性,那么,为这些可能性进行斗争和展开抗争的正是现实中的人们。在这些斗争中,马克思主义对未来的设想是具体的,因为它由已经出现的现实的社会纽带中推断而来:首先在资本主义的整个历史中,工人和其他群体在斗争中屡屡走到一起,为了在制度内捍卫其利益而创建起集体组织(联合会、政党等);其次是从过去一个半世纪工人所创建的走得更远的集体组织,推进至对资本统治发起的多少有些明确的挑战。从巴黎公社,经由第一次世界大战后欧洲的工厂理事会以及同时期的苏俄和西方苏维埃,发展到匈牙利的工人理事会、伊朗的委员会(shoras)、智利的警戒线(cordones)、波兰的工厂罢工委员会,以及近来作为 2003 年和 2005 年玻利维亚起义中坚力量的地方组织和社区组织。① 这些组织形式或多或少开始克服资本主义政治与经济之间的分离,并至少提供了对现有生产关系的一种具体的、可能的替代方案的雏形。②

因为马克思主义关于社会主义的印象,首先是从工人反对资本主义的这些斗争高潮中概括出来的,所以最好将其理解为这些斗争内在固有的一个具体的乌托邦,而不是从"外部"给予工人阶级的一个超验的理想。③ 如果说这种理解模式表明了马克思主义政治学的预示性维度,那也可以说,正如马克思以及(特别是)列宁和葛兰西所坚信的那样,团结

---

① Adolf Sturmthal, *Workers Councils*, Cambridge: Harvard University Press, 1964; Colin Barker, ed., *Revolutionary Rehearsals*, London: Bookmarks, 1987; Anton Pannekoek, *Workers' Councils*, Edinburgh: AK Press, 2003; Donny Gluckstein, *The Western Soviets*, London: Bookmarks, 1985; Chris Wrigley, ed., *Challenges of Labour*, London: Routledge, 1993; Paul Ginsberg, *Democracy*, London: Profile, 2008, pp. 15 - 21; Mike Gonzalez, "Bolivia: The Rising of the People", in *International Socialism 2*, 108, 2005, pp. 73 - 101; Forrest Hylton and Sinclair Thomson, "Chequered Rainbow", in *New Left Review* 2/35, 2005, pp. 40 - 64.
② Donny Gluckstein, *The Western Soviets*, p. 242.
③ Andrew Collier, "Marx and Conservatisms", in Andrew Chitty and Martin McIvor, eds., *Karl Marx and Contemporary Philosophy*, pp. 100 - 101.

不是一个自动生成的事实,而必须通过工人阶级内部反对资产阶级国家的斗争去争取,因此不能把马克思主义政治学归结为那样一个预示性方面。另外,仅仅指出这样的历史例证,并没有克服理想被具体接受为抽象乌托邦的问题。正如葛兰西所坚信的那样,马克思主义者还必须对新的社会组织形式持开放态度,这些组织形式表明反对利己主义的团结已经在组织层面上出现,并植根于工人和其他受压迫群体反对资本主义的更为寻常的日常斗争。在这种情形下,社会主义领导权的创造性问题包括,当这些组织出现时必须予以承认,并且要把社会主义的总目标与这些日常斗争更具体的目标结合起来。如果说在这些斗争处于较高水平时,即当工人们能够感受到其与资本力量相抗衡的整体实力时,后一项任务是比较容易完成的,则正如近几十年所经历的那样,当这些斗争处于低潮时,这一任务也是必要的。这种情形进一步产生的一个问题是,如何判定对工人阶级的赌注是否仍然有效。正如我们在本书导论中所指出的,近几十年来,大量激进理论家都支持转向伦理学的一个关键原因,就在于他们不再相信这一赌注是正当有理的。

革命政治

在左翼受挫和新自由主义兴起的背景下①,至少有两个论据可以表明,激进理论家倾向于拒斥马克思以阶级为基础的政治学:其一,人们普遍接受阿尔都塞对马克思关注生产关系的片面解释,认为这种关注符合马克思的唯物主义,却又不足以理解蕴含人的能动性的目的(道德)方面;其二,人们同时普遍认为,阶级分化和斗争模式不再与马克思的预言相符。② 事实上,这两个论据呈现的是同一曲解的两个方面。正如我们已经指出的,马克思敏锐地觉察到,虽然现代劳动分工孕育出工人阶级

---

① Terry Eagleton, *After Theory*, p. 43; Alex Callinicos, *Against Postmodernism*, Cambridge: Polity, 1989.
② Ellen Meiksins Wood, *The Retreat from Class*.

这一客观实体,但它同时又发挥着从内部分裂工人阶级的离心力作用,阻止工人阶级成为统一的社会行动者。由此可见,马克思为何(用恩格斯的话说)"首先是一个革命家",因为他是一个建立政党和其他组织的政治行动者。这些组织是在作用于工人阶级的凝聚力与离心力之间的紧张关系中运转的,为的是争取大多数人支持社会主义思想。因为这项事业植根于现实的集体斗争,而这些斗争反过来又揭示出现实的集体利益,所以它无法被合理地归为一种道德视角。不过,由于它必然涉及有目的的人的能动性,因而也不能将其斥为机械唯物主义的一种。可以明确的是,这一理解模式意味着,不仅这种斗争会跌宕起伏,而且这一运动也会预示着阶级意识以及阶级觉悟中类似的起伏。由此可见,因为这些都是依据马克思的革命理论推断而来,故不能以工人阶级的分裂、工人阶级斗争的受挫甚或是这些斗争的低水平时期作为过分简化的实证性论据证伪马克思主义。真正的问题是要判断,这些趋势合在一起是否会促成同过去的根本决裂。

为此我们要指出,没有一个严肃的马克思主义者会认为,随着新自由主义资本主义的兴起,阶级结构没有发生重要变化。问题不在于是否发生变化,而在于这些变化是否影响如此深远,以致马克思主义对无产阶级的赌注变得无效。[1](在本书导论中反复提及的)针对杰里·科恩的相关评论的回应从一开始就比较直截了当。正如亚历克斯·卡利尼科斯所指出的那样,马克思并不认为无产阶级是社会中的大多数,也不认为无产阶级是唯一受剥削的财富生产者,或是社会中最穷困潦倒的群体。[2] 更具体地说,对于早先阐述过的被西蒙·克里奇利反复提及的荒诞说法——马克思坚信一种存在于资产阶级与无产阶级之间的日益简化的社会模式,哈尔·德雷珀曾给予有力回应。他指出,首先,《共产党

---

[1] Alex Callinicos, "What does Revolution Mean in the Twenty-first Century?", in John Foran, et al. eds., *Revolution in the Making of the Modern World*, London: Routledge, 2008, pp. 158ff.

[2] Alex Callinicos, "Having Your Cake and Eating it", p. 175.

宣言》中通常用以支持这种解读的字句,涉及对马克思的论断——**旧的中产阶级的衰落,将导致中产阶级本身的衰落**——略带误导的翻译;其次,马克思无论如何谈论的都是一种会被其他相反倾向所调和的倾向;再次,李嘉图因为没有考虑到资本主义的发展将包括新的中产阶级规模的扩大,而遭到马克思的明确批评。① 不过,尽管就指责马克思接受一种简单的两极分化的社会模式而言,这已构成有力反驳,但它并没能回应如下指控:工人阶级已不再是一个革命阶级,其他更为分散的社会行动者已经取而代之,占据了反对资本主义斗争的桥头堡位置。正如我们即将看到的,尽管1968年后的政治发展轨迹似乎毫无疑问地表明,经典马克思主义的时代已经逝去,但是相较于简单地重述"新社会运动"的出现和工人运动在20世纪七八十年代受挫的事实,这种解读事件的方式更成问题。②

必须看到,全球雇佣劳动者的绝对人数在过去数十年已急剧增加。③ 这一事实表明,工人阶级的问题主要是政治性的:"不同类别的雇佣劳动者……成功把自身塑造成为一种集体行动者",若真是这样,那又何以可能如此。④ 在这个问题上,内斯特·科汗(Néstor Kohan)认为,后现代主义者往往会混淆两个截然不同的过程:这一时期工人运动的偶发性失败为"新社会运动"随后的分崩离析奠定基础的过程,以及在他们看来"后现代"社会必然以社会运动的这种碎片化为特征的过程。他指出,在后现代主义者已赋予"普遍性的社会现实中,碎片化的政治话语盛行,社会运动变得零星分散,旧有的主体性变得反复无常。但事实上,这些都是

---

① Hal Draper, *Karl Marx's Theory of Revolution*, Vol. II, pp. 613 – 627.
② Paul Blackledge, "Marxist Interpretations of Thatcherism", in Mark Cowling and James Martin, eds., *The Eighteenth Brumaire:(Post) Modern Interpretations*, London: Pluto Press, 2002, pp. 211 – 227.
③ Chris Harman, "The Workers of the World", in *International Socialism* 2/96, 2002, p. 38.
④ Alex Callinicos, *An Anti-Capitalist Manifesto*, Cambridge: Polity, 2003, p. 98.

资本主义发展过程中某一特定阶段的特征"①。同理,在亚历克斯·卡利尼科斯看来,认为阶级随着当代社会变得日益个体化而正迅速丧失其重要性的论断,也属于对近期趋势的一种片面描述,例如从1995年法国公共部门罢工中的阶级能动性高涨来看,这种说法就无法成立。②

在对世界经济中的一些关键领域——汽车、建筑、半导体和金融界——的工人状况进行较为全面的文献调查中,比尔·邓恩(Bill Dunn)为阶级在现代世界仍然具有重要意义的论点提供了证据支撑。他指出,在过去二三十年里,有些社会进程加速了工人阶级分裂的趋势,另有一些则带来相反的倾向,这在某种程度上为阶级斗争提供了背景性条件,但不会机械地决定阶级斗争的结果。事实上,他不认同劳动过程中的变化弱化了工人力量的这种过于简单化的看法,并以汽车工业为例指出"劳工的决定性失败不仅先行于实质性重组,还可能为重组提供基础,而不仅仅是重组的后果"③。

凯文·杜根(Kevin Doogan)最近提出类似的观点,挑战了广为流传的这一看法:我们已进入一个"新资本主义"时期,它以向更灵活的工作模式转变为特征,这从根本上削弱了工人相对于资本而言的地位。与此相反,杜根凭借大量统计性证据突显出如下矛盾的存在:一方面是20世纪90年代西方"工作稳定性没有下降"的现实,与此相伴的却是,学术界和流行文化中呼声渐高的话语所渲染的内容恰恰与此相反——工作不安定感的增加。他认为,这一矛盾更多地是根源于对失业后果而不是对失业可能性的恐惧,而且在过去几十年里,面对新自由主义的持续攻击,这种话语所发挥的重要作用就在于解除工人的意识形态武装。对工人阶级的攻击在全球化语言的助力下,恐吓工人在任何反击战爆发前就

---

① Néstor Kohan, "Postmodernism, Commodity Fetishism and Hegemony", in *International Socialism* 2/105, 2005, p. 141.
② Alex Callinicos, *Social Theory*, pp. 301 – 309.
③ Bill Dunn, *Global Restructuring and the Power of Labour*, London: Palgrave, 2004, p. 202.

范。① 如果说这——特别是在美国盛行的——意识形态演变过程，证明了拉尔夫·米利班德（Ralph Miliband）曾称为的"自上而下的阶级斗争"②，那么，虽然工人阶级已经过重组，阶级斗争事实上也主要（但不完全）是自上而下的，但工人阶级的继续存在表明，马克思并不是学术界经常描绘的死狗。

科林·巴克和加雷思·戴尔（Gareth Dale）的论点也与这种对当代趋势的分析相吻合，许多关于"新社会运动"的文献因其对阶级持续至今的重要性视而不见，而在方法论上遭到他们的质疑。正如杰夫里·克罗伊克斯（Geoffrey de Ste. Croix）批评韦伯所理解的状态概念是"**静态的**"，并认为它"几乎无助于我们**理解**或**解释**任何事情"一样③，巴克和戴尔也认为，韦伯的进路提供的是一种肤浅的描述性方法，它往往会高估这些运动相较于传统劳工运动的新颖性，由此也低估了马克思主义对现代世界的重要意义。在马克思看来，阶级斗争对于资本主义而言属于关键的、具有决定性作用的规定性，而不仅仅是一个偶发性特征，巴克和戴尔在为这一论断的意义辩护时指出，马克思为把"新社会运动"解析为对异化的具体反抗提供了必要的素材。不同于"新社会运动"的相关文献中的主流倾向，巴克和戴尔指出，马克思拒绝把政治、经济、意识形态等抽象概念具体化（reify），因此也就没有把阶级斗争还原为生产环节的经济斗争。而且，既然他把资本主义作为一种异化的制度加以分析，就意味着他认识到，在工人同其劳动产品并与对劳动过程的控制相异化的同时，我们也都异化于构成我们人类本身的社会纽带。这种异化的制度往往会产生各色各样不同的反对其非人化影响的斗争。由此可见，巴克和戴尔认为，"新社会运动"不仅不是那么新的，而且它们所反映的也不是"资本主义内部阶级斗争的式微，而是其表现形式的改变"。这一结论源

---

① Kevin Doogan, *New Capitalism?*, Cambridge: Polity, 2009.
② Ralph Miliband, "The New Revisionism in Britain", in *New Left Review* 150, 1985, p. 16.
③ Geoffrey de Ste. Croix, *Class Struggle in the Ancient Greek World*, London: Duckworth, 1983, p. 90.

于,他们拒绝把旧的劳工运动与"新社会运动"进行太过具有典型曲解意味的对比。与这种曲解形成对照,巴克和戴尔则认为,反对压迫的斗争是劳工运动的组成部分,这种运动是在20世纪六七十年代随工人斗争的兴起而出现的。这些工人斗争"常被视为"现有劳工运动实践的"关键所在",直到20世纪70年代末工人斗争进入低潮以来,这两种形式的斗争才被视为"对立的"。最后,尽管正是在工人运动受挫的背景下,社会主义的政治思想对于许多随后被身份政治吸引的激进分子失去魅力,但巴克和戴尔断定,这一过程有可能随着劳工运动命运的转变而发生逆转。鉴于剥削持续显著地存在,劳工运动的这样一种复兴不仅在葛兰西的意义上使人们确信"只能'科学地'预见斗争,而非预见斗争的具体时刻"①,还可能化作无数其他人与异化作斗争的团结性力量②。

德雷珀解构了认为马克思相信社会分工会变得日益简化这一荒诞看法,科汗批判了把后现代的世界视为格外碎片化的断言,邓恩和杜根质疑用以辩护工人阶级不再能够在反对资本主义的运动中发挥根本作用这一论断的实证性依据,巴克和戴尔重新思考"新社会运动"与传统劳工运动之间的关系,卡利尼科斯也对有关个体化进程的当代文献的片面性展开批评。这些都表明,对马克思主义的精辟解读能够很好地解释20世纪七八十年代所遭受的挫败及"新社会运动"的出现,同时也可以看到工人反对资本的斗争有可能重新出现。③ 邓恩甚至评论道,对于近来劳工状况的转变"不需要作出新的诠释,也无须从头开始重新设想政治策略"④。

虽然这样的论述不乏真知灼见,但还是必须把经典马克思主义从斯大林主义的拙劣曲解中剥离出来,遗憾的是在很长一段时间,斯大林主义的曲解都成为对相关学术探讨的一种束缚。如果大量有关马克思主

---

① Antonio Gramsci, *Selections from the Prison Notebooks*, p. 438.
② Colin Barker and Gareth Dale, "Protest Waves in Western Europe: A Critique of 'New Social Movement' Theory", pp. 65 – 104.
③ Chris Harman, *The Fire Last Time: 1968 and After*.
④ Bill Dunn, *Global Political Economy*, London: Pluto, 2009, p. 225.

义的学术评论都毫无价值,那么即便是对马克思思想精辟入微的重新释读——例如杰里·科恩的著作,也往往会使马克思主义沦为对历史进步的实证性说明。既然对历史唯物主义的这样一种解读在学院内占据霸权地位,那么马克思主义在这些圈子里被视为兼具政治和伦理上的缺陷,也就不足为奇。而且,斯大林主义的实践已对马克思主义作为劳工运动中的一个仍具生命力的传统造成毁灭性影响,由此导致马克思主义的学术形象往往使人就它对于当代反对资本主义的重要意义产生更为强烈而广泛的怀疑。

正如上文试图表明的,这样一种不幸的倾向掩盖了经典马克思主义传统可能对当代激进政治作出的实际贡献。因为马克思"自下而上的社会主义"愿景不仅是对斯大林主义所包含的社会主义虚夸之辞的内在批判①,而且指向一种革命的社会主义政治实践的民主模式。与斯大林主义的曲解实际上脱离瓜葛的列宁主义,成为对认为社会主义只能通过工人阶级的自我解放来实现的这一思想的必要补充——在看到这一点的同时,经典马克思主义也就指向对资本主义的一种伦理上令人信服、政治上强劲有力的批判。第一,马克思主义阐明了当代情感主义文化与市民社会立场之间的必然联系。第二,它呈现出工人反对异化的斗争如何为理解这种堕落的道德文化的历史根源,并且为超越这种道德文化奠定基础。第三,这些斗争由此表明了我们人类本质的历史特性。第四,通过这些斗争找到了作为共同体自我决定的自由在现代世界得以实现的具体方式。第五,这就是能在总体上为马克思主义的政治实践,并且为个人的参与提供合理辩护依据的那种具体的乌托邦。

与自由主义的荒诞想法——先对所处情境作出判断,再对其采取行动——相反,马克思针对这种就选择和能动性问题有所设定的意识形态,阐明了作为其基础的实践所呈现的形式。马克思立足于历史的自觉意识,又影响到他对世界的认识,并使其克服了上述矛盾。这是通过把

---

① Paul Thomas, *Karl Marx and the Anarchists*, p. 122.

"是"与"应当"重新理解为同一实践的两个方面实现的。可见,社会主义运动是通过针对资本主义社会的不自由展开内在批判,同时指出相较于此的一个自由民主的替代方案,来证明自身的合理性。

由于形成这种观点的自下而上的运动必然表现为起伏不定、零落分散的斗争,这些斗争也就促使这样或那样的"先锋队"生产。在此情形下,马克思主义政党因为着眼于整个运动的利益①,并且旨在通过争取大多数人参与社会真正民主化的革命事业,而为自我瓦解创造了条件,由此也把自身同其他团体区分开来。与资本为了积累而积累的异化要求②相反,马克思主义政治学所植根的那些斗争,预示着如特里·伊格尔顿所指出的那些结构,由此可能使我们对团结的迫切需要和欲望得以实现③。在那些激进分子所要求的革命的实践智慧(phronesis)④中包含这样一种能力:批判地审视占主导地位的道德话语,看穿其表面上的意见分歧,并且正如我们提到的米尔顿·菲斯克关于堕胎权之争的讨论那样⑤,对支配权背后的(意识形态)问题加以审视。在这一语境下,正如格斯所提醒的那样,每当我们面对抽象的道德论争时,都应始终牢记列宁的著名质疑"对谁有利?"或"谁为了谁的利益对谁做了什么?"。⑥ 这样,我们才有可能开始超越包含主观偏好的道德,走向一种关于现代工人阶级克服异化状态的社会斗争的客观伦理。

这一观点印证了列宁如下的著名论点:革命社会主义实践的典范"不应当是工联书记,而应当是**人民的代言人**"⑦。最好不要把这一论断理解为抽象的道德要求,而应视其为争取自由、反对异化的现代阶级斗

---

① Karl Marx and Frederick Engels, "The Manifesto of the Communist Party", p. 79, 98.
② Karl Marx, *Capital*, Vol. I, p. 742.
③ Terry Eagleton, *Trouble with Strangers*, p. 293.
④ Terry Eagleton, "Lenin in the Postmodern Age", in Slavoj Žižek, et al. eds., *Lenin Reloaded*, p. 44.
⑤ Milton Fisk, *The State as Justice*, pp. 278 - 281.
⑥ Raymond Geuss, *Philosophy and Real Politics*, pp. 23 - 30.
⑦ Vladimir Lenin, "What is to be Done?", p. 423. 参见《列宁选集》第 1 卷,第 364 页。——译者注

争所普遍包含的基本政治推论。除了这一惯常的要求以外,长期来看,马克思解放伦理的政治意义就在于以自由为目标,这种自由意味着社会真正的民主化——工人的权力。

参考文献

Abendroth, Wolfgang. 1972. *A Short History of the European Working Class*. New York: Monthly Review Press.

Adler, Max. 1978. "The Relation of Marxism to Classical German Philosophy." In Tom Bottomore and Patrick Goode, eds., *Austro-Marxism*. Oxford: Oxford University Press: 62–68.

Adorno, Theodor. 1973. *Negative Dialectics*. New York: Continuum.

——. 1974. *Minima Moralia*. London: Verso.

——. 2000. *Problems of Moral Philosophy*. Cambridge: Polity.

——. 2006. *History and Freedom*. Cambridge: Polity.

——, and Max Horkheimer. 1979. *Dialectics of Enlightenment*. London: Verso.

Anderson, Andy. 1964. *Hungary'56*. London: Solidarity.

Anderson, Kevin. 1995. *Lenin, Hegel and Western Marxism*. Chicago: University of Illinois Press.

——. 2007. "The Rediscovery and Persistence of the Dialectic in Philosophy and in World Politics." In Sebastian Budgen, et al. eds., *Lenin Reloaded: Towards a Politics of Truth*. London: Duke University Press: 120–147.

Anderson, Perry. 1974. *Passages from Antiquity to Feudalism*. London: Verso.

——. 1976. *Considerations on Western Marxism*. London: Verso.

——. 1980. *Arguments within English Marxism*. London: Verso.

——. 1983. *In the Tracks of Historical Materialism*. London: Verso.

——. 1992. *English Questions*. London: Verso.

Anderson, Thomas. 1993. *Sartre's Two Ethics*. Open Court: Chicago.

Anscombe, G. E. M. 1981 [1958]. "Modern Moral Philosophy." *In The Collected Philosophical Papers of G. E. M. Anscombe, Vol. 3: Ethics, Religion and Politics*. Oxford: Basil Blackwell: 26-42.

Althusser, Louis. 1969. *For Marx*. London: New Left Books.

——. 1971. *Lenin and Philosophy and Other Essays*. London: New Left Books.

——. 1976. *Essays on Ideology*. London: New Left Books.

Arato, Andrew, and Paul Breines. 1979. *The Young Lukács and the Origins of Western Marxism*. London: Pluto.

Archibald, Peter. 1993. *Marx and the Missing Link: Human Nature*. Atlantic Highlands: Humanities Press.

Aristotle. 1976. *Ethics*. London: Penguin (Introduction by Jonathan Barnes, 1953 translation by J. A. K. Thomson, revised translation 1975 Hugh Tredennick).

Aronson, Ronald. 1980. *Jean Paul Sartre*. London: Verso.

——. 1987. *Sartre's Second Critique*. Chicago: University of Chicago Press.

Arthur, Chris. 1986. *The Dialectics of Labour*. Oxford: Blackwell.

Badiou, Alain. 2001. *Ethics*. London: Verso.

——. 2007. "One Divides Itself Into Two." In Sebastian Budgen, et al. eds., *Lenin Reloaded: Towards a Politics of Truth*. London: Duke University Press: 7-17.

Barker, Colin, ed. 1987. *Revolutionary Rehearsals*. London: Bookmarks.

——. 1991. "A Note on the Theory of the Capitalist State." In Simon Clarke, ed., *The State Debate*. London: MacMillan: 204-213.

——, and Gareth Dale. 1999. "Protest Waves in Western Europe: A Critique of 'New Social Movement' Theory." *Critical Sociology* 24: 1/2: 65-104.

Barker, Colin et al. 2001. "Leadership Matters." In Colin Barker, et al. eds., *Leadership and Social Movements*. Manchester: Manchester University Press: 1-23.

Baron, Samuel. 1963. *Plekhanov: The Father of Russian Marxism*. Stanford: Stanford University Press.

Bauer, Otto. 1978. "Marxism and Ethics." In Tom Bottomore and Patrick Goode, eds., *Austro-Marxism*. Oxford: Oxford University Press: 78-84.

Beamish, Rob. 1992. *Marx, Method, and the Division of Labour*. Chicago: University of Illinois Press.

Bentham, Jeremy. 1990. "Of the Principle of Utility." In Jonathan Glover, ed., *Utilitarianism and its Critics*. London: Macmillan: 9-14.

Berlin, Isaiah. 1997. "Two Concepts of Liberty." In *The Proper Study of*

Mankind. London: Pimlico: 191-242, 204.

Berman, Marshall. 1999. *Adventures in Marxism*. London: Verso.

Bernstein, Eduard. 1988. "The Realistic and the Ideological Moments in Socialism." In Tudor and Tudor, eds., *Marxism and Social Democracy*: 229-243.

——. 1993. *The Preconditions of Socialism*. Cambridge: Cambridge University Press.

——. 1996. "How is Scientific Socialism Possible?." In Manfred Steger, ed., *Selected Writings of Eduard Bernstein*: 89-104.

Bernstein, Jay. 1991. "Rights, Revolution and Community." In Peter Osborne, ed., *Socialism and the Limits of Liberalism*. London: Verso, 91-119.

——. 2001. *Adorno: Disenchantment and Ethics*. Cambridge: Cambridge University Press.

Bertram, Christopher. 2008. "Analytical Marxism." In Jacques Bidet and Eustache Kouvelakis, eds., *Critical Companion to Contemporary Marxism*. Leiden: Brill: 123-141.

Birchall, Ian. 1974. *Workers against the Monolith*. London: Pluto.

——. 2004. *Sartre against Stalinism*. Oxford: Berghahn.

——. 2007. "Review of Michel Surya's *La Révolution rêvée*." *Historical Materialism* Vol. 15, No. 2: 194-201.

Blackburn, Robin. 1977. "Marxism: Theory of Proletarian Revolution." In Robin Blackburn, ed., *Revolution and Class Struggle*. London: Fontana: 25-68.

Blackledge, Paul. 2002. "Marxist Interpretations of Thatcherism." In Mark Cowling and James Martin, eds., *The Eighteenth Brumaire: (Post) Modern Interpretations*. London: Pluto Press: 211-227.

——. 2004a. *Perry Anderson, Marxism and the New Left*. London: Merlin.

——. 2004b. "Reform, Revolution and the Question of Organisation in the First New Left." *Contemporary Politics* Vol. 10, No. 1: 21-36.

——. 2005. "Freedom, Desire and Revolution: Alasdair MacIntyre's Early Marxist Ethics." *History of Political Thought* Vol. XXVI, No. 4: 696-720.

——. 2006a. *Reflection on the Marxist Theory of History*. Manchester: Manchester University Press.

——. 2006b. "The New Left's Renewal of Marxism." *International Socialism* 2/112: 125-153.

——. 2006c. "Leon Trotsky's Contribution to the Marxist Theory of History." *Studies in East European Thought* Vol. 58, No. 1: 1-31.

——. 2006d. "Results and Prospects: Trotsky and his Critics." In Bill Dunn and Hugo Radice, eds., *Permanent Revolution—Results and Prospects 100 Years On*. London: Pluto Press: 48-60.

——. 2006e. "What was Done: Lenin Rediscovered." *International Socialism* 2/111: 111–126.

——. 2006f. "Karl Kautsky and Marxist Historiography." *Science and Society* Vol. 70, No. 3: 337–359.

——. 2007a. "Morality and Revolution: Ethical Debates in the British New Left." *Critique* Vol. 35, No. 2: 203–220.

——. 2007b. "Alasdair MacIntyre: Marxism and Politics." *Studies in Marxism* 11: 95–116.

——. 2008. "Alasdair MacIntyre's Contribution to Marxism: A Road not Taken." *Analyse and Kritik* Vol. 30, No. 1: 215–227.

——. 2009a. "Alasdair MacIntyre: Social Practices, Marxism and Ethical Anti-Capitalism." *Political Studies* Vol. 57, No. 4: 866–884.

——. 2009b. "History, Ethics and Politics." *Science and Society* Vol. 73, No. 1: 77–84.

——. 2010a. "Marxism and Anarchism." *International Socialism* 2/125: 53–80.

——. 2010b. "Marxism, Nihilism and the Problem of Ethical Politics Today." *Socialism and Democracy* Vol. 24, No. 2: 101–123.

Bloch, Ernst. 1986. *The Principle of Hope*, Vols. I-III. Oxford: Blackwell.

——. 1987. *Natural Law and Human Dignity*. Cambridge: MIT Press.

Bobbio Noberto. 1997. *Left and Right*. Cambridge: Polity.

Boggs, Carl. 1976. *Gramsci's Marxism*. London: Pluto.

Bourg, Julian. 2007. *From Revolution to Ethics*. Montreal: McGill-Queen's University Press.

Braverman, Harry. 1974. *Labour and Monopoly Capitalism*. New York: Monthly Review.

Brenkert, George. 1983. *Marx's Ethics of Freedom*, London: Routledge.

Brudney, Daniel. 1998. *Marx's Attempt to Leave Philosophy*. Cambridge: Harvard University Press.

Buck-Morss, Susan. 1977. *The Origin of Negative Dialectics*. London: Harvester.

Burns, Tony. 2001. "Karl Kautsky: Ethics and Marxism." In Lawrence Wilde, ed., *Marxism's Ethical Thinkers*. London: Palgrave: 15–50.

Callaghan, John. 1984. *British Trotskyism: Theory and Practice*. Oxford: Blackwell.

Callinicos, Alex. 1990. *Trotskyism*. Open University Press.

——. 1982. *Is There a Future for Marxism?*. London: Macmillan.

——. 1983. *Marxism and Philosophy*. Oxford: Oxford University Press.

——. 1989a. "Introduction: Analytical Marxism." In Alex Callinicos, ed., *Analytical Marxism*. Oxford: Oxford University Press: 1–16.

——. 1989b. "Bourgeois Revolutions and Historical Materialism." *International Socialism* 2/43: 113–171.

——. 1989c. *Against Postmodernism*. Cambridge: Polity.

——. 1995. *Theories and Narratives*. Cambridge: Polity.

——. 2000. *Equality*. Cambridge: Polity.

——. 2001. "Having Your Cake and Eating it." *Historical Materialism* 9: 169–195.

——. 2003. *An Anti-Capitalist Manifesto*. Cambridge: Polity.

——. 2004. *Making History*. Leiden: Brill.

——. 2006. *Resources of Critique*. Cambridge: Polity.

——. 2007a. *Social Theory*. Cambridge: Polity.

——. 2007b. "Leninism in the Twenty-first Century?." In Sebastian Budgen, et al. eds., *Lenin Reloaded: Towards a Politics of Truth*. London: Duke University Press: 18–41.

——. 2008. "What does revolution mean in the twenty-first century?." In John Foran, et al. eds., *Revolution in the Making of the Modern World*. London: Routledge: 151–164.

Camfield, David. 2007. "The Multitude and the Kangaroo." *Historical Materialism* 15/2: 21–52.

Carling, Alan. 1995. "Rational Choice Marxism." In Carver and Thomas, eds., *Rational Choice Marxism*: 31–78.

Casarino, Cesare, and Antonio Negri. 2008. *In Praise of the Common*. Minneapolis: University of Minnesota Press.

Castoriadis, Cornelius. [1959] 1988. "Proletariat and Organisation, 1." In David Ames Curtis, 1988, *Cornelius Castoriadis: Political and Social Writings II*. Minneapolis: University of Minnesota Press: 193–222.

Chun, Lin. 1993. *The British New Left*. Edinburgh: Edinburgh University Press.

Claudin, Fernando. 1975. *The Communist Movement*. London: Penguin.

Cliff, Tony. 1974. *State Capitalism in Russia*. London: Pluto.

——. 1976. *Lenin: All Power to the Soviets*. London: Pluto.

——. 1986. *Lenin: Building the Party*. London: Bookmarks.

——. 1991. *Trotsky: Fighting the Rising Stalinist Bureaucracy*. London: Bookmarks.

——. 2001a. "Rosa Luxemburg." In Tony Cliff, *International Struggles and the Marxist Tradition*. London: Bookmarks: 59–116.

——. 2001b. "Trotsky on Substitutionism." In Tony Cliff, *International Struggles and the Marxist Tradition*. London: Bookmarks: 117 – 132.

Cohen, Marshall et al. 1980. "Introduction." In Marshall Cohen et al., eds., *Marx, Justice, History*. Princeton: Princeton University Press: vii – xiv.

Cohen, G. A. 1983. "Review of *Karl Marx* by Allen Wood." *Mind* Vol. 92, No. 367: 440 – 445.

——. 1988. *History, Labour and Freedom*. Oxford: Oxford University Press.

——. 1995. *Self-Ownership, Freedom and Equality*. Cambridge: Cambridge University Press.

——. 2000a. *Karl Marx's Theory of History: A Defence*. Oxford: Oxford University Press.

——. 2000b. *If You're an Egalitarian, How Come You're So Rich?*. Cambridge: Harvard University Press

——. 2009. *Why Not Socialism?*. Princeton: Princeton University Press.

Colletti, Lucio. 1972. *From Rousseau to Lenin*. New York: Monthly Review.

Collier, Andrew. 1981. "Scientific Socialism and the Question of Socialist Values." In John Mepham and David-Hillel Ruben, eds., *Issues on Marxist Philosophy* Vol. IV. Brighton: Harvester.

Collier, Andrew. 1990. *Socialist Reasoning*. London: Pluto Press.

——. 1994. *Critical Realism*. London: Verso.

——. 2009. "Marx and Conservatisms." In Andrew Chitty and Martin McIvor eds., *Karl Marx and Contemporary Philosophy*. London: Palgrave.

Collins, Henry. 1961. "The Case for Left Reformism." *International Socialism* 1/6: 15 – 19.

——, and Chimon Abramsky. 1965. *Karl Marx and the British Labour Movement*. London: Macmillan.

Connolly, James. 1987. "The Reconquest of Ireland." In Michael O'Riordan ed. *James Connolly Collected Works*, Vol. I. Dublin: New Books: 185 – 280.

Critchley, Simon. 1999. *The Ethics of Deconstruction*. Edinburgh: Edinburgh University Press.

——. 2007. *Infinitely Demanding*. London: Verso.

Darlington, Ralph. 2008. *Syndicalism and the Transition to Communism*. Aldershot: Ashgate.

Delanty, Gerard. 2007. "T. W. Adorno as Critical Intellectual." In David Bates, ed., *Marxism, Intellectuals and Politics*. London: Palgrave: 119 – 134.

de Ste. Croix, Geoffrey. 1983. *Class Struggle in the Ancient Greek World*. London: Duckworth.

Deutscher, Isaac. 1959. *Trotsky: The Prophet Unarmed*. Oxford: Oxford University Press.

Dewey, John. 1973. "Means and Ends." Trotsky et al., *Their Morals and Ours*. New York: Pathfinder: 67 - 73.

Dobson, Andrew. 1993. *Jean-Paul Sartre and the Politics of Reason*. Cambridge: Cambridge University Press.

Doogan, Kevin. 2009. *New Capitalism?*. Cambridge: Polity.

Draper, Hal. 1977. *Karl Marx's Theory of Revolution*, Vol. I. New York: Monthly Review Press.

——. 1978. *Karl Marx's Theory of Revolution*, Vol. II. New York: Monthly Review Press.

——. 1986. *Karl Marx's Theory of Revolution*, Vol. III. New York: Monthly Review Press.

——. 1990. *Karl Marx's Theory of Revolution*, Vol. IV. New York: Monthly Review Press.

——. 1992. "The Two Souls of Socialism." In Hal Draper, *Socialism from Below*. New Jersey: Humanities: 2 - 33.

Dunayevskaya, Raya. 1988. *Marxism and Freedom*. New York: Columbia University Press.

Dunn, Bill. 2004. *Global Restructuring and the Power of Labour*. London: Palgrave.

——. 2009. *Global Political Economy*. London: Pluto.

Eagleton, Terry. 1990. *The Ideology of the Aesthetic*. Oxford: Blackwell.

——. 1993. "Deconstruction and Human Rights." In Barbara Johnson, ed., *Freedom and Interpretation*. New York: Basic Books: 121 - 145.

——. 1996. *The Illusions of Postmodernism*. Oxford: Blackwell.

——. 1997. *Marx and Freedom*. London: Pheonix.

——. 2003. *After Theory*. Harmondsworth: Penguin.

——. 2007a. "Lenin in the Postmodern Age." In Slavoj Žižek et al., eds., *Lenin Reloaded*. London: Duke University Press: 42 - 58.

——. 2007b. *The Meaning of Life*. Oxford: Oxford University Press.

——. 2009. *Trouble with Strangers*. Oxford: Blackwell.

Edgley, Roy 1990. "Marxism, Morality and Mr Lukes." In David McLellan and Sean Sayers, eds., 1990, *Socialism and Morality*. London: MacMillan, 21 - 41.

Eley, Geoff. 2002. *Forging Democracy*. Oxford: Oxford University Press.

Elliott, Gregory. 2006. *Althusser: The Detour of Theory*. Leiden: Brill.

Elster, John. 1985. *Making Sense of Marx*. Cambridge: Cambridge University Press.
Engels, Frederick. 1947. *Anti-Dühring*. Moscow: Progress Publishers.
——. 1972. *The Origin of the Family, Private Property, and the State*. London: Lawrence and Wishart.
——. 1989a. "Letter to August Bebel" 18th – 28th March 1875. In Karl Marx and Frederick Engels, *Collected Works*. London: Lawrence and Wishart. Vol. 24: 67 – 73.
——. 1989b. "A Fair Day's Wages for a Fair Day's Work." In Karl Marx and Frederick Engels, *Collected Works*. London: Lawrence and Wishart. Vol. 24: 376 – 378.
——. 1990. "A Critique of the Draft Social-Democratic Programme of 1891." In Karl Marx and Frederick Engels, *Collected Works*. London: Lawrence and Wishart. Vol. 27: 217 – 230.
——. 1991. "Letter to August Bebel" 12th October 1875. In Karl Marx and Frederick Engels, *Collected Works*. London: Lawrence and Wishart. Vol. 45: 97 – 98.
Erfurt Programme, The. 1891. At http://www.marxists.org/history/international/socialdemocracy/1891/erfurt-program.htm
Feenberg, Andrew. 1981. *Lukács, Marx and the Sources of Critical Theory*. Oxford: Rowman and Littlefield.
Ferguson, Iain. 2007. "Neoliberalism, Happiness and Wellbeing." *International Socialism* 2/117: 123 – 142.
Fisk, Milton. 1989. *The State as Justice*. Cambridge: Cambridge University Press.
Foote, Geoff. 1997. *The Labour Party's Political Thought*. London: MacMillan.
Foster, John Bellamy. 2000. *Marx's Ecology*. New York: Monthly Review.
Francis, Hywel, and David Smith. 1980. *The Fed*. London: Lawrence & Wishart.
Frank, Robert. 1999. *Luxury Fever*. New York: Free Press.
Fraser, Ian. 1998. *Hegel and Marx: The Concept of Need*. Edinburgh: Edinburgh University Press.
Fromm, Erich. 1966. *Marx's Concept of Man*. New York: Unger Press.
Fryer, Peter. 1997. *Hungarian Tragedy*. London: Index Books.
Gay, Peter. 1962. *The Dilemma of Democratic Socialism*. New York: Collier Books.
Geary, Dick. 1987. *Karl Kautsky*. Manchester: Manchester University Press.
Geoghegan, Vincent. 1996. *Ernst Bloch*. London: Routledge.
Geras, Norman. 1983. *Marx and Human Nature*. London: Verso.
——. 1989. "The Controversy about Marx and Justice." In Alex Callinicos, ed.,

Marxist Theory. Oxford: Oxford University Press: 211-267.

——. 1992. "Bringing Marx to Justice: An Addendum and Rejoinder." *New Left Review* 195: 37-68.

Geuss, Raymond. 2008. *Philosophy and Real Politics*. Princeton: Princeton University Press.

Gilbert, Alan. 1981. *Marx's Politics*. Oxford: Martin Robertson.

——. 1984. "Marx's Moral Realism: Eudaimonism and Moral Progress." In Terence Ball and James Farr, eds., *After Marx*. Cambridge: Cambridge University Press: 154-183.

Ginsberg, Paul. 2008. *Democracy*. London: Profile.

Gluckstein, Donny. 1985. *The Western Soviets*. London: Bookmarks.

Goldmann, Lucien. 1964. *The Hidden God*. London: Routledge.

——. 1971. *Immanuel Kant*. London: New Left Books.

——. 1968. "Is there a Marxist Sociology?." *International Socialism* 1/34: 13-21.

Gonzalez, Mike. 2005. "Bolivia: The Rising of the People." *International Socialism* 2/108: 73-101.

——. 2009. "Chavez Ten Years On." *International Socialism* 2/121: 49-64.

Gotha Programme, The. 1875. At http://www.voiceoftheturtle.org/dictionary/dict_gl.php#gotha

Gould, Carol. 1978. *Marx's Social Ontology*. Cambridge: MIT Press.

Griffin, James. 1986. *Well-Being*. Oxford: Oxford University Press.

Gramsci, Antonio. 1971. *Selections from the Prison Notebooks*. London: Lawrence and Wishart.

——. 1977. *Selections from Political Writings 1910-1920*. London: Lawrence and Wishart.

——. 1978. *Selections from Political Writings 1921-1926*. London: Lawrence and Wishart.

——. 1995. *Further Selections from the Prison Notebooks*. Minneapolis: University of Minnesota Press.

——. 2007. *Prison Notebooks*, Vol. III. New York: Columbia University Press.

Grossman, Henryk. 1992. *The Law of Accumulation and the Breakdown of the Capitalist System*. London: Pluto.

Habermas, Jürgen. 1987. *The Philosophical Discourse of Modernity*. Cambridge: Polity.

Hall, Stuart. 1958. "A Sense of Classlessness." *Universities and Left Review* 5: 26-32.

——. 1959. "The Big Swipe." *Universities and Left Review* 7: 50-52.

Hallas, Duncan. 1969. "Building the Leadership." *International Socialism* 1/40: 25–32.
——. 1979. *Trotsky's Marxism*. London: Pluto.
——. 1985. *The Comintern*. London: Bookmarks.
Halliday, Fred. 1970. "Introduction." In Karl Korsch, *Marxism and Philosophy*. London: New Left Books: 7–26.
Hallward, Peter. 2003. *Badiou: A Subject to Truth*. Minneapolis: University of Minnesota Press.
Hammer, Espen. 2006. *Adorno and the Political*. London: Routledge.
Hanson, Harry. 1957. "An Open Letter." *The New Reasoner* 2: 79–91.
Hardt, Michael, and Antonio Negri. 2000. *Empire*. Cambridge: Harvard University Press.
——. 2004. *Multitude*. New York: Penguin.
——. 2009. *Commonwealth*. Cambridge: Harvard University Press.
Harman, Chris. 1983. "Philosophy and Revolution." *International Socialism* 2/21: 58–87.
——. 1988. *Class Struggles in Eastern Europe 1945–1983*. London: Bookmarks.
——. 1996. "Party and Class." In Alex Callinicos, et al., *Party and Class*. London: Bookmarks: 15–37.
——. 1998. *The Fire Last Time: 1968 and After*. London: Bookmarks.
——. 2002. "The Workers of the World." *International Socialism* 2/96: 1–45.
——. 2009. *Zombie Capitalism*. London: Bookmarks.
Harris, Nigel. 1968. *Beliefs in Society*. London: Penguin.
——. 1978. *The Mandate of Heaven*. London: Quartet.
Harvey, David. 1996. *Justice, Nature and the Geography of Difference*. Oxford: Blackwell.
——. 2005. *A Brief History of Neoliberalism*. Oxford: Oxford University Press.
Haynes, Michael. 1985. *Nikolai Bukharin and the Transition from Capitalism to Socialism*. London: Croom Helm.
Hegel, Georg. 1952. *Philosophy of Right*. Oxford: Oxford University Press.
——. 1956. *The Philosophy of History*. New York: Dover.
——. 1969. *The Science of Logic*. London: Allen and Unwin.
Hilferding, Rudolph. 1981. *Finance Capital*. London: Routledge.
——. 1981. "The Materialist Conception of History." In Tom Bottomore, ed., *Modern Interpretations of Marx*. Oxford: Blackwell: 125–137.
Hobbes, Thomas. 1998. *Leviathan*. Oxford: Oxford University Press.

Hobsbawm, Eric. 1964. "Introduction" to Marx, Karl, *Pre-Capitalist Economic Formations*. London: Lawrence and Wishart.

——. 1986 "Revolution." In Roy Porter and Mikuláš Teich, eds., *Revolution in History*. Cambridge: Cambridge University Press: 5 – 46.

Holloway, John. 2002. *Change the World Without Taking Power*. London: Pluto.

——. 2010. *Crack Capitalism*. London: Pluto.

Hook, Sidney. 1962. *From Hegel to Marx*. Ann Arbor: University of Michigan Press.

Horkheimer, Max. 1972. *Critical Theory: Selected Essays*. New York: Herder and Herder.

Howard, M. C., and J. E. King. 1989. *A History of Marxist Economics: Vol. I*. Princeton: Princeton University Press.

Hudson, Wayne. 1982. *The Marxist Philosophy of Ernst Bloch*. London: Macmillan.

Hume, David. 1965. *A Treatise of Human Nature*. In Alasdair MacIntyre, ed., *Hume's Ethical Writings*. London: Macmillan: 177 – 252.

Hylton, Forrest, and Sinclair Thomson. 2005. "Chequered Rainbow." *New Left Review* 2/35: 40 – 64.

Hyman, Richard. 1984. *Strikes*. London: Fontana.

James, Cyril Lionel Robert. 1992a. "Letter 10th February 1957." In Anna Grimshaw, ed., *The CLR James Reader*. Oxford: Blackwell: 264 – 268.

——. 1992b. "Lenin and the Vanguard Party." In Anna Grimshaw, ed., *The CLR James Reader*. Oxford: Blackwell: 327 – 330.

Jay, Martin. 1984. *Marxism and Totality*. Berkeley: University of California Press.

Jopling, David. 1992. "Sartre's Moral Psychology." In Christina Howells, ed., *The Cambridge Companion to Sartre*. Cambridge: Cambridge University Press: 103 – 139.

Kain, Philip. 1988. *Marx and Ethics*. Oxford: Oxford University Press.

Kamenka, Eugene. 1969. *Marxism and Ethics*. London: Macmillan.

Kant, Immanuel. 1933. *Critique of Pure Reason*. London: Macmillan.

——. 1948. *Groundwork of the Metaphysics of Morals*. London: Routledge.

Kautsky, Karl. 1892. *The Class Struggle*. At http://www.marxists.org/archive/kautsky/1892/erfurt/index.htm

——. 1918. *Ethics and the Materialist Conception of History*. Chicago: Charles H. Kerr.

——. 1953. *Foundations of Christianity*. S. A. Russell: New York.

——. 1983a. "The Revisionist Controversy." In Patrick Goode, ed., *Karl Kautsky: Selected Political Writings*: 15 – 31.

——. 1983b. "Life, Science and Ethics." In Patrick Goode, ed., *Karl Kautsky:*

Selected Political Writings: 46 – 52.

Kellner, Douglas. 1984. *Herbert Marcuse and the Crisis of Marxism*. London: Macmillan.

Kelly, John. 1988. *Trade Unions and Socialist Politics*. London: Verso.

———. 1988. "Reply to Jack Robertson." *International Socialism* 2/42: 137 – 41.

Kenny, Mike. 1995. *The First New Left*. London: Lawrence and Wishart.

Kidron, Michael. 1961. "Reform and Revolution." *International Socialism* 1/7: 15 – 21.

———. 1968. *Western Capitalism Since the War*. London: Weidenfeld & Nicolson.

———. 1974. *Capitalism and Theory*. London: Pluto.

Knight, Kelvin. 2000. "The Ethical Post – Marxism of Alasdair MacIntyre." In Mark Cowling and Paul Reynolds, eds., *Marxism, the Millennium and Beyond*. London: Palgrave: 74 – 96.

———. 2007. *Aristotelian Philosophy*. Cambridge: Polity.

Kohan, Néstor. 2005. "Postmodernism, Commodity Fetishism and Hegemony." *International Socialism* 2/105: 139 – 158.

Kolakowski, Leszek. 1971. *Marxism and Beyond*. London: Paladin.

———. 1978. *Main Currents in Marxism* Vol. II. Oxford: Oxford University Press.

Korsch, Karl. 1970. *Marxism and Philosophy*. London: New Left Books.

Kouvelakis, Stathis. 2007. "Lenin as Reader of Hegel." In Sebastian Budgen, et al., eds., *Lenin Reloaded: Towards a Politics of Truth*. London: Duke University Press: 164 – 204.

Kuhn, Rick. 2007. *Henryk Grossman and the Recovery of Marxism*. Chicago: University of Illinois Press.

Kymlicka, Will. 2002. *Contemporary Political Philosophy*. Oxford: Oxford University Press.

Le Blanc, Paul. 1990. *Lenin and the Revolutionary Party*. New Jersey: Humanities Press.

Lebowitz, Michael. 1988. "Is 'Analytical Marxism' Marxism?." *Science and Society*, Vol. 52, No. 2: 191 – 214.

———. 2009. *Following Marx*. Leiden: Brill.

Lecourt, Dominique. 2001. *The Mediocracy*. London: Verso.

Lenin, Vladimir. 1960. "The Economic Content of Narodism." In Vladimir Lenin, *Collected Works* Vol. 1: 333 – 507.

———. 1961a. "What is to be Done?." In Vladimir Lenin, *Collected Works* Vol. 5: 517 – 520.

———. 1961b. "Philosophical Notebooks." In Vladimir Lenin, *Collected Works* Vol. 38.

———. 1962. "The Reorganisation of the Party." In Vladimir Lenin, In Vladimir Lenin, *Collected Works* Vol. 10: 29 – 39.

———. 1964. "Can the Bolsheviks Retain State Power?." In Vladimir Lenin, *Collected Works* Vol. 26: 87 – 136.

———. 1968. "The State and Revolution." In Vladimir Lenin, *Selected Works*. Moscow: Progress Publishers: 263 – 348.

Levine, Andrew. 2003. *A Future for Marxism?*. London: Pluto.

Levitas, Ruth. 1990. *The Concept of Utopia*. Hemel Hempstead: Philip Allan.

———. 1997. "Educated Hope: Ernst Bloch on abstract and Concrete Utopia." In Jamie Daniel and Tom Moylan, *Not Yet*. London: Verso: 65 – 79.

Levy, Neil. 2002. *Sartre*. Oxford: Oneworld.

Lewontin, Richard, and Richard Levin. 2007. *Biology Under the Influence*. New York: Monthly Review.

Lih, Lars. 2006. *Lenin Rediscovered*. Leiden: Brill.

———. 2007. "'Our Position in the Highest Degree Tragic': Bolshevik 'Euphoria' in 1920." In Mike Haynes and Jim Wolfreys, eds., *History and Revolution*. London: Verso: 118 – 137.

Lichtheim, George. 1964. *Marxism*. London: Routledge.

———. 1970. *A Short History of Socialism*. London: Weidenfeld and Nicolson.

Lomax, Bill. 1976. "The Workers Councils of Greater Budapest." *The Socialist Register* 1976: 89 – 110.

Löwy, Michael. 1979. *Georg Lukács—From Romanticism to Bolshevism*. London: New Left Books.

———. 1989. "The Poetry of the Past: Marx and the French Revolution." *New Left Review* 177: 111 – 124.

———. 2003. *The Theory of Revolution in the Young Marx*. Leiden: Brill.

Lukács, Georg. 1970. *Lenin: A Study in the Unity of his Thought*. London: New Left Books.

———. 1971. *History and Class Consciousness*. London: Merlin Press.

———. 1972. *Political Writings 1919 – 1929*. London: New Left Books.

———. 1975. *The Young Hegel*. London: Merlin.

———. 1978. *The Ontology of Social Being: 2. Marx*. London: Merlin.

———. 1980a. *The Ontology of Social Being: 3. Labour*. London: Merlin.

———. 1980b. *The Destruction of Reason*. London: Merlin.

———. 2000. *Tailism and the Dialectic: A Defence of History and Class Consciousness*. London: Verso.

Lukes, Steven. 1973. *Individualism*. Oxford: Blackwell.

——. 1985. *Marxism and Morality*. Oxford: Oxford University Press.

Luxemburg, Rosa. 1951. *The Accumulation of Capital*. London: Routledge and Kegan Paul Ltd.

——. 1986. *The Mass Strike*. London: Bookmarks.

——. 1989. *Reform or Revolution*. London: Bookmarks.

MacIntyre, Alasdair. 1964. "Against Utilitarianism." In T. H. B. Hollins, ed., *Aims in Education*. Manchester: Manchester University Press: 1–23.

——. 1966. *A Short History of Ethics*. London: Routledge.

——. 1970. *Marcuse*. London: Fontana.

——. 1971. "Hume on 'is' and 'ought.'" In Alasdair MacIntyre, *Against the Self Images of the Age*. London: Duckworth: 109–124.

——. 1972. "Justice: A New Theory and Some Old Questions." *Boston University Law Review* 52: 330–334.

——. 1973. "Ideology, Social Science and Revolution." *Comparative Politics* 5(2): 321–42.

——. 1979. "Review of John Dunn, *Western Political Theory in the Face of the Future*." *London Review of Books*, 20th December.

——. 1985. *After Virtue*. London: Duckworth.

——. 1988. *Whose Justice?. Which Rationality?*. London: Duckworth.

——. 1995. *Marxism and Christianity*. London: Duckworth.

——. 1998. "The Theses on Feuerbach: A Road Not Taken." In Kevin Knight, ed., 1998, *The MacIntyre Reader*. Cambridge: Polity: 223–234.

——. 1999. *Dependent Rational Animals*. London: Duckworth.

——. 2006a. *Ethics and Politics*. Cambridge: Cambridge University Press.

——. 2006b. "Outside Ethics." At http://ndpr.nd.edu/review.cfm?id=5922.

——. 2008a. "Notes from the Moral Wilderness." In Paul Blackledge and Neil Davidson, eds., *Alasdair MacIntyre's Engagement with Marxism: Essays and Articles 1953–1974*. Leiden: Brill: 45–68.

——. 2008b. "The 'New Left.'" In Paul Blackledge and Neil Davidson, eds., *Alasdair MacIntyre's Engagement with Marxism: Essays and Articles 1953–1974*. Leiden: Brill: 87–93.

——. 2008c. "What is Marxist Theory For?." In Paul Blackledge and Neil Davidson, eds., *Alasdair MacIntyre's Engagement with Marxism: Essays and Articles 1953–1974*. Leiden: Brill: 95–103.

——. 2008d. "Communism and British Intellectuals." In Paul Blackledge and Neil

Davidson, eds., *Alasdair MacIntyre's Engagement with Marxism: Essays and Articles 1953 – 1974*. Leiden: Brill: 115 – 123.

———. 2008e. "Freedom and Revolution." In Paul Blackledge and Neil Davidson, eds., *Alasdair MacIntyre's Engagement with Marxism: Essays and Articles 1953 – 1974*. Leiden: Brill: 123 – 134.

———. 2008f. "Breaking the Chains of Reason." In Paul Blackledge and Neil Davidson, eds., *Alasdair MacIntyre's Engagement with Marxism: Essays and Articles 1953 – 1974*. Leiden: Brill: 135 – 166.

———. 2008g. "Rejoinder to Left Reformism." In Paul Blackledge and Neil Davidson, eds., *Alasdair MacIntyre's Engagement with Marxism: Essays and Articles 1953 – 1974*. Leiden: Brill: 187 – 196.

———. 2008h. "Prediction and Politics." In Paul Blackledge and Neil Davidson, eds., *Alasdair MacIntyre's Engagement with Marxism: Essays and Articles 1953 – 1974*. Leiden: Brill: 249 – 261.

———. 2008i. "Marx." In Paul Blackledge and Neil Davidson, eds., *Alasdair MacIntyre's Engagement with Marxism: Essays and Articles 1953 – 1974*. Leiden: Brill: 291 – 298.

———. 2008j. "Pascal and Marx." In Paul Blackledge and Neil Davidson, eds., *Alasdair MacIntyre's Engagement with Marxism: Essays and Articles 1953 – 1974*. Leiden: Brill: 317 – 328.

———. 2011. "Where We Were, Where We Are, Where We Need to Be." In Paul Blackledge and Kelvin Knight, eds., *Virtue and Politics*. London: University of Notre Dame Press.

Macpherson, C. B. 1973. "Berlin's Division of Liberty." In C. B. Macpherson, 1973, *Democratic Theory*. Oxford: Oxford University Press: 95 – 119.

Mandel, Ernest. 1995. *Trotsky as Alternative*. London: Verso.

Manning, Brian. 1992. *The English People and the English Revolution*. London: Bookmarks.

Marcuse, Herbert. 1958. *Soviet Marxism*. London: Penguin.

———. 1968. *One-Dimensional Man*. London: Sphere.

———. 1972. "Sartre's Existentialism." In Herbert Marcuse, *Studies in Critical Philosophy*. London: New Left Books: 157 – 190.

———. 1972. "Postscript to Sartre's Existentialism." In Herbert Marcuse, *Studies in Critical Philosophy*. London: New Left Books.

Martin, James. [1963] 2005. "Editor's Introduction." In Max Stirner, *The Ego and His Own*. New York: Dover: vii – xvi.

Marx, Karl. 1970. *A Contribution to the Critique of Political Economy*. London: Lawrence and Wishart.

———. 1972. *Theories of Surplus Value* Part III. London: Lawrence and Wishart.

———. 1973a. *Grundrisse*. London: Penguin.

———. 1973b. "Address of the Central Committee to the Communist League (March 1850)." In Karl Marx, *The Revolutions of 1848*. London: Penguin: 319–330.

———. 1973c. "The Eighteenth Brumaire of Louis Bonaparte." In Karl Marx, 1973, *Surveys from Exile*. London: Penguin: 143–249.

———. 1974a. "Inaugural Address of the International Working Men's Association." In Karl Marx, *The First International and After*. London: Penguin: 73–81.

———. 1974b. "Provisional Rules of the International." In Karl Marx, *The First International and After*. London: Penguin: 82–84.

———. 1974c. "The Civil War in France." In Karl Marx, *The First International and After*. London: Penguin: 187–236.

———. 1974d. "Critique of the Gotha Programme." In Karl Marx, *The First International and After*. London: Penguin: 339–359.

———. 1975a. "Critique of Hegel's Doctrine of the State." In Karl Marx, *Early Writings*. London: Penguin: 57–198.

———. 1975b. "On the Jewish Question." In Karl Marx, *Early Writings*. London: Penguin: 212–241.

———. 1975c. "Critique of Hegel's Philosophy of Right. Introduction." In Karl Marx, *Early Writings*. London: Penguin: 243–257.

———. 1975d. "Economic and Philosophical Manuscripts." In Karl Marx, *Early Writings*. London: Penguin: 279–400.

———. 1975e. "Critical Notes on the Article 'The King of Prussia and Social Reform by a Prussian.'" In Karl Marx, *Early Writings*. London: Penguin: 401–420.

———. 1975f. "Theses on Feuerbach." In Karl Marx, *Early Writings*. London: Penguin: 421–423.

———. 1975g. "Debates on Freedom of the Press." In Karl Marx and Frederick Engels, *Collected Works*. London: Lawrence and Wishart, Vol. 1: 132–181.

———. 1975h. "Letters from the Deutsch–Franzosische Jarbucher." In Karl Marx and Frederick Engels, *Collected Works*. London: Lawrence and Wishart, Vol. 3: 133–145.

———. 1976. *Capital*, Vol. I. London: Penguin.

———. 1978. *Capital*, Vol. II. London: Penguin.

———. 1979. "Russian Policy Against Turkey—Chartism." In Karl Marx and

Frederick Engels, *Collected Works*. London: Lawrence and Wishart, Vol. 12: 163–173.

——. 1981. *Capital*, Vol. 3. London: Penguin.

——. 1984a. "The Poverty of Philosophy." In Karl Marx and Frederick Engels, *Collected Works*. London: Lawrence and Wishart, Vol. 6: 105–212.

——. 1984b. "Wages." In Karl Marx and Frederick Engels, *Collected Works*. London: Lawrence and Wishart, Vol. 6: 415–437.

——. 1985. "On Proudhon." In Karl Marx and Frederick Engels, *Collected Works*. London: Lawrence and Wishart, Vol. 20: 26–33.

——. 1987. "Letter to Engels, August 24th 1867." In Karl Marx and Frederick Engels, *Collected Works*. London: Lawrence and Wishart, Vol. 42: 407–8.

——. 1988a. "Economic Manuscripts of 1861–1863." In Karl Marx and Frederick Engels, *Collected Works*. London: Lawrence and Wishart, Vol. 30.

——. 1988b. "Letter to Schweitzer." In Karl Marx and Frederick Engels, *Collected Works*. London: Lawrence and Wishart, Vol. 43: 132–135.

——. 1994. "Economic Manuscripts of 1861–1864." In Karl Marx and Frederick Engels, *Collected Works*. London: Lawrence and Wishart, Vol. 34.

Marx, Karl, and Frederick Engels. 1973. "The Manifesto of the Communist Party." In Karl Marx, 1973, *The Revolutions of 1848*. London: Penguin: 62–98.

——. 1975. "The Holy Family." In Karl Marx and Frederick Engels, *Collected Works*. London: Lawrence and Wishart, Vol. 4: 3–211.

——. 1976. *The German Ideology*. In Karl Marxand Frederick Engels, Frederick, *Collected Works*. London: Lawrence and Wishart, Vol. 5: 20–539.

——. 1984. "Letter From the Brussels Communist Correspondence Committee to G. A. Köttgen." In Karl Marx and Frederick Engels, *Collected Works*. London: Lawrence and Wishart, Vol. 6: 54–56.

Mayer, Tom. 1994. *Analytical Marxism*. London: Sage.

McBride, William. 1991. *Sartre's Political Theory*. Bloomington: Indiana University.

McCarney, Joseph. 1990. *Social Theory and the Crisis of Marxism*. London: Verso.

——. 2000. *Hegel on History*. London: Routledge.

McLellan, David 1969. *The Young Hegelians and Karl Marx*. London: Macmillan.

——. 1979. *Marxism After Marx*. London: Macmillan.

McMylor, Peter. 1994. *Alasdair MacIntyre*. London: Routledge.

McNally, David. 1993. *Against the Market*. London: Verso.

——. 1997. "Language, History and Class Struggle." In Ellen Meiksins Wood and John Bellamy Foster, eds., 1997, *In Defence of History*. New York: Monthly

Review Press.

Meikle, Scott. 1985. *Essentialism in the Thought of Karl Marx*. La Salle: Open Court.

Merquior, Jose. 1986. *Western Marxism*. London: Paladin.

Mészáros, István. 1975. *Marx's Theory of Alienation*. London: Merlin.

——. 1979. *The Work of Sartre*. London: Harvester.

——. 1986. "Marxism and Human Rights." In István Mészáros, *Philosophy, Ideology and Social Science*. Brighton: Wheatsheaf: 196–211.

——. 1995. *Beyond Capital*. London: Merlin.

——. 2005. *The Power of Ideology*. London: Zed.

Miéville, China. 2005. *Between Equal Rights*. London: Pluto.

Miliband, Ralph. 1985. "The New Revisionism in Britain." *New Left Review* 150: 5–26.

Mill, John Stuart. 1991. "Utilitarianism." In John Stuart Mill, *On Liberty and Other Essays*. Oxford: Oxford University Press.

Miller, Richard. 1984. *Analyzing Marx*. Princeton: Princeton University Press.

——. 1989. "Marx and Aristotle." In Alex Callinicos, ed., *Marxist Theory*: 175–210.

Molyneux, John. 1986. *Marxism and the Party*. London: Bookmarks.

Moore, G. E. "Criticism of Mill's 'Proof.'" In Glover, *Utilitarianism and its Critics*: 21–23.

Murray, Patrick. 1988. *Marx's Theory of Scientific Knowledge*. New Jersey: Humanities Press.

Neale, Jonathan. 2008. *Stop Global Warming: Change the World*. London: Bookmarks.

Nederman, Cary. 2008. "Men at Work." *Analyse and Kritik*, Vol. 30, No. 1: 17–31.

Negri, Antonio. 2008. *Reflections on Empire*. Cambridge: Polity.

Nettl, Peter. 1969. *Rosa Luxemburg*. Oxford: Oxford University Press.

Nietzsche, Friedrich. 1967. *The Will to Power*. New York: Vintage Books.

Norman, Richard. 1983. *The Moral Philosophers*. Oxford: Oxford University Press.

Ollman, Bertell. 1976. *Alienation*. Cambridge: Cambridge University Press.

O'Neill, John. 1996. "Engels without Dogmatism." In Chris Arthur, ed., *Engels Today*. London: Macmillan: 47–66.

Pannekoek, Anton. 1977. "The Theory of Capitalist Collapse." *Capital and Class* 1: 59–81.

——. 2003. *Workers' Councils*. Edinburgh: AK Press.
Parkinson, G. H. R. 1977. *Georg Lukács*. London: Routledge.
Pashukanis, Evgeny. 1978. *Law and Marxism*. London: Ink Links.
Paton, H. J. 1948. "Analysis of the Argument." In Immanuel Kant, *Groundwork of the Metaphysics of Morals*. London: Routledge: 2-33.
Peffer, Rodney. 1990. *Marxism, Morality and Social Justice*. Princeton: Princeton University Press.
Perkins, Stephen. 1993. *Marxism and the Proletariat*. London: Pluto.
Plekhanov, Georgi. 1976. *Selected Philosophical Works* Vol. II. Moscow: Progress Publishers.
Poster, Mark. 1975. *Existential Marxism in Postwar France*. Princeton, NJ: Princeton University Press.
Poster, Mark. 1979. *Sartre's Marxism*. London: Pluto.
Ramsay, Maureen. 1997. *What's Wrong with Liberalism?*. London: Leicester University Press.
Ratansi, Ali. 1982. *Marx and the Division of Labour*. London: Macmillan.
Rawls, John. 1971. *A Theory of Justice*. Oxford: Oxford University Press.
Rees, John. 1998. *The Algebra of Revolution*. London: Routledge.
——. 2000. "Introduction." In Georg Lukács, *Tailism and the Dialectic: A Defence of History and Class Consciousness*. London: Verso.
Reiman, Jeffrey. 1991. "Moral Philosophy." In Terrell Carver, ed., *The Cambridge Companion to Marx*. Cambridge: Cambridge University Press: 143-167.
Reiman, Michal. 1987. *The Birth of Stalinism*. London: I. B. Tauris; Haynes.
Reiss, H. S. 1991. "Introduction." In H. S. Reiss, ed., *Kant's Political Writings*. Cambridge: Cambridge University Press.
Ricardo, David. 1973. *The Principles of Political Economy and Taxation*. London: Everyman.
Roberts, Marcus. 1996. *Analytical Marxism*. London: Verso.
Robertson, Jack. 1988. "Socialists and the Unions." *International Socialism* 2/41: 97-112.
Roemer, John. 1986a. "Introduction." In John Roemer, ed., *Analytical Marxism*. Cambridge: Cambridge University Press: 1-7.
——. 1986b. "Should Marxists be interested in exploitation?." In John Roemer, ed., *Analytical Marxism*. Cambridge: Cambridge University Press: 260-282.
Rosdolsky, Roman. 1977. *The Making of Marx's Capital*. London: Pluto.
Rose, Hilary, and Steven Rose. eds. 2000. *Alas Poor Darwin*. London: Jonathan Cape.

Rose, Steven et al. 1984. *Not in Our Genes*. London: Penguin.
Rose, Steven. 1997. *Lifelines*. London: Penguin.
Ross, David. 1949. *Aristotle*. London: Methuen.
Rubin, Isaac. 1979. *A History of Economic Thought*. London: Ink Links.
Rudé, George. 1988. *The French Revolution*. London: Phoenix.
Salvadori, Massimo. 1979. *Karl Kautsky and the Socialist Revolution*. London: Verso.
Samuel, Raphael. 1959. "Class and Classlessness."*Universities and Left Review* 1/6.
Sartre, Jean-Paul. 1955. "Materialism and Revolution." In Jean-Paul Sartre, *Literary and Philosophical Essays*. London: Rider.
——. 1958. *Being and Nothingness*. New York: Philosophical Library.
——. 1963. *Search for a Method*. New York: Vintage Books.
——. 1968. *The Communists and Peace*. New York: George Braziller.
——. 1969. *The Spectre of Stalin*. London: Hamish Hamilton.
——. 1970. "Masses, Spontaneity, Party." *Socialist Register* 1970: 233–249.
——. 1974. "Determinism and Freedom." In Michel Contat and Michel Rybalka, eds., *The Writings of Jean-Paul Sartre*, Vol. 2: *Selected Prose*. Evaston: Northwestern University Press: 241–252.
——. 1976. *Critique of Dialectical Reason* Vol. I. London: Verso.
——. 1992. *Notebooks for an Ethics*. Chicago: University of Chicago Press.
——. 1995. *Anti-Semite and Jew*. Schocken Books.
Satterwhite, James. 1992. *Varieties of Marxist Humanism: Philosophical Revisionism in Postwar Eastern Europe*. Pittsburgh: University of Pittsburgh Press.
Sayer, Andrew. 2000. *Realism and Social Science*. London: Sage.
——. 2009. "Understanding Lay Normativity." In Sandra Moog and Rob Stones, eds., *Nature, Social Relations and Human Needs*. London: Palgrave.
Sayers, Sean. 1998. *Marxism and Human Nature*. London: Routledge.
——. 2009. "Labour in Modern Industrial Society." In Andrew Chitty and Martin McIvor, eds., *Karl Marx and Contemporary Philosophy*. London: Palgrave.
Sayers, Sean 1998. *Marxism and Human Nature*. London: Routledge.
Schweppenhäuser, Gerhard. 2004. "Adorno's Negative Moral Philosophy." In Tom Huhn, ed., *The Cambridge Companion to Adorno*. Cambridge: Cambridge University Press: 328–353.
Schorske, Carl. 1983. *German Social Democracy, 1905–1917*. Cambridge: Harvard University Press.
Sedgwick, Peter. 1976. "The Two New Lefts." In David Widgery, ed., *The Left in Britain: 1956–1968*. London: Penguin.

Sen, Amartya. 1982. *Choice, Welfare and Measurement*. Harvard: Harvard University Press.

Sheehan, Helena. 1985. *Marxism and the Philosophy of Science*. New Jersey: Humanities.

Slote, Michael. 1997. "Virtue Ethics." In Marcia Baron et al., *Three Methods in Ethics*. Oxford: Blackwell: 175-238.

Smith, Adam. 1994. *The Wealth of Nations*. New York: The Modern Library.

Solomon, Robert. 1983. *In the Spirit of Hegel*. Oxford: Oxford University Press.

Soper, Kate. 1986. *Humanism and Anti-Humanism*. London: Hutchinson.

———. 1990. *Troubled Pleasures*. London: Verso.

Sparks, Colin. 1996. "Stuart Hall, Cultural Studies and Marxism." In D. Morley and K. Chen, eds., *Stuart Hall: Critical Dialogues in Cultural Studies*. London: Routledge.

Spinks, Lee. 2003. *Friedrich Nietzsche*. London: Routledge.

Stalin, Joseph. 1938. *Dialectical and Historical Materialism*. At http://www.marxists.org/reference/archive/stalin/works/1938/09.htm

Stedman Jones, Gareth. 1977. "The Marxism of the Early Lukács." *New Left Review* ed., *Western Marxism: A Critical Reader*: 11-60.

Steger, Manfred. 1996. "Introduction." In Manfred Steger, ed., *Selected Writings of Eduard Bernstein*. New Jersey: Humanities Press.

Stirner, Max. 2005. *The Ego and His Own*. Trans. Steven Byington. New York: Dover.

Stone, Robert, and Elizabeth Bowman. 1986. "Dialectical Ethics: A First Look at Sartre's Unpublished 1964 Rome Lecture Notes." *Social Text* 13/14: 195-215.

———. 1991. "Sartre's Morality and History: A First Look at the Notes for the Unpublished 1965 Cornell Lectures." In Ronald Aronson and Adrian van den Hoven, eds., *Sartre Alive*. Wayne State University Press: Detroit: 53-82.

Sturmthal, Adolf. 1964. *Workers Councils*. Cambridge: Harvard University Press.

Swarmi, Viren. 2007. "Evolutionary Psychology: 'New Science of the Mind' or 'Darwinian Fundamentalism?.'" *Historical Materialism* Vol. 15, No. 4.

Taylor, Charles. 1957a. "Marxism and Humanism." *The New Reasoner* 2: 92-98.

———. 1957b. "Socialism and Intellectuals." *Universities and Left Review* 2: 18-19.

———. 1975. *Hegel*. Cambridge: Cambridge University Press.

Therborn, Goran. 1977. "The Frankfurt School." *New Left Review*, ed., *Western Marxism: A Critical Reader*. London: New Left Books: 83-139.

Thomas, Paul. 1980. *Karl Marx and the Anarchists*. London: Routledge & Kegan.
Thompson, Edward. 1957. "Socialist Humanism." *The New Reasoner* 1: 105-143.
——. 1958. "Agency and Choice." *The New Reasoner* 5: 89-106.
——. 1959. "Commitment in Politics." *Universities and Left Review* 6.
——. 1960. "At the Point of Decay." In Edward Thompson, ed., *Out of Apathy*. London: Stevens and Sons.
——. 1961. "The Long Revolution." *New Left Review* 1: 9.
——. 1978a. "The Peculiarities of the English." In Edward Thompson, *The Poverty of Theory and Other Essays*. London: Merlin.
——. 1978b. "An Open Letter to Leszek Kolakowski." In Edward Thompson, *The Poverty of Theory and Other Essays*. London: Merlin: 303-402.
Thompson, Paul. 1989. *The Nature of Work*. London: Macmillan.
Townsend, Jules. 1989. "Reassessing Kautsky's Marxism." *Political Studies* Vol. XXXVII, No. 4: 659-664.
Trotsky, Leon. 1972. *The Revolution Betrayed*. New York: Pathfinder.
Tudor, Henry, and Leon Trotsky. 1973. "Their Morals and Ours." In Leon Trotsky et al., *Their Morals and Ours*. New York: Pathfinder: 13-52.
Tudor, Henry, and J. M. Tudor, eds. 1988. *Marxism and Social Democracy: The Revisionist Debate 1896-1898*. Cambridge: Cambridge University Press.
Tudor, Henry. 1993. "Introduction." In Eduard Bernstein, *The Preconditions of Socialism*. Cambridge: Cambridge University Press: xv-xxxvi.
Van der Linden, Harry. 1988. *Kantian Ethics and Socialism*. Indianapolis: Hackett.
Van der Linden, Marcel. 1997. "Socialisme ou Barbarie: A French Revolutionary Group (1949-65)." *Left History* 5.1.
Vincent, Jean-Marie. 2008. "Adorno and Marx." In Jacques Bidet and Eustache Kouvelakis, eds., *Critical Companion to Contemporary Marxism*. Leiden: Brill: 489-501.
Walicki, Andrzej. 1995. *Marxism and the Leap to the Kingdom of Freedom*. Stanford: Stanford University Press.
Weeks, John. 1981. *Capital and Exploitation*. Princeton: Princeton University Press.
Wiggershaus, Rolf. 1994. *The Frankfurt School*. Cambridge: Polity.
Wilde, Lawrence. 1998. *Ethical Marxism and its Radical Critics*. London: Macmillan.
——. 2001. "Introduction." In Lawrence Wilde, ed., *Marxism's Ethical Thinkers*. London: Palgrave: 1-14.
Wilkinson, Richard. 2005. *The Impact of Inequality*. London: Routledge.
Williams, Bernard. 2006. *Ethics and the Limits of Philosophy*. London: Routledge.

Williams, Chris. 1998. *Capitalism, Community and Conflict: The South Wales Coalfields 1898–1947*. Cardiff: University of Wales Press.

Williams, Gwyn. 1975. *Proletarian Order*. London: Pluto.

Williams, Raymond. 1976. *Keywords*. London: Fontana.

——. 1979. *Politics and Letters*. London: Verso.

Wood, Allen. 1981. *Karl Marx*. London: Routledge.

——. 1990. *Hegel's Ethical Thought*. Cambridge: Cambridge University Press.

——. 2005. *Kant*. Oxford: Blackwell.

Wood, Ellen Meiksins. 1986. *The Retreat from Class*. London: Verso.

——. 1995. "A Chronology of the New Left and Its Successors, Or: Who's Old-Fashioned Now?." *Socialist Register* 1995.

Wright, Erik Olin et al. 1992. *Reconstructing Marxism*. London and New York: Verso.

Wright, Erik Olin. 1995. "What is Analytical Marxism?." In Terrell Carver and Paul Thomas, eds., *Rational Choice Marxism*. London: Macmillan: 11–30.

——. 2010. *Envisioning Real Utopias*. London: Verso.

Wrigley, Chris, ed. 1993. *Challenges of Labour*. London: Routledge.

Žižek, Slavoj. 2000. "Georg Lukács as the Philosopher of Leninism." In Georg Lukács, *Tailism and the Dialectic: A Defence of History and Class Consciousness*. London: Verso.

——. 2001. *On Belief*. London: Routledge.

——. 2002. *Revolution at the Gates*. London: Verso.

——. 2004. "From Politics to Biopolitics... and Back." *The South Atlantic Quarterly* 103: 2/3.

——. 2006. *The Parallax View*. Cambridge: Massachusetts Institute of Technology.

——. 2007. "Introduction." In *Robespierre, Virtue and Terror*. London: Verso.

——. 2007. "Foreword." In Leon Trotsky, *Terrorism and Communism*. London: Verso.

——. 2007. "Resistance is Surrender." *London Review of Books*. 15th November 2007.

——. 2008. *In Defence of Lost Causes*. London: Verso.

——. 2009a. *First as Tragedy, Then as Farce*. London: Verso.

——. 2009b. "Beginning Again." *New Left Review* 2/57: 43–55.

索 引

（本索引中的页码为原著页码，检索时请查阅本书正文页边码）

Abendroth, Wolfgang 沃尔夫冈·阿本德罗斯 101
abortion 堕胎 30
Abramsky, Chimon 基蒙·阿布拉姆斯基 69, 96
Adler, Max 马克斯·阿德勒 29
Adorno, Theodor 西奥多·阿多诺 34, 144, 146
 Callinicos and 卡利尼科斯与阿多诺 157
 MacIntyre on 麦金太尔论阿多诺 190
 Dialectic of Enlightenment（with Horkheimer）《启蒙辩证法》（与霍克海默合著） 146, 190; *Minima Moralia* 《最低限度的道德》 149; *Negative Dialectics* 《否定辩证法》 148
alienation 异化
 Brudney on 布鲁德尼论异化 91
 Miller on 米勒论异化 34
 MacIntyre on 麦金太尔论异化 41, 183
 Marx on 马克思论异化 73—75, 87, 90, 100, 206—207
 new social movements and "新社会运动"与异化 205
 Sartre flummoxed by 困惑于异化的萨特 168
Althusser, Louis 路易·阿尔都塞 5—6, 14, 151, 172, 201
 as "scientistic" 作为"科学主义者的"阿尔都塞 196
anarchism 无政府主义 9
Anderson, Kevin 凯文·安德森 103, 119
Anderson, Perry 佩里·安德森 5, 113, 143, 144, 179
 versus humanism 反对人道主义的安德森 172
 on Second International 安德森论第二国际 134—135
 Thompson against 汤普森驳安德森 179
Anderson, Thomas 托马斯·安德森 165, 167

Anscombe, Elizabeth 伊丽莎白·安斯科姆 26，36—37
apathy 冷漠 177—179，188，189
Arato, Andrew 安德鲁·阿拉托 120，123
Archibald, Peter 彼得·阿奇博尔德 57
Aristotle 亚里士多德 3，34，59，181
　on ethics 亚里士多德的伦理学 21—22
Arthur, Chris 克里斯·阿瑟 36，90
attack on Iraq protests(2003) 2003年针对袭击伊拉克的抗议活动 12—13
Auer, Ignaz 伊格纳兹·奥尔 106，122

Babeuf, F. N., "Gracchus" 格拉古·巴贝夫 108
Badiou, Alain 阿兰·巴迪欧 6—8
Barker, Colin 科林·巴克 62，193，199，200，204—206
Baron, Samuel 塞缪尔·巴伦 110
base-superstructure 经济基础—上层建筑 175—176
　MacIntyre on 麦金太尔论经济基础—上层建筑 180—181
Bauer, Otto 奥托·鲍威尔 113
Beamish, Rob 罗布·比米什 58，84n
Beckett, Samuel 塞缪尔·贝克特 157
being-in-itself 自在 159
Bentham, Jeremy 杰里米·边沁 24—26，55，88
Berlin, Isaiah 以赛亚·伯林 80—81n
Berman, Marshall 马歇尔·伯曼 86

Bernstein, Eduard 爱德华·伯恩施坦 103，106—110，114，124—125
　Lenin versus 列宁驳伯恩施坦 116—117
　How is Scientific Socialism Possible? 《科学社会主义何以可能?》 108；*The Preconditions of Socialism* 《社会主义的前提》 108
Bernstein, Jay 杰伊·伯恩斯坦 77，149
Bertram, Chris 克里斯·伯特伦 151，155
Birchall, Ian 伊恩·伯查尔 143，158，159，163
Bismarck, Otto von 奥托·冯·俾斯麦 94—95，104—105
Blackledge, Paul 保罗·布莱克里奇 5，14，45，48，95，113，116，126，143，161n，173，178，179，188，203
Blanqui, Louis-Auguste 路易·奥古斯特·布兰基 108
Bloch, Ernst 恩斯特·布洛赫 77，101，103
　as Stalinist 作为斯大林主义者的布洛赫 134
　Lukács and 卢卡奇与布洛赫 132
　The Principle of Hope 《希望的原理》 126，132—134；*Spirit of Utopia* 《乌托邦的精神》 132
Bobbio, Noberto 诺贝尔托·博比奥 157
Boggs, Carl 卡尔·博格斯 131
Bolivia 玻利维亚 200
Bourg, Julian 朱利安·伯格 3
Bowman, Elizabeth 伊丽莎白·鲍曼 166—168
Braverman, Harry 哈里·布雷弗曼 83，85，86

Breines, Paul 保罗·布赖内斯 120，123

Brenkert, George 乔治·布伦克特 15，47，58

Brudney, Daniel 丹尼尔·布鲁德尼 91

Buck-Morss, Susan 苏珊·巴克-莫尔斯 145

Bukharin, Nikolai 尼古拉·布哈林 143

Burns, Tony 托尼·伯恩斯 110—111

Butler, R. A. B. 巴特勒 177

Callaghan, John 约翰·卡拉汉 184
Callinicos, Alex 亚历克斯·卡利尼科斯 5，6，10，13，32，95，145，146，185，199，201，202，206
  uses Adorno 卡利尼科斯援引阿多诺 157
  versus Cohen 卡利尼科斯驳科恩 155—156
  on class 卡利尼科斯论阶级 203
  on Marxism's "ethical defecit" 卡利尼科斯论马克思主义的"伦理学缺失" 152
  on French strikes of 1995 卡利尼科斯论1995年法国大罢工 203
  versus Hegel 卡利尼科斯驳黑格尔 156
  criticizes Marx's anti normativism 卡利尼科斯批判马克思的反规范主义 157
  versus Žižek 卡利尼科斯驳齐泽克 11
  Resources of Critique 《批判的资源》 156—157

Camfield, David 戴维·卡姆菲尔德 10

Camus, Albert 阿尔贝·加缪 159
capital punishment 死刑 28
capitalism 资本主义 73
  individualism and 个人主义和资本主义 31—32
  "new" "新"资本主义 204
  what it does 资本主义的作用 196—197
car industry 汽车工业 203—204
Carling, Alan 艾伦·卡林 151
Casarino, Cesare 切萨雷·卡萨里诺 10
Castoriadis, Cornelius 科尼利厄斯·卡斯托里亚迪斯 186
Chartism 宪章运动 69
Chavez, Hugo 乌戈·查韦斯 9，12，13
cheerfulness 愉悦感 190
Chun, Lin 林春 172n
class struggle 阶级斗争 4，63，96，117，159，199，204
  Althusser on 阿尔都塞论阶级斗争 6
  Grossman on 格罗斯曼论阶级斗争 125—126
  human nature and 人性与阶级斗争 182—183
  imputed class consciousness and 被赋予的阶级意识与阶级斗争 121—122
  Kautsky on 考茨基论阶级斗争 112
  Kelly on 凯利论阶级斗争 192
  MacIntyre on 麦金太尔论阶级斗争 190—191
  Marx on 马克思论阶级斗争 92—93

Claudin, Fernando 费尔兰多·克劳丁 187

Cliff, Tony 托尼·克利夫 12，118，135，189
   on leadership 克利夫论领导权 186—187

Cohen, Hermann 赫尔曼·科恩 109

Cohen, Jerry 杰里·科恩 4，13，81，102，144，151，152，169，195，202，206
   Callinicos's criticism of 卡利尼科斯对科恩的批判 155—156
   versus Marx 科恩 VS 马克思 2—3，7
   Self-Ownership, Freedom and Equality 《自我所有、自由和平等》 154—155

Colletti, Lucio 卢西奥·科莱蒂 106，113

Collier, Andrew 安德鲁·科利尔 81，200

Collins, Henry 亨利·柯林斯 69，96，187—188

Comintern *see* Third International 共产国际，参见第三国际 102

commodity fetishism 商品拜物教 87—89

Commune (1871) 1871年巴黎公社 101

Communism 共产主义 93，150—151

Communist Party 共产党 191，193—194
   see also party 另参见政党

Connolly, James 詹姆斯·康诺利 196

consequentialism 后果论 36，41，43，55n，128，176

consumerism 消费主义 178

corporatism 社团主义 179

Critchley, Simon 西蒙·克里奇利 32，202
   ethical turn and 伦理学转向与克里奇利 8
   versus Marx 克里奇利 VS 马克思 2

Croce, Benedetto 贝内代托·克罗齐 126，129

Dale, Gareth 加雷思·戴尔 199，204—206

Darwin, Charles 查尔斯·达尔文 65，127

Day, Richard B. 理查德·戴 119

de Ste. Croix, Geoffrey 杰夫里·克罗伊克斯 204

Deborin, Abram 艾布拉姆·德波林 136

deconstruction 解构 32—33

degenerated workers' state 堕落的工人国家 185

democratic centralism 民主集中制 175，183—184，193

deontology 道义论 36，41，43，55n，60，111

German Social Democratic Party (SPD) 德国社会民主党 101—102，104—106，113

Derrida, Jacques 雅克·德里达 32

desire 欲望（欲求） 27，29，57，71，81n，181—182，193—194
   freedom and 自由与欲望 184
   Hegel on 黑格尔论欲望 35
   higher wages and 更高的工资与欲望 189—190
   informed 知情欲望 169
   versus duty 欲望与义务的冲突

27，197

Deutscher, Isaac 艾萨克·多伊彻 135，183

Dewey, John 约翰·杜威 128

dialectics 辩证法 61，63，67，119

didacticism 说教 186—187

Diderot, Denis 德尼·狄德罗 182

division of labour 劳动分工 201

Dobson, Andrew 安德鲁·多布森 159

Doogan, Kevin 凯文·杜根 204，205

Draper, Hal 哈尔·德雷珀 46，69，83，95，100，202，205

dreams 幻想 118，132

Dunayevskaya, Raya 拉亚·杜纳耶夫斯卡娅 56，186

Dunn, Bill 比尔·邓恩 203—206

duty 义务(责任) 27，29，198
    deconstruction and 解构与责任 32

Eagleton, Terry 特里·伊格尔顿 6，34，139，201，207
    on fact/value 伊格尔顿论事实/价值 66
    on Marx's morality 伊格尔顿论马克思的道德 98—99
    versus postmodernism 伊格尔顿驳后现代主义 32—33

Edgley, Roy 罗伊·埃奇利 45

Egypt 埃及 173

Eley, Geoff 杰夫·伊利 173

Elliott, Gregory 格雷戈里·艾略特 5

Elster, John 约翰·埃尔斯特 45，154

emotivism 情感主义 206

Engels, Friedrich 弗里德里希·恩格斯 34，49，87，207
    on capitalism 恩格斯论资本主义 23
    Gotha programme and 哥达纲领与恩格斯 104
    on morality 恩格斯论道德 52—53
    not a positivist 恩格斯并非实证主义者 196
    on socialism 恩格斯论社会主义 99
    Anti-Dühring 《反杜林论》 83，105；*The Communist Manifesto* (with Marx),《共产党宣言》(与马克思合著) 199；*The German Ideology* (with Marx),《德意志意识形态》(与马克思合著) 49，58，78—84；*The Holy Family* (with Marx),《神圣家族》(与马克思合著) 90

English revolution 英国革命 76—77

equality 平等 127，154，156—158，197

Erfurt programme 爱尔福特纲领 102—103，105，113，114

essence/appearance 本质/表象 119
    Marx on 马克思论本质/表象 100n

essence (human), 本质(人的) 55—57

essentialism 本质主义 55n

ethics 伦理学
    Adorno's 阿多诺的伦理学 149—150
    as alienation 异化的伦理学 183
    classical Greek 古希腊的伦理学 21，33
    Kantian 康德式的伦理学 103
    Marx's 马克思的伦理学 100
    Marxist 马克思主义伦理学 97

neo-Kantianism and 新康德主义与伦理学 109—110
　　Sartre on 萨特论伦理道德 166—168
"ethical turn" "伦理学转向" 4, 6—8, 172, 201
"virtue ethics" "美德伦理" 33
exchange value, see use value/exchange value 交换价值，见使用价值/交换价值
existentialism 存在主义 159
exploitation 剥削 41, 61, 66—67, 108, 153
　　Bloch on 布洛赫论剥削 101
　　totality and 总体性与剥削 87
　　see also surplus value 另见剩余价值

Fabianism 费边主义 183
fact/value separation 事实/价值的分离 66, 112
fatalism 宿命论 122, 124, 126, 129
　　in Kautsky 考茨基的宿命论 110, 112—114
Feenberg, Andrew 安德鲁·芬伯格 134
Ferguson, Iain 伊恩·弗格森 26
Feuerbach, Ludwig 路德维希·费尔巴哈 55, 78—79, 80
First International 第一国际 70, 96, 101
Fisk, Milton 米尔顿·菲斯克 30—31, 207
Foote, Geoff 杰夫·富特 172n
Forrest-Johnson Tendency, see Johnson-Forrest Tendency 福雷斯特-约翰逊倾向，见约翰逊-福雷斯特倾向
Foster, John Bellamy 约翰·贝拉米·福斯特 65
Fourier, Charles 傅立叶 74—75
Francis, Hywel 哈维尔·弗朗西斯 191—192
Frank, Robert 罗伯特·弗兰克 26
Fraser, Ian 伊恩·弗雷泽 56
freedom 自由
　　as development of forces of production 作为生产力发展结果的自由 138
　　Cohen on 科恩论自由 154
　　desire and 欲望与自由 184
　　Lukács on 卢卡奇论自由 120—121
　　Marx on 马克思论自由 33—34, 56—59
　　Stirner on 施蒂纳论自由 80
　　workers' struggle and 工人斗争与自由 197
French Revolution 法国大革命 76, 79, 94
Friend of the People 《人民之友》 69
Fromm, Erich 埃里希·弗洛姆 55—56, 57
Fryer, Peter 彼得·弗莱尔 173
Fukuyama, Francis 弗朗西斯·福山 9, 197

Gaitskell, Hugh 休·盖茨克尔 177
Garaudy, Roger 罗杰·加罗迪 162
Gay, Peter 彼得·盖伊 109
Geary, Dick 迪克·吉里 112
Geoghegan, Vincent 文森特·吉奥海根 132
Geras, Norman 诺曼·杰拉斯 54, 63, 65, 67, 152
　　on justice 杰拉斯论正义 60—61
German Revolution (1919), 1919年德国革命 143

German workers' revolt (1953), 1953年德国工人起义 134

Geuss, Raymond, on Lenin 雷蒙德·格斯论列宁 1，4，207

Gilbert, Alan 艾伦·吉尔伯特 34，45，56，59，78，96，100

Ginsberg, Paul 保罗·金斯伯格 200

globalization 全球化 204

Gluckstein, Donny 唐尼·格鲁克斯坦 131，200

God 上帝 79，88，127

Goldman, Lucien 吕西安·戈德曼 30，76，109，112，141—142

Gonzalez, Mike 迈克·冈萨雷斯 12，200

good life 好的生活 171

Gotha programme 哥达纲领 101，104

Gould, Carol 卡罗尔·古尔德 55n，56，57—58

Gramsci, Antonio 安东尼奥·葛兰西 126，179，205
 Lenin and 列宁与葛兰西 200—201
 New Left and 新左派与葛兰西 134
 redefines Marxism 重新界定马克思主义 129—132
 The Lyons Theses 《里昂提纲》 131

Griffin, James 詹姆斯·格里芬 157，169

Grossman, Henryk 亨利克·格罗斯曼 124—125，147

Guevara, Che 切·格瓦拉 41

Habermas, Jürgen 于尔根·哈贝马斯 4

Hall, Stuart 斯图尔特·霍尔 178—179

Hallas, Duncan 邓肯·哈勒斯 135，185，187

Hallward, Peter 彼得·霍尔沃德 8

Hammer, Espen 埃斯彭·哈默 146，149

Hanson, Harry 哈里·汉森 176—177，179

Hardt, Michael 迈克尔·哈特 10，11，13

Harman, Chris 克里斯·哈曼 118，173，179，196，203，206

Harney, George Julian 乔治·朱利安·哈尼 69

Harris, Nigel 奈杰尔·哈里斯 137，138

Harvey, David 大卫·哈维 7，13，33，169

Hegel, Georg Wilhelm Friedrich 黑格尔 29，53，55n，65，148
 on ethics 黑格尔论伦理道德 33—36
 his limits 他的局限 35—36
 on Jacobinism 黑格尔论雅各宾主义 14
 on Kant's morality 黑格尔论康德的道德学说 29
 as "reflex of French Revolution" 黑格尔作为"法国大革命的反映" 107
 Science of Logic 《逻辑学》 118

Hilferding, Rudolph 鲁道夫·希法亭 113，148

Hindess, Barry 巴里·亨德斯 151

Hirst, Paul 保罗·赫斯特 151

history 历史
 Gramsci on 葛兰西论历史 129
 Hegel uses 黑格尔运用历史 33，35
 Marx and Engels on 马克思和恩格

斯论历史 195
Hitler, Adolf, plot to kill 对阿道夫·希特勒的密谋刺杀 148—149
Hobbes, Thomas 托马斯·霍布斯 19，79，182
 Leviathan 《利维坦》 22—24
Hobsbawm, Eric 埃里克·霍布斯鲍姆 57，95
Holloway, John 约翰·霍洛韦 3，12—13，119
Homer 荷马 38
Hook, Sidney 悉尼·胡克 79
Horkheimer, Max 马克斯·霍克海默 144
 Dialectic of Enlightenment（with Adorno），《启蒙辩证法》（与阿多诺合著）146，190
Howard, M. C. 霍华德 148
Hudson, Wayne 韦恩·哈德逊 132
human nature 人性 54—57，182
humanism 人道主义 5，144，172，193
 Thompson and 汤普森与人道主义 173—175
Hume, David 大卫·休谟 64
Hungarian workers' revolt (1956) 1956年匈牙利工人运动 134，164，172，176
Hylton, Forrest 福雷斯特·希尔顿 200
Hyman, Richard 理查德·海曼 93

idealism 意识形态 119
identity politics 身份政治 205
imputed class consciousness 被赋予的阶级意识 121—122
individualism 个人主义 23，46—47，89—90，111，197—198
 Kant and 康德与个人主义 27—30
 Marx on 马克思论个人主义 54—58
intellectuals 知识分子 185
International Socialism (IS)，国际社会主义集团 185
internationalism 国际主义 96
Iraq 伊拉克 12—13
is/ought 是/应当 207
Iskra 《火星报》 115
Israel 以色列 173

Jacobinism 雅各宾主义 14，94
James, C. L. R. 詹姆斯 173，186
Jay, Martin 马丁·杰伊 120，123，133
Johnson-Forrest Tendency 约翰逊-福雷斯特倾向 186
Jopling, David 大卫·乔普林 158
justice 正义 59—60
 Geras on 杰拉斯论正义 60—61
 MacIntyre on 麦金太尔论正义 38
 Marx on 马克思论正义 38
 Proudhon on 蒲鲁东论正义 66—67

Kain, Philip 菲利普·凯因 50，57，61
Kamenev, Sergey Sergeyevich 谢尔盖·谢尔盖耶维奇·卡梅涅夫 135
Kamenka, Eugene 尤金·卡门卡 47—48，138
Kant, Immanuel 伊曼努尔·康德 15—16，19—20，27—30，59，64，81n，88，121，127
 Bauer on 鲍威尔论康德 113—114
 Bernstein on 伯恩施坦论康德 108—109

versus desire 康德驳论欲望 181—182

Critique of Pure Reason 《纯粹理性批判》 27

see also neo-Kantianism 另见新康德主义

Kautsky, Karl 卡尔·考茨基 41, 106—107, 109, 122, 124—125

Ethics and Materialist Conception of History 《伦理学与唯物史观》 110—114

Kellner, Douglas 道格拉斯·凯尔纳 148

Kelly, John 约翰·凯利 179, 192

Kenny, Mike 迈克·肯尼 172n

Keynes, John Maynard 约翰·梅纳德·凯恩斯 188, 194

Khrushchev, Nikita 尼基塔·赫鲁晓夫 5, 173

Kidron, Michael 迈克尔·基德隆 185—190, 193

King, J.E. 金 148

Knight, Kelvin 凯文·奈特 21—22, 34, 40—42

Kohan, Néstor 内斯特·科汗 203, 205

Kolakowski, Leszek 莱泽克·科拉科夫斯基 109, 110, 174, 177, 179

Korsch, Karl 卡尔·科尔施 120, 144

Köttgen, Gustav Adolf 古斯塔夫·阿道夫·克特根 49, 70

Kouvelakis, Stathis 斯塔西斯·科维拉克斯 118—119

Krichevski, Boris 鲍里斯·克里切夫斯基 117

Kugelmann, Ludwig 路德维希·库格曼 67

Kuhn, Rick 里克·库恩 124—126

Kymlicka, Will 威尔·金里卡 26, 150—151

L'Ordine Nuovo 《新秩序》 130—132

labour 劳动 51, 62—63, 181

division of 劳动分工 71—72, 83—85

theory of value 劳动价值理论 72, 88, 153

Labour Party 工党 177—178

Lacan, Jaques 雅克·拉康 8, 11

leadership 领导权 186—187, 193, 201

Lebowitz, Michael 迈克尔·勒博维茨 153—154

Lecourt, Dominique 多米尼克·勒考特 6—7

Lefebvre, Henri 亨利·列斐伏尔 162

Lenin, V.I. 列宁 41, 142, 193, 200, 207

on dreams 列宁论幻想 118, 132

on Hegel's *Logic* 列宁论黑格尔的《逻辑学》 118—119

on ideal/real 列宁论理想/现实 101

cites Kautsky 列宁引考茨基 117

renews Marxism 列宁复兴马克思主义 103

for partisanship, 列宁拥护党性 116

on role of socialist 列宁论社会主义者的作用 208

denies "socialism in one country" 列宁否定"一国社会主义" 135

Stalinist myth of 斯大林主义对列宁的荒诞理解 116

Left-Wing Communism an Infantile

Disorder 《共产主义运动中的"左派"幼稚病》 160; *State and Revolution* 《国家与革命》 120, 124; *What is to be Done?* 《怎么办?》 115—118, 132, 186

Leninism 列宁主义 186, 206
    Hardt and Negri on 哈特和奈格里论列宁主义 10
    as Stalinist ideology 作为斯大林主义意识形态的列宁主义 135, 138
    Thompson against 汤普森反对列宁主义 175
    Žižek on 齐泽克论列宁主义 9, 12
    see also neo-Leninism 另见 新列宁主义

Levin, Richard 理查德·莱文 197
Levinas, Emmanuel 伊曼努尔·列维纳斯 32
Levitas, Ruth 露丝·莱维塔斯 133
Lewontin, Richard 理查德·列万廷 197
liberalism 自由主义 30—31, 98—99
Lichtheim, George 乔治·利希海姆 102—103, 112
Liebknecht, Karl 卡尔·李卜克内西 41
Lih, Lars 拉斯·利赫 12, 95
    on *What is to be Done?* 利赫论《怎么办?》 116—118
Lister, Ruth 露丝·李斯特 198
Locke, John 约翰·洛克 24
Lomax, Bill 比尔·洛马克斯 173
Löwy, Michael 迈克尔·洛伊 64—65, 94, 95, 122, 145, 199
Lukács, Georg 格奥尔格·卢卡奇 15, 29, 34, 35, 66, 95, 133, 139, 144, 145
    Bloch and 布洛赫与卢卡奇 132

    on freedom 卢卡奇论自由 56—57
    on Hegel 卢卡奇论黑格尔 36
    versus Kautsky 卢卡奇驳考茨基 122
    on Lenin 卢卡奇论列宁 119
    on Marx 卢卡奇论马克思 20
    on neo-Kantianism 卢卡奇论新康德主义 109
    on proletariat 卢卡奇论无产阶级 128—129
    rejects *History and Class Consciousness* 卢卡奇否定《历史与阶级意识》 145
    Stalinism and 斯大林主义与卢卡奇 136
    History and Class Consciousness 《历史与阶级意识》 120—123, 132, 136; *Tailism and the Dialectic* 《尾巴主义与辩证法》 122

Lukes, Steven 史蒂文·卢克斯 59, 60
Luther, Martin 马丁·路德 87
Luxemburg, Rosa 罗莎·卢森堡 107, 114
    versus Bernstein 卢森堡驳伯恩施坦 110
    The Accumulation of Capital 《资本积累论》 124—125; *Reform or Revolution* 《社会改良还是社会革命》 124

lying 撒谎 28
Lévi-Strauss, Claude 克洛德·列维-施特劳斯 5

MacIntyre, Alasdair 阿拉斯代尔·麦金太尔 20, 21, 23, 25, 30, 64, 102

abandons working class 麦金太尔放弃工人阶级 189
on Adorno 麦金太尔论阿多诺 190
on capitalism 麦金太尔论资本主义 31
on classical morality 麦金太尔论阶级道德 37—38
humanism and 人道主义与麦金太尔 193
joins SLL 麦金太尔加入社会主义工人同盟 183
joins IS 麦金太尔加入国际社会主义集团 187
on justice 麦金太尔论正义 38
on Leninism 麦金太尔论列宁主义 1
on Kant 麦金太尔论康德 26, 28
on Marcuse 麦金太尔论马尔库塞 150
critique of Marx 麦金太尔对马克思的批判 39—43
on morality 麦金太尔论道德 1, 5—6, 19
on Nietzsche 麦金太尔论尼采 32, 38—39
critique of Stalinism 麦金太尔对斯大林主义的批判 172—173
on Trotsky versus Keynes 麦金太尔论托洛茨基与凯恩斯的对立 171
Thompson and 汤普森与麦金太尔 183
After Virtue《德性之后》171, 190; "Breaking the Chains of Reason"《打破理性的枷锁》184; *Dependent Rational Animals*《依赖性的理性动物》190; "Freedom and Revolution"《自由与革命》184; "Notes from the Moral Wilderness"《道德荒野笔记》179—183; "The Theses on Feuerbach: A Road not Taken"《关于费尔巴哈的提纲：一条未走的路》40
Macpherson, C. B. 麦克弗森 81n
Maoism "毛主义" 5, 8, 81n
Marburg School 马堡学派 109
Marcuse, Herbert 赫伯特·马尔库塞 137, 144
on Sartre 马尔库塞论萨特 162
One-Dimensional Man,《单向度的人》147—150, 190
marriage 婚姻 75
Martin, James 詹姆斯·马丁 79
Marx, Karl 卡尔·马克思
becomes a Marxist 马克思成为马克思主义者 91
versus Bentham 马克思驳边沁 55
his ethics 马克思的伦理学 3
versus Feuerbach 马克思驳费尔巴哈 54—55
on freedom 马克思论自由 56—59
on history 马克思论历史 195
on individualism 马克思论个人主义 23, 46—47
on Jacobinism 马克思论雅各宾主义 14
on justice 马克思论正义 38
Kant and 康德与马克思 15—16, 198
his moral critique 马克思的道德批判 50
versus morality 马克思驳斥道德 49—50, 65
on language 马克思论语言 82
on middle class 马克思论中产阶级 202

279

on religion 马克思论宗教 45
revival of young Marx 青年马克思的复活 174
as revolutionist 作为革命家的马克思 201—201
on rights 马克思论权利 51—52
on state 马克思论国家 58—59
on working class 马克思论工人阶级 53—54
  Capital 《资本论》 50，61—62，84，87，90；Civil War in France 《法兰西内战》 49；Communist Manifesto (with Engels)，《共产党宣言》(与恩格斯合著) 59，199；Critique of Gotha Programme 《哥达纲领批判》 48—49，50—51，58，61，70，104；Economic and Philosophical Manuscripts 《1844年经济学哲学手稿》 71；Economic Manuscripts of 1861-1863 《1861—1863年经济学手稿》 84；The German Ideology (with Engels)，《德意志意识形态》(与恩格斯合著) 49，58，78—84；Grundrisse 《大纲》 97；The Holy Family (with Engels)，《神圣家族》(与恩格斯合著) 90；Inaugural Address of the International Working Men's Association 《国际工人协会成立宣言》 50，60，69—70；Letter to Kugelmann 致库格曼的信 67—68；Letter to Ruge 致卢格的信 99；On the Jewish Question 《论犹太人问题》 76；Preface to a Contribution to the Critique of Political Economy 《〈政治经济学批判〉序言》 48，129，200；Theories of Surplus Value 《剩余价值理论》 84—85；Theses on Feuerbach 《关于费尔巴哈的提纲》 57，87，90，195

Marxism Today 《当今的马克思主义》 178

Marxism 马克思主义
  Analytical 分析的马克思主义 144—145，150—155，172
  "orthodox" "正统马克思主义" 102
  politics of 马克思主义政治学 207

Mattick, Paul 保罗·马蒂克 126
Mayer, Tom 汤姆·迈耶 151
McBride, William 威廉·麦克布莱德 167—168
McCarney, Joseph 约瑟夫·麦卡尼 133，148，150
McLellan, David 戴维·麦克莱伦 79，109
McNally, David 戴维·麦克纳利 52
  on Proudhon 麦克纳利论蒲鲁东 66—67
mediation 中介 99—100
Meikle, Scott 斯科特·米克尔 20，48，55n，67
Melville, Hermann 赫尔曼·梅尔维尔 9
Merquior, Jose 乔斯·梅基奥尔 133
Mészáros, István 伊斯特万·梅萨罗斯 73，88，90，106，116，139，147，158，195
  on Marx's morality 梅萨罗斯论马克思的道德观 59—60
  on rights 梅萨罗斯论权利 77—78
middle class 中产阶级 202
Miéville, China 柴纳·米维尔 127

Miliband, Ralph 拉尔夫·米利班德 127, 204
Mill, John Stuart 约翰·斯图尔特·密尔 25—26
Miller, Richard 理查德·米勒 34, 48
modernity 现代性 98
Molyneux, John 约翰·莫利纽克斯 96, 100, 132
Moore, G. E. 莫尔 25
morality 道德 26
 commodity production and 商品生产与道德 127
 dialectics versus 辩证法驳斥道德 67—68
 emancipation versus *Recht*（justice）， 解放与法权（正义）的对立 59—60
 Engels on 恩格斯论道德 52—53
 individualism and 个人主义与道德 90
 MacIntyre on 麦金太尔论道德 183
 Marxist 马克思主义的道德 98
multiculturalism 多元文化主义 32
Murray, Patrick 帕特里克·默里 99—100

Natorp, Paul 保罗·纳托普 109
Nazis 纳粹 146
Neale, Jonathan 乔纳森·尼尔 197
necessity 必然性 34
Nederman, Cary 卡里·尼德曼 22
Negri, Antonio 安东尼奥·奈格里 10, 11, 13
 ethics versus science 伦理与科学的对立 3
Negt, Oskar 奥斯卡·内格特 133

neo-Kantianism 新康德主义 109
neo-Leninism 新列宁主义 1
neo-Ricardians 新李嘉图学派 153
Nettl, Peter 彼得·内特尔 114
New Left 新左派 103, 134, 172
 birth of 新左派的诞生 173
 Labour Party and 工党与新左派 177
 MacIntyre's critique of 麦金太尔对新左派的批判 185
New Reasoner 《新理性者》 173
new social movements "新社会运动" 205—206
Nietzsche, Friedrich 弗里德里希·尼采 1—2, 30, 32, 38—39, 79
Norman, Richard 理查德·诺曼 21, 74
Nozick, Robert 罗伯特·诺齐克 32, 154

O'Neill, John 约翰·奥尼尔 196—197
Ollman, Bertell 伯特尔·奥尔曼 70, 73
opportunism 机会主义 105

Pannekoek, Anton 安东·潘尼科克 125, 200
Parkinson, G. H. R. 帕金森 123
party 政党 95—96, 177, 207
 MacIntyre on 麦金太尔论政党 184
 see also Communist Party 另见共产党; democratic centralism 民主集中制; leadership 领导权; Marxism 马克思主义
Pascal, Blaise 莱士·帕斯卡尔 142
Pashukanis, Evgeny 叶夫根尼·帕舒

281

卡尼斯 126—127
Paton, H. J. 佩顿 28
Peffer, Rodney 罗德尼·佩弗 34, 60, 70, 110
Perkins, Stephen 斯蒂芬·珀金斯 78, 87, 95
phronesis 实践智慧 207
Pisarev, Dimitry Ivanovich 德米特里·伊万诺维奇·皮萨列夫 118
Plekhanov, Georgi 格奥尔基·普列汉诺夫 110, 136
positivism 实证主义 195—196
Poster, Mark 马克·波斯特 5, 164
postmodernism 后现代主义 203
poverty 贫困 86
practice 实践 100, 119, 123, 166
proletariat 无产阶级 86, 90, 95, 96—97, 169
    dictatorship of 无产阶级专政 105, 30, 165
    Kautsky on 考茨基论无产阶级 112
    Lukács on 卢卡奇论无产阶级 121
    MacIntyre on 麦金太尔论无产阶级 182
    still there? 无产阶级仍然存在吗 202
prostitution 卖淫 74
Proudhon, Pierre Joseph 皮埃尔·约瑟夫·蒲鲁东 49, 70, 97
    What is Property? 《什么是财产?》 66—67

Ramsay, Maureen 莫琳·拉姆齐 30, 81, 99, 196
rank and file 普通成员 190—191, 194
    see also Kidron 另见基德隆

Ratansi, Ali 阿里·拉坦西 84n 85
Rawls, John 约翰·罗尔斯 24, 26, 32
    MacIntyre on 麦金太尔论罗尔斯 37
Rassemblement Démocratique Révolutionnaire (RDR), 革命民主同盟 163
Reasoner 《理性者》 173
Rees, John 约翰·里斯 119, 122
reformism 改良主义 102—103, 105—107, 123
Reiman, Jeffrey 迈克尔·赖曼 31—32
religion 宗教 98—99
revisionism 修正主义 114, 122
revolution 革命 86—87, 94—95, 237 141
    Kautsky on 考茨基论革命 118
Ricardo, David 大卫·李嘉图 67, 72, 87, 88—90, 202
    neo-Ricardians 新李嘉图学派 153
rights 权利 51, 76—78, 89
Roberts, Marcus 马库斯·罗伯茨 153, 154—155
Robespierre, Maximilien 马克西米连·罗伯斯庇尔 14, 94
Roemer, John 约翰·罗默 153, 154
romanticism 浪漫主义 91—92
Rosdolsky, Roman 罗曼·罗斯多尔斯基 52
Rose, Steven 史蒂文·罗斯 19, 197
Rose, Hilary 希拉里·罗斯 19
Ross, David 戴维·罗斯 21
Rubin, Isaac 艾萨克·鲁宾 25
Rudas, Lazslo 拉斯洛·鲁达斯 136
Russian Revolution 俄国革命 135

Salvadori, Massimo 马西莫·萨尔瓦多 106, 107n, 118
Samuel, Raphael 拉斐尔·塞缪尔 178
Sartre, Jean-Paul 让-保罗·萨特 144, 158, 169
　on ethics 萨特论伦理 166—168
　on practice 萨特论实践 166
　Stalinism and 斯大林主义与萨特 161—165
　Being and Nothingness 《存在与虚无》 158—159; *Critique of Dialectical Reason* 《辩证理性批判》 164—167; *Materialism and Revolution* 《唯物主义与革命》 161—162; *Notebooks for an Ethics* 《伦理学笔记》 159—160, 165
Satterwhite, James 詹姆斯·萨特怀特 174
Saville, John 约翰·萨维尔 173
Sayers, Sean 肖恩·塞耶斯 54, 55n, 56, 57, 94
scarcity 匮乏 164, 169
Schoenberg, Arnold 阿诺德·勋伯格 157
Schorske, Carl 卡尔·肖尔斯克 104, 106, 107n, 114
Second International 第二国际 101—107, 134—135
Sedgwick, Peter 彼得·塞奇威克 173
Semmig, Hermann 赫尔曼·泽米希 78
sexism 性别主义 54n
Sheehan, Helena 海勒娜·希恩 109
Simmel, Georg 格奥尔格·西美尔 146
Sittlichkeit 伦理 35

Slote, Michael 迈克尔·斯洛特 33
Smith, Adam 亚当·斯密 24—25, 67, 84—85, 87, 88, 90
　The Wealth of Nations 《国富论》 71—73
Smith, David 戴维·史密斯 191—192
socialism 社会主义
　"from below" "自下而上的"社会主义 78—79, 83, 92, 95, 193, 206
　"in one country" "一国社会主义" 137—138
　intellectuals and 知识分子与社会主义 117
　Marx's 马克思的社会主义 99
　strikes and 罢工与社会主义 118
　"true" "真正的社会主义" 81—82
　working class and 工人阶级与社会主义 122
Socialisme ou Barbarie 《社会主义或野蛮》 186
Socialist Labour League (SLL), 社会主义工人同盟 183, 185, 193—194
solidarity 团结 80—81, 92, 100, 182, 189, 192, 197—198, 200—201
Solomon, Robert 罗伯特·所罗门 30, 35
Soper, Kate 凯特·索珀 6, 174
South Wales Miners' Federation (SWMF) 南威尔士矿工联合会 191—192
soviets 苏维埃 *see* workers' councils 见工人委员会
Soviet Union 苏联 *see* Stalinism 见斯大林主义
Sparks, Colin 柯林·斯帕克斯 178
Spinks, Lee 李·斯平克斯 2
Spinoza, Baruch 巴鲁赫·斯宾诺莎

160

Stalin 斯大林 41, 102, 143

Stalinism 斯大林主义 81n, 116, 135—138, 206

 MacIntyre's critique of 麦金太尔对斯大林主义的批判 180—183

 Moral critique of 对斯大林主义的道德批判 179, 183

 Morals and 道德与斯大林主义 153

 Sartre and 萨特与斯大林主义 161—165

 "socialism in one country" "一国社会主义" 137—138

 Thompson on 汤普森论斯大林主义 174

 workers' revolts against 工人反抗斯大林主义 134, 164, 172, 173

state 国家 69, 200

 Lenin on 列宁论国家 120

 Marx on 马克思论国家 58—59

 under Stalin 斯大林统治下的国家

 "withers away" 国家"消亡" 95, 120

 Žižek on 齐泽克论国家 11—13

state capitalism 国家资本主义 186

Stedman Jones, Gareth 加雷思·斯特德曼·琼斯 122

Steger, Manfred 曼弗雷德·斯蒂格 109

Stirner, Max 麦克斯·施蒂纳 79—81

Stone, Robert 罗伯特·斯通 166—168

strikes 罢工 118, 203

structuralism 结构主义 5

Struve, Peter 彼·司徒卢威 115—116

Sturmthal, Adolf 阿道夫·斯特姆塔尔 200

substitutionism 替代主义 12

subsumption 从属性 85

Suez 苏伊士 173

suicide 自杀 28

surplus value 剩余价值 62—63, 67, 85, 88

 see also exploitation 另见剥削

Swarmi, Viren 维仑·斯瓦米 19

Taylor, Charles 查尔斯·泰勒 86, 177

Therborn, Goran 戈兰·瑟伯恩 146

thing-in-itself 自在之物 120, 123

Third International (Comintern), 第三国际(共产国际) 102

Thomas, Paul 保罗·托马斯 79, 100, 206

Thompson 汤普森 40, 85, 137, 189

 versus Hall 汤普森驳霍尔 178—179

 New Left and 新左派与汤普森 172, 173—174

 MacIntyre and 麦金太尔与汤普森 183

 "Socialist Humanism: An Epistle to the Philistines" 《社会主义的人道主义:致非利士人书》 174—175

Thomson, Sinclair 辛克莱·汤姆森 200

Tönnies, Ferdinand 斐迪南·滕尼斯 146

totality 总体性 63—64, 66, 96, 120—123, 169

 exploitation and 剥削与总体性 87

Townsend, Jules 朱尔斯·汤森 111

trade unions 工会 93, 106, 107,

190—192

　　see also rank and file 另见普通成员

Trotsky, Leon 利昂·托洛茨基 41, 52, 135—136, 143, 183

　　MacIntyre on 麦金太尔论托洛茨基 39

　　Sartre on 萨特论托洛茨基 159—160

　　The Lessons of October 《十月的教训》 135；The New Course 《新方针》 135；Their Morals and Ours 《他们的道德和我们的道德》 126—127；Terrorism and Communism 《恐怖主义与共产主义》 12—13

Tudor, Henry 亨利·都铎 108

Tudor, J. M. 都铎 108

Universities and Left Review 《大学与左派评论》 173

use value/exchange value 使用价值/交换价值 87—88

utilitarianism 功利主义 24, 59, 111

　　as alienation 作为一种异化的功利主义 183

utopia 乌托邦 132—134, 198

value form 价值形式 68

Van den Linden, Harry 哈里·范登林登 109

Van der Linden, Marcel 马塞尔·范登林登 186

vanguard 先锋 95—96

　　see also class struggle; party; rank and file; solidarity 另见阶级斗争；政党；普通成员；团结

Venezuela 委内瑞拉 12

Vincent, Jean-Marie 让-玛丽·文森特 145

Von Schlabrendorff, Fabian 法比安·冯·施拉布伦多夫 148—149

Vorländer, Karl 卡尔·福尔伦德 103, 109

wages 工资 188—189, 193

Walicki, Andrzej 安杰伊·瓦立基 109

Weber, Max 马克斯·韦伯 131, 146—147, 193, 204

Weeks, John 约翰·威克斯 153

Weil, Felix 费利克斯·韦尔 144

Wilde 怀尔德 61, 81, 148, 152

Wilkinson, Richard 理查德·威尔金森 26

Williams, Bernard 伯纳德·威廉斯 46

Williams, Gwyn 格温·威廉斯 130

Williams, Raymond 雷蒙德·威廉斯 178

Wilpert, Gregory 格雷戈里·威尔珀特 12

women 女性 74—75

Wood, Ellen Meiksins 艾伦·梅克辛斯·伍德 5, 78, 201

Wood, Allen 艾伦·伍德 28, 29, 35, 55n, 65

　　on Hegel 伍德论黑格尔 34

　　on justice 伍德论正义 60

　　on Theses on Feuerbach 伍德论《关于费尔巴哈的提纲》 57

workers 工人 86, 89

　　as commodities 作为商品的工人 72—74

　　as consumers 作为消费者的工人 178

workers' councils (soviets) 工人委员

会(苏维埃) 12,129—131,134
workers' power 工人的权力 92,208
working class 工人阶级 53—54,72—74,103
 corporatism of 工人阶级的社团主义 179
 Dunn on 邓恩论工人阶级 203—204
 imputed class consciousness of 工人阶级被赋予的阶级意识 121—122
 intellectuals and 知识分子与工人阶级 185
 learning from 向工人阶级学习 187
 Lenin on 列宁论工人阶级 117
 MacIntyre abandons 麦金太尔放弃工人阶级 189
 self-emancipation of 工人阶级的自我解放 128,185—186
 vastly increased 急剧增多的工人阶级 203
 working day struggles 工作日斗争 89
Wright, Erik Olin 埃里克·奥林·赖特 2,151
Wrigley, Chris 克里斯·里格利 200

Zapatistas 萨帕塔主义者 8
Zinoviev, Grigory Yevseevich 格列高利·叶夫塞耶维奇·季诺维耶夫 135,136,143
Žižek, Slavoj 斯拉沃热·齐泽克 8,137,141,197
 Leninism and 列宁主义与齐泽克 9,12
 on Hardt and Negri 齐泽克论哈特和奈格里 11
 on state 齐泽克论国家 11—13

马克思主义研究丛书

《走进马克思》　孙伯鍨 张一兵 主编
《回到马克思:经济学语境中的哲学话语》(第四版)　张一兵 著
《当代视野中的马克思》　任平 著
《回到列宁:关于"哲学笔记"的一种后文本学解读》　张一兵 著
《回到恩格斯:文本、理论和解读政治学》　胡大平 著
《国外毛泽东学研究》　尚庆飞 著
《重释历史唯物主义》　段忠桥 著
《资本主义理解史》(6卷)　张一兵 主编
《阶级、文化与民族传统:爱德华·P. 汤普森的历史唯物主义思想研究》　张亮 著
《形而上学的批判与拯救》　谢永康 著
《21世纪的马克思主义哲学创新:马克思主义哲学中国化与中国化马克思主义哲学》　李景源 主编
《科学发展观与和谐社会建设》　李景源 吴元梁 主编
《科学发展观:现代性与哲学视域》　姜建成 著
《西方左翼论当代西方社会结构的演变》　周穗明 王玫 等著
《历史唯物主义的政治哲学向度》　张文喜 著
《信息时代的社会历史观》　孙伟平 著
《从斯密到马克思:经济哲学方法的历史性诠释》　唐正东 著
《构建和谐社会的政治哲学阐释》　欧阳英 著
《正义之后:马克思恩格斯正义观研究》　王广 著
《后马克思主义思想史》　[英]斯图亚特·西姆 著　吕增奎 陈红 译
《后马克思主义与文化研究:理论、政治与介入》　[英]保罗·鲍曼 著　黄晓武 译
《市民社会的乌托邦:马克思主义的社会历史哲学阐释》　王浩斌 著
《唯物史观与人的发展理论》　陈新夏 著
《西方马克思主义与苏联:1917年以来的批评理论和争论概览》　[荷]马歇尔·范·林登 著　周穗明 译　翁寒松 校
《物与无:物化逻辑与虚无主义》　刘森林 著
《拜物教的幽灵:当代西方马克思主义社会批判的隐性逻辑》　夏莹 著
《新中国社会形态研究》　吴波 著
《"崩溃的逻辑"的历史建构:阿多诺早中期哲学思想的文本学解读》　张亮 著
《"超越政治"还是"回归政治":马克思与阿伦特政治哲学比较》　白刚 张荣艳 著
《无调式的辩证想象：阿多诺〈否定的辩证法〉的文本学解读》(第二版)　张一兵 著
《马克思再生产理论及其哲学效应研究》　孙乐强 著
《希望的源泉:文化、民主、社会主义》　[英]雷蒙·威廉斯 著　祁阿红 吴晓妹 译
《后工业乌托邦》　[澳]鲍里斯·弗兰克尔 著　李元来 译
《未来考古学:乌托邦欲望和其他科幻小说》　[美]弗里德里克·詹姆逊 著　吴静 译
《重审马克思的"阶级"概念:基于政治哲学解读的尝试》　孙亮 著
《为马克思辩护:对马克思哲学的一种新解读》(第四版)　杨耕 著
《全球化的理论与实践:一种马克思主义的视角》　丰子义 杨学功 仰海峰 著
《马克思哲学要义》　赵敦华 著
《马克思与斯宾诺莎:宗教批判与现代伦理的建构》　冯波 著

《所有权与正义:走向马克思政治哲学》 张文喜 著
《马克思的生产方式概念》 周嘉昕 著
《走出现代性的困境:法兰克福学派现代性批判理论研究》 王晓升 著
《马克思拜物教批判理论研究》 李怀涛 著
《马克思思想变迁的社会主义线索》 韩蒙 著
《危机中的重建:唯物主义历史观的现代阐释》(第三版) 杨耕 著
《重建中的反思:重新理解历史唯物主义》(第三版) 杨耕 著
《历史唯物主义的空间化问题》 刘怀玉 著
《马克思主义与伦理学:自由、欲望与革命》 [英]保罗·布莱克里奇 著　曲轩 译